"十三五"高等教育秘书学专业本科系列规划教材

中国高等教育学会秘书学专业委员会组编

SECRETARY SCIENCE

秘书文化导论

MISHU WENHUA DAOLUN

主　编　周文建　王淑萍

副主编　马　英　张　泉

参　编　（按姓氏笔画为序，排名不分先后）

王　平　孙　明　刘建平

汪梦翔　欧阳帆　霍慧娜

北京师范大学出版集团

BEIJING NORMAL UNIVERSITY PUBLISHING GROUP

北京师范大学出版社

图书在版编目(CIP)数据

秘书文化导论 / 周文建，王淑萍主编. —北京：北京师范大学出版社，2018.3（2023.1重印）

高等教育秘书学专业系列教材

ISBN 978-7-303-23344-1

Ⅰ．①秘…　Ⅱ．①周…　②王…　Ⅲ．①秘书学－高等学校－教材　Ⅳ．①C931.46

中国版本图书馆 CIP 数据核字(2018)第 009116 号

营 销 中 心 电 话　010-58802181　58805532
北师大出版社高等教育分社网　http://gaojiao.bnup.com
电 子 信 箱　gaojiao@bnupg.com

MISHU WENHUA DAOLUN

出版发行：北京师范大学出版社　http://www.bnup.com
　　　　　北京市海淀区新街口外大街 19 号
　　　　　邮政编码：100875
印　　刷：唐山玺诚印务有限公司
经　　销：全国新华书店
开　　本：787 mm×1092 mm　1/16
印　　张：19.25
字　　数：387 千字
版　　次：2018 年 3 月第 1 版
印　　次：2023 年 1 月第 2 次印刷
定　　价：48.00 元

策划编辑：易　新　　　　责任编辑：王星星　宋　星
美术编辑：焦　丽　　　　装帧设计：焦　丽
责任校对：陈　民　　　　责任印制：陈　涛

高等教育秘书学专业本科教材编审委员会

出版序言

本套教材是中国高等教育学会秘书学专业委员会（以下简称"秘书学专业委员会"）组织编写的第一套秘书学专业本科教材。

"秘书学专业委员会"于1982年12月创办，1990年9月正式成立，原称"中国高教学会秘书学会"，是经过民政部核准注册的国家二级学会。全国性社会团体清理整顿工作后，于2004年4月正式更名为现称，为中国高等教育学会分支机构——"学科"专业委员会，我国秘书界唯一的全国性社团学术组织。

"秘书学专业委员会"通过广泛开展学术交流与研讨活动，在全国尤其是在高等院校有较大影响。随着秘书学学科建设与专业教育发展的需要，申请秘书学专业加入国家教育部本科目录的问题逐步提上日程。

教育部于1997年进行修订的《普通高等学校本科专业目录》颁布之后，"秘书学专业委员会"在北京召开的"1999年学术研讨会"上，围绕"21世纪高等院校如何提高教学质量，培养高素质秘书人才，以适应社会发展需求"的问题进行了深入研讨。与会专家、教授、学者一致认为，经过将近20年的秘书学研究和教学的探索与实践，我国高校设置秘书学本科专业的条件已具备，主要表现：一是秘书学科理论体系已逐步形成，二是秘书学专业教师和研究队伍已逐步建立，三是秘书学专业教学经验日趋丰富。所以，应该抓紧开展申办秘书学专业"入本"工作。当时因有一些同志认识不同，于是会议就此展开了热烈深入的讨论，最后大家统一了认识：秘书学专业必须设置本科层次，甚至发展到硕士、博士的层次，这是社会发展的需要。教育部高教司刘凤泰副司长应邀出席了这次研讨会并讲了话，他对会议决定申办秘书学专业"入本"工作表示支持，当即表态说让"秘书学专业委员会"提交文字报告。当"秘书学专业委员会"向教育部提交了申办秘书学专业"入本"的书面报告之后，教育部在2004年调整高等学校本专科目录时，在教育学门类职业教育种类的"本科专业目录"之外增加了"文秘教育"专业，代码为"040335W"，属于师范教育。原因是，为了适应经济社会发展对秘书人才的迫切需要，教育部已批准在"本科专业目录"之外的专科层次增设了"文秘"专业，主要在高职高专中招生。这次调整在"本科专业目录"之外增加"文秘教育"专业，主要是为了解决"文秘"专业师资问题。当然，这对于秘书学学科建设与专业教育的发展也同样起到了一定的推动和促进作用，但仍然不能够满足秘书学专业建设与发展的需要。这是"秘书学专业委员会"首次申办秘书学专业"入本"的情况。

2010年3月，教育部自改革开放以来第四次对《普通高等学校本科专业目录》的修订开始启动。"秘书学专业委员会"抓住机遇，再次向教育部提交了申请秘书学专业"入本"的书面报告。2011年4月，教育部把秘书学专业正式列入新修订的《普通高等学校本科专业目录》进行公示，第一次把"秘书学"定位为"文学"类属下与"汉语言文学"并列的二级学科，代码为"050107T"，并于2012年颁布实施。此前的教育部本科目录在教育学门类中把"文秘教育"作为目录外本科专业列入其中，这次修订，"文秘教育"在教育学门类内已被撤销。

秘书学专业进入国家教育部正式颁布的《普通高等学校本科专业目录》，标志着历经30年的中国秘书学"学科"的正式确立，也预示着中国秘书学界春天的到来。

面临秘书学专业"入本"之后的新形势和新任务，为了集思广益，商讨对策，解决实际问题，"秘书学专业委员会"及时在京举办了"秘书学本科专业学科建设座谈会"。会议一致认为，解决好秘书学专业本科教材和师资问题是当务之急。

自从"秘书学专业委员会"于1990年正式成立迄今，有不少院校已自行编辑出版了秘书学本科教材，这些教材在推动秘书学专业发展和秘书学学科建设方面做出了重要贡献。而"秘书学专业委员会"到底需要不需要直接组织编写秘书学专业的本科教材？有个别领导认为，仅在秘书学专业"入本"前后，市场上就已经出版了不少本科教材，不需要再费力组编。但是，"秘书学专业委员会"的委员们经过认真讨论最后统一了意见。大家一致认为：当前现有本科教材的实际状况，已不适应"入本"后秘书学学科建设和专业教育发展的需要，根据"秘书学专业委员会"的宗旨与业务范围，应该勇于担当，组织编写一套秘书学专业本科教材，并引领秘书学学科发展的方向，这也是义不容辞的责任和义务。而如何着手组织编写？经过研究决定，先行展开调研，以便结合实际，做到有的放矢，编写出适用的精品教材。

据此，"秘书学专业委员会"自2013年1月开始，展开了深入细致的调研工作。为了做好调研工作，成立了以第一副会长郭长宇为组长，教育部高教司原副司长刘凤泰为常务副组长，以及其他有关领导成员参加的调研工作小组，并邀请国防大学基本系原主任孟进鸿将军、总参工程兵部办公室原主任郑德源大校、北京师范大学侯玉珍教授、北京联合大学应用文理学院周文建教授、北京联合大学师范学院张东昌教授等参加调研。直至2015年1月，经过两年来的多轮调研和反复论证，并几易其稿，做出了《秘书学专业本科人才培养方案》，确定了基础课、专业课和实践课的课程，在此基础上才开始着手组织编写这套本科教材。

为了加强这套教材的编写工作，"秘书学专业委员会"经2014年9月16日会长办公会议通过，成立了以时任名誉会长、教育部原国家督学郭长宇为主任，教育部高教司原副司长、高等教育教学评估中心原主任刘凤泰为常务副主任，以及常务理事会成员组成的"中国秘书学专业本科教材编审委员会"（后决定吸收参编院校的领导参加）。"编审委员会"几经讨论，认真准备，"秘书学专业委员会"于2015年5月15日以"中高秘〔2015〕12号文件"发出了《关于征集秘书学本科专业教材参编院校与参编个人的通知》，开始了本套教材的编写工作。

本套教材编写的指导思想：坚持以马列主义、毛泽东思想、邓小平理论、"三个代表"重要思想、科学发展观和习近平总书记有关重要讲话的精神为指导，认真贯彻落实党的十八大和《国家中长期教育改革发展规划纲要（2010—2020 年）》精神，结合实际，编辑出版本套秘书学本科专业教材。

本套教材编写的基本原则：集体组织，自愿参编；统筹安排，民主决策；主编负责，分工合作；严格程序，确保质量；按时完稿，力出精品；既出成果，又出人才。

本套教材编写的具体要求：坚持质量第一，对教材中的基本概念、理论的表述，力争准确、简明，语言通俗、流畅。

本套教材编写队伍的组成：由热爱秘书事业，积极参加秘书活动，从事秘书学教学、科研工作，实践经验丰富，学术造诣较深，开拓进取，善于团结合作，乐于奉献的人员组成。

本套教材编写的主要内容：本套教材涵盖了基础课教材、专业核心课教材和实践课教材三大类，其中包括：《秘书学概论》《中国秘书史》《秘书应用写作》《秘书写作实训》《秘书实务》《秘书文档管理》《秘书文化导论》《秘书心理学》《秘书礼仪》《办公数字化》《速记与速录》《领导科学》《管理学原理》《形式逻辑》《古代汉语》《现代汉语》《基础写作》《中国文学简史》共 18 本。每本教材按照满足学生自主学习，教师可翻转教学，师生共筑快乐课堂的目标而设置，不仅配有数字化资源、思考题答案、参考资料，而且有丰富的知识链接、章节说课链接等，可用来建设微课、慕课教学，供授课教师教学参考之用。

本套教材编辑出版的意义：第一，这套教材是"秘书学专业委员会"组编的第一套秘书学专业本科教材，属于集体行为，是在秘书学专业"入本"之后进行深入调研的基础上确立的本科人才培养方案，所以，它适应秘书学学科发展和秘书学专业人才培养的需要。第二，"秘书学专业委员会"组编的这套教材，是在深入调研的基础上，汇集全国秘书学界的精英，实行编审委员会集体领导下的主编负责制，并选择了"老、中、青"相结合的参编方案，所以，教材的质量是毋庸置疑的，是能够适应市场需要的。第三，这套教材汇总了多年来秘书学学科创建发展的成果，而且要求能够引领今后学科发展的方向，同时贯彻落实党的十八大和习近平总书记的有关重要讲话精神，体现新的执政理念，所以，编辑出版这套本科教材具有重要的历史意义和现实意义。

本套教材的特色：基于秘书学具有交叉学科的特性，本套教材在编写过程中，力争突出秘书学专业独特性、完整性、综合性和时代性的特色。所谓"独特性"，是指它的研究对象和内容与其他学科专业不同，是"研究秘书（个体）、秘书机构（群体）和其动作（秘书工作）规律，以及秘书学本身发展规律的一门科学"。所谓"完整性"，正如苏联学者拉契科夫所说，"每门科学总是以建立统一的、逻辑严密的、关于周围世界某一方面的知识体系为前提的"，秘书学也不例外，同样要形成自己完整的知识体系和统一的、逻辑严密的学科专业体系。所谓"综合性"，主要体现在以下两个方面。一方面体现在秘书工作的性质上，即秘书工作是一种综合性的工作；另一方面体现在秘书学科自身的特征上，即交叉学科的综合性。所谓"时代性"，从 20 世纪 70 年代开始的信息革命正给人类文明带来前所未有的影响和挑战，在信息革命中出现的数字化、智能化和网络化的大趋势正改变着现代人政治、经济、文化各方面的活动面貌。因此，秘书学的理论体系必须符合时代的特征，要重视引进信息革命所形成的各种适合于我国国情的先进理论，来充实和完善秘书学自身的理论内容，以保证秘书学理论体系的不断更新，这也是中国秘书学自身发展的必然要求。

本套教材的创新：以教育部教改的新精神为指导，进行教学内容的改革和教材新体系建设，改变传统的教学模式，建立具有个性化特征，适于教师教学、学生自主学习，注重学生创造性思维与创新能力培养的立体化教材；区别于已经出版的其他秘书学专业教材，更不等同于"文秘专业"高职高专教材。它拓宽了研究方法和视野，并注意从感性认识中概括出新观点，从实践中提升新理论，善于选用新案例、新数据、新材料，推陈出新，推进秘书学学科应用理论系统化的建立。不仅教学内容、教学方法与手段体现了教学改革的新精神，而且案例新、数据新、材料新，充分体现了专业的最新发展及学科优秀科研成果；较之于同类教材更适合教学的需要，具有鲜明的特色和优势，突出信息数字化，弥补了现有教材教案刻板、表现形式单一等不足。同时，考虑到秘书学交叉学科的特性，使其在人才培养的目标定位、质量内涵等方面不可避免地会产生模糊性的特点，该教材在内容的选材、概念的界定、体系的完整等方面坚持不可替代性原则。本套教材坚持了研究成果进教材，注重在学科交叉领域开拓秘书学理论的新观点。

总之，这套秘书学专业本科教材是"秘书学专业委员会"的集体成果，是秘书学界所有关心支持这一工作的领导、参编人员和诸多同仁的智慧结晶。而且，经过认真比对，最后确定了与北京师范大学出版集团合作编辑出版这套教材。通观这套秘书学专业本科教材的特点，它具有科学性、知识性、新颖性及趣味性等诸多优点。由于受作者水平限制，而且编写时间过紧，书中难免有诸多不足之处，因此诚恳希望广大师生、同行专家与学者们批评和赐教。

让我们更加紧密地团结在以习近平同志为核心的党中央周围，务实苦干，攻坚克难，同心协力，使这部教材成为具有当代水平的精品，为提高秘书学专业的教学质量，为中华民族的伟大复兴做出贡献！

高等教育秘书学专业本科教材编审委员会
2016 年 12 月 18 日

致读者

亲爱的读者朋友：

中共中央办公厅、国务院办公厅印发的《关于实施中华优秀传统文化传承发展工程的意见》(以下简称《意见》)指出："文化是民族的血脉，是人民的精神家园。""中华文化源远流长，灿烂辉煌。在5000多年文明发展中孕育的中华优秀传统文化，积淀着中华民族最深沉的精神追求，代表着中华民族独特的精神标识，是中华民族生生不息、发展壮大的丰厚滋养，是中华特色社会主义的文化沃土，是当代中国发展的突出优势，对延续和发展中华文明、促进人类进步，发挥着重要作用。"《意见》提出要"深入阐发文化精髓。""贯穿国民教育始终。""推动高校开设中华优秀传统文化必修课，在哲学社会科学及相关学科专业和课程中增加中华优秀传统文化的内容。""保护传承文化遗产"。《意见》为编写《秘书文化导论》指明了方向，明确了指导思想。根据《意见》的要求，为完善秘书学专业的课程体系，适应秘书学专业本科教学的需要，特编写《秘书文化导论》。

本书具有以下亮点和特色。

第一，本书亮点。一是集中了秘书学专业教师的集体智慧，是集体智慧的结晶；二是填补了秘书学专业秘书文化相关教材的空白。

第二，本书特色。一是体现新理念。《秘书文化导论》所用案例新、材料新，充分反映最新发展趋势的科研成果，努力体现课程改革的新精神、新理念，注意从经验、现象中概括新观点，从实践上升为理论，使之更加适合教学的需要。二是区别于同类教材。本书研究对象明晰，重难点清晰，在理论的指导性和人才培养的规范性等方面，均区别于同类其他教材。三是主题明确，层次清楚，布局合理。本书内容新异，见解独到，以绪论为主线，围绕绪论总领各章，展开对秘书文化知识的介绍，融学术性、知识性、实用性和趣味性为一体，安排合理。

本书的编写分工：北京联合大学周文建负责统稿、定稿，并撰写第一章、致读者和内容简介；河南财经政法大学王淑萍负责撰写第二章；中国矿业大学欧阳帆负责撰写第三章；北京联合大学汪梦翔负责撰写第四章；重庆科技学院王平负责撰写第五章；吉林大学孙明负责撰写第六章；河南中州大学霍慧娜负责撰写第七章；河北衡水职业技术学院刘建平负责撰写第八章；山东交通学院张泉负责撰写第九章；山东交通学院张莹负责撰写第十章；天津商业大学马英负责撰写第十一章。

在编写本书过程中，我们得到了北京师范大学出版社易新副编审的帮助，并参阅、借鉴了中国广播电视出版社出版的何坦野著的《秘书文化论》和北京师范大学出版社出版的张岱年、方克立主编的《中国文化概论》(修订版)，以及其他相关学术研究成果。在此我们表示衷心感谢。由于编写者水平有限，编写时间仓促，书中难免会有疏漏和错误之处，诚望您提出批评与建议。谢谢！

编者

2017年9月

内容简介

　　《秘书文化导论》共计十一章，其中包括：绪论、秘书文化的核心价值、秘书文化的起源与发展、秘书文化的物质载体：汉字、秘书文化的制度载体：秘书体制、秘书文化的精神载体：秘书职业道德、秘书文化的行为载体：秘书职业守则与行为规范、秘书文化与秘书素养和智能养成、秘书文化与秘书思维、秘书文化与秘书思想、秘书文化与秘书事业。

　　本书紧密联系秘书文化的实际，注意吸收国内外有关秘书文化的研究成果，内容新颖，见解独到，文笔清丽，融学术性、知识性、实用性和趣味性为一体，旨在填补秘书学专业秘书文化相关教材的空白。除作为秘书学专业本科教材外，也可供从事秘书工作和秘书学研究的人员学习参考使用。

本书使用指南

全书栏目

致读者：简要介绍本书的亮点和特色，介绍本书的编写团队。

内容简介：简要介绍本书各章节内容。

简要目录：一个层级的简要目录使你一览各章重点。

详细目录：三个层级的详细目录为你提供更具体的页码索引，并展现作者阐述每个章节的角度。

章前栏目

第六章
秘书文化的精神载体：秘书职业道德

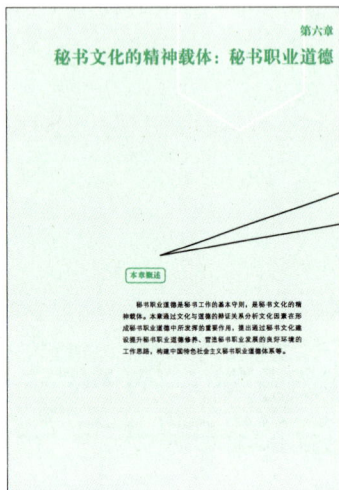

本章概述：学习每章之前，先了解一下它的内容概要。

本章概述

　　秘书职业道德是秘书工作的基本守则，是秘书文化的精神载体。本章通过文化与道德的辩证关系分析文化因素在形成秘书职业道德中所发挥的重要作用，提出通过秘书文化建设培养秘书职业道德修养、营造秘书职业发展的良好环境的工作思路，构建中国特色社会主义秘书职业道德体系等。

章结构图：这张图能够帮助你在短时间内把握本章知识结构。

秘书文化导论

结构图

秘书职业道德概述

秘书文化的
精神载体：
秘书职业道德

构建社会主义秘书职业道德体系

秘书职业道德建设

本章重点：
1. 社会主义职业道德的含义。
2. 秘书职业道德的内容。
3. 秘书文化与秘书职业道德的关系。

本章难点：
1. 秘书职业道德的内容。
2. 秘书职业道德应继承哪些文化精神。
3. 文化因素对秘书职业道德建设的影响有哪些。

学完本章，你应该懂得：
1. 掌握秘书职业道德的含义和内容。
2. 理解如何开展秘书职业道德建设。
3. 掌握在建设秘书职业道德的过程中如何弘扬秘书文化。

章学习目标：清楚了解目标，学习才能更高效。

读前反思：这部分将你带进新的知识探索和思考。

　　秘书在日常工作中，如果与上级的要求与秘书职业道德产生冲突，应该如何取舍？
　　某贸易公司的总经理在某公司董事会上立下军令状，年底要完成1000万元的利润，完不成他就主动辞职。快到年底了，由于金融危机的出现，公司还差几百万元的利润。如某某员想帮了几天，决定利用今年最后一批进口货物的机会，采用高值低报的手法，偷逃几百万元的关税。他让秘书小张处办这件事。尽管总经理没有明说，但是他知道这么做的目的。一开始小张有些犹豫，如果不按总经理的去做，那么他肯定走不会发过有

章内栏目

节学习目标：完成节学习目标，才能完成章学习目标。

名人名言：这里有政治家、思想家……听一听他们的真知灼见吧。

案例：丰富的案例帮助你更好地掌握理论，并在实践中灵活运用。

章后栏目

本章小结：概括了本章重要的知识点，为你的复习和回顾提供方便。

关键术语：为你提供了本章的关键术语。

章节链接：知识之间是有联系的，章节链接为你提供了这种指引，让你的知识更加融会贯通。

批判性思考：以提问的方式引导你进一步思考。

体验练习：深化你对知识的理解。

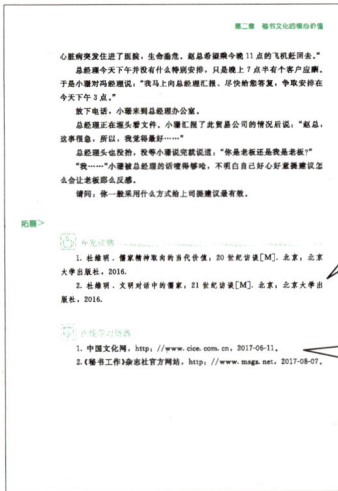

补充读物：为你的学习提供更广阔的阅读空间。

在线学习资源：为你的学习提供更广阔的网络资源。

简要目录

详细目录

第一章

绪 论

本章概述

　　本章是本书的统领，梳理了《秘书文化导论》的性质与目的、重点与要求、内容体系，并对秘书文化的内涵做了进一步的说明和延伸等，最后指出了学习、研究秘书文化的意义。

结构图

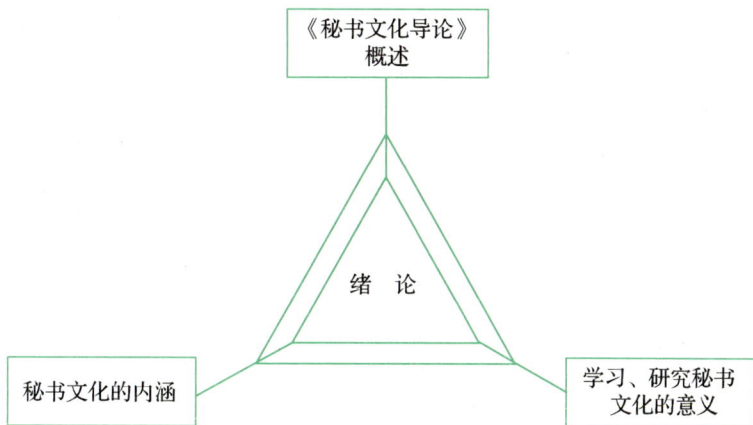

本章重点：

1.《秘书文化导论》的性质与目的。

2. 学习、研究秘书文化的意义。

本章难点：

1. 文化与秘书文化的内涵。

2. 学习、研究秘书文化的意义。

学完本章，你应该能够做到：

1. 掌握《秘书文化导论》的性质与目的。

2. 理解文化和秘书文化的含义。

3. 了解中华文化和秘书文化的优良传统。

4. 熟悉学习、研究秘书文化的意义。

本书主要包括绪论、秘书文化的核心价值、秘书文化的起源与发展、秘书文化的物质载体：汉字、秘书文化的制度载体：秘书体制等内容。请你反思一下，为什么要如此安排？秘书文化是中华文化的重要组成部分，作为秘书学专业本科生，你怎样看待秘书文化？

第一节
《秘书文化导论》概述

🎯 **学习目标**

掌握《秘书文化导论》的性质与目的。

🔊 **名人名言**

人的知识愈广，人的本身也愈臻完善。

——高尔基

为响应教育部关于秘书学专业的相关要求，进一步办好秘书学专业，完善秘书学科理论建设，我们从文化角度切入，编写了《秘书文化导论》。本书仅对秘书文化相关问题进行深入探讨，旨在完善秘书学专业系列教材，提升本学科教育质量，传承、发扬中华文化和秘书文化的优良传统。

一、《秘书文化导论》的性质与目的

(一)《秘书文化导论》的性质

1. 新颖性

传统的秘书学专业教材一般都是从理论和历史角度或横向和纵向的研究来阐述基本概念和历史发展的，而本书从文化的角度阐述秘书学的相关理论，重点对秘书文化进行深入探讨，这在以往是比较少见的。因此，本书具有一定的新颖性。

2. 交叉性

秘书学是交叉性很强的学科，涉及文学、语言学、心理学、社会学、管理学等诸学科。因此，秘书文化研究不可避免地要涉及多学科的交叉。本书是从总体上加以阐述的。因此，具有一定的交叉性。

3. 专业性

本书研究秘书文化，研究范围虽然很广，但仍属于秘书学范畴。而且，研究的审视点只限于文化的特殊领域。所以，从某种程度上讲，本书具有一定的专业性。

4. 应用性

学科一般分为基础学科和应用学科。研究一般规律的是基础学科，研究特殊规律的是应用学科。《秘书文化导论》研究的是特殊职业以及从事这种特殊职业的个人发展规律。同时，本书从秘书实践规律出发，能够指导秘书的从业实践。因此，具有一定的应用性。

5. 时代性

经济的复苏伴随着文化的复兴，在当前社会主义市场经济飞速发展的今天，我们越来越重视中国传统文化的价值。国家特别强调传统文化的重要性，秘书文化是传统文化的一部分。研究秘书文化顺应时代潮流，也是文化传承的具体表现。本书是时代的产物。因此，具有一定的时代性。

(二)《秘书文化导论》的目的

1. 树立正确的中国秘书文化观

通过对本书的学习，学习者能够树立正确的中国秘书文化观，热爱并继承秘书文化遗产，从而促进秘书文化的发展。

2. 提高文化素养

通过对本书的学习，学习者能够正确认识并准确把握秘书文化的特点，能动地介入时代精神，提高自身的科学研究水平，加深其对中华文化和秘书文化优良传统的理解，提高自身的文化修养。

3. 拓宽视野和知识面

《秘书文化导论》专门从文化角度阐述秘书文化，目的是使学习者拓宽视野和知识面，厚蓄文化底蕴，自我完善，厚积而薄发，更好地从事秘书工作。

4. 为从事秘书工作做好准备

《秘书文化导论》能使学习者提高自觉意识，规范言行，勤奋学习，树立正确的人生观、价值观，为从事秘书工作做好准备。

二、《秘书文化导论》的重点与要求

(一)《秘书文化导论》的重点

教材是传播理论与知识的依据，《秘书文化导论》立足于文化和秘书文化，从文化中汲取秘书文化的精髓，弘扬中华传统文化的优良传统，发挥文化和秘书文化的正能量，培养人文精神。因此，《秘书文化导论》的重点是人文精神。

(二)《秘书文化导论》的要求

《秘书文化导论》是秘书学专业本科系列教材之一，大学生要结合《秘书学概论》《中国秘书史》等教材进行学习。

本书体现了文化的特点。由于文化具有包容性和拓展性的特征，因此，为了深入领会本书的内容，大学生在学习的过程中应广泛涉猎其他经济、哲学、历史等相关著作，以丰富秘书工作的相关知识，加深对秘书和秘书职业的认识，提升自身职业素养。同时，本书除了适合秘书学专业本科生外，也适合从事秘书工作和秘书学研究的相关人员。

三、《秘书文化导论》的内容体系

(一)秘书文化的基本概念与历史背景

我们在教材的编排上对秘书文化进行了由浅入深、由本性探讨到关联性的过渡。

本书对秘书文化所涉及的基本概念和历史背景进行了阐述。例如，本章扼要说明了《秘书文化导论》的性质与目的，秘书文化的内涵，学习、研究秘书文化的意义等；第二章将重点论述秘书文化的核心价值；第三章将介绍秘书文化的起源与发展。这些将帮助读者初步了解秘书文化的内涵。

(二)秘书文化的相关要素与元素

本书围绕秘书文化的构成要素，描述了几个相关要素的表现形式。例如，因为汉字一直以来都是中华文化的重要构成要素，而且秘书文化很多时候要靠文字来表现。因此，第四章将描述秘书文化的物质载体：汉字。紧接着第五、第六、第七章将分别介绍秘书文化的其他载体。

同时，本书还把与秘书文化相关的各种元素进行关联性研究。例如，第九章探讨秘书工作思维与创新；第十章探讨秘书文化与秘书思想；第十一章探讨秘书文化与秘书事业。这样的安排，体现了研究秘书文化对秘书及其相关方面的作用和价值，对秘书实践有指导意义。

第二节
秘书文化概述

学习目标

掌握秘书文化的内涵。

名人名言

不论做什么事，不懂得那件事的情形，它的性质，它和它以外的事情的关联，就不知道那件事的规律，就不知道如何去做，就不能做好那件事。

——毛泽东

中共中央办公厅、国务院办公厅印发的《关于实施中华优秀传统文化传承发展工程的意见》（以下简称《意见》）指出："文化是民族的血脉，是人民的精神家园。文化自信是更基本、更深层、更持久的力量。中华文化独一无二的理念、智慧、气度、神韵，增添了中国人民和中华民族内心深处的自信和自豪。""中华文化源远流长、灿烂辉煌。"《意见》还明确指出："加强中华文化研究阐释工作，深入研究阐释中华文化的历史渊源、发展脉络、基本走向，深刻阐明中华优秀传统文化是发展当代中国马克思主义的丰厚滋养，深刻阐明传承发展中华优秀传统文化是建设中国特色社会主义事业的实践之需，深刻阐明丰富多彩的多民族文化是中华文化的基本构成，深刻阐明中华文明是在与其他文明不断交流互鉴中丰富发展的，着力构建有中国底蕴、中国特色的思想体系、学术体系和话语体系。"深入阐发中华文化的精髓，是进行文化与秘书文化研究和从事秘书学专业教育的首要任务。

一、文化的内涵

文化是内涵丰富、外延宽泛的概念。迄今为止，国内外学者对此有 260 多种说法。[①] 文化主要包括文化的基础、文化的结构、文化的定位等内容。

---

① 何坦野：《秘书文化论》，1 页，北京，中国广播电视出版社，2002。

(一)文化的基础

文化的基础是用语言、文字、思想(思维方式)、生活习惯这四个要素来概括的。

(二)文化的结构

关于文化的结构,有物质文化与精神文化两分说,物质、制度、精神三层次说,物质、制度、风俗习惯、思想与价值四层次说,物质、社会关系、精神、艺术、语言符号、风俗习惯六大子系统说,等等。

(三)文化的定位

文化着眼于人类与一般动物、人类与自然界的本质区别,着眼于人类卓立于自然的独特生存方式,涵盖面非常广,所以又被称为大文化。与大文化相对的文化被称为小文化。小文化就是排除人类社会—历史生活中关于物质创造活动及其结果的部分,专注于精神创造活动及其结果。

(四)文化的含义

文化的含义有广义和狭义之分。广义的文化,指的是物质文化和精神文化;狭义的文化,指的是精神文化。其内容主要包括一切社会意识形态,如知识、艺术、道德、法律、规范、风俗、习惯、价值观等。

二、秘书文化的基本内涵与基本功能

(一)秘书文化的基本内涵

秘书文化是围绕秘书这一社会职业而形成的文化现象。界定"秘书文化"时,我们应注意它们之间(如秘书与社会、秘书与历史、秘书与文化、秘书与领导等)的内在而细微的关系和尊重秘书已有的约定俗成的规范。

秘书文化,从本质上说,是秘书文化同秘书个体、社会阶层、官僚组织、时代风尚等文化现象紧密联系在一起的。它是支配秘书实践活动的价值基础和这个价值基础被社会化的运行状态。研究中国秘书文化,需要注意以下几点:一是从中国秘书史的厘析中得到某些带有历史规律性的启迪;二是以中华传统文化的宏观探析为文化的根基与诱因;三是以古今大量的秘书实践活动所产生的文化蕴义为例证。[1]

---

① 何坦野:《秘书文化论》,11页,北京,中国广播电视出版社,2002。

关于秘书文化的基本内涵，不同文化背景、不同阅历的人，可以从不同的角度做出不同的回答。我们认为，秘书文化是文化的重要组成部分，是秘书工作实践而形成的文化，是以秘书职业价值观为核心的精神文化和行为规范，以及与其相适应的物质表现形式。因此也有广义和狭义之分。广义的秘书文化包括秘书工作者在特定的历史文化背景和生活环境下的物质文化和精神文化。其中，秘书的物质文化包括撰写的公文、书写工具、书写载体、印刷工艺等。而狭义的秘书文化指的是秘书的精神文化层面，主要是秘书从业人员在特定的历史文化背景和工作生活环境下所形成的某种相对稳定的理想观念、价值取向、道德规范、处世哲学、文化心理和思维方式以及行动模式等。一般我们所说的秘书文化主要是指精神层面的文化。

(二)秘书文化的基本功能

秘书文化是秘书体系赖以生存和维持的重要基础。任何行业的存在和维持，都需要与之相适应的行业文化。一旦这种和谐关系被破坏，则有可能导致该体系出现生存危机，甚至解体。秘书文化的建构对秘书体系的存在有一定的影响，一是秘书文化对于确立秘书制度的结构具有重要的影响，二是秘书文化对于维持秘书行业关系的稳定起着重要的作用，三是秘书文化的变革与秘书制度的变革紧密相连。从纵向上看，每次秘书制度的变革都伴随着秘书文化的变革。那些率先感受到新的生产方式内在要求的先进思想、观念，通过各种机制渗透于广大秘书工作者的生活方式之中，逐渐形成了新的秘书文化。

秘书文化指导和规范各种秘书行为。秘书文化的基本功能之一就是影响和决定着秘书主体内在的秘书情感和价值倾向，可以使行业内外的人更加清醒地对待传统文化影响下的非理性秘书行为，做出理性的思考和判断。

秘书文化有助于秘书心理的养成。秘书心理是秘书工作者表达职业愿望的前提条件，是秘书行业发展与秘书职业地位的综合反映。秘书心理是我们营造健康、正确的行业舆论过程中不可忽视的一个重要因素。

此外，秘书文化还具有记录历史、辅助管理、调控、聚合等多项功能。

三、秘书文化的主要内容与精神内核

(一)秘书文化的主要内容

关于秘书文化应包括的内容，不同文化背景、不同阅历的人有不同的观点。例如，有人主张秘书文化应包括秘书信念、秘书信仰、秘书意识和职业道德修养。秘书信念是做好秘书工作的原动力和基础；关于秘书信仰，所谓信仰是对某人或某种主张、主义、宗教极度相信和尊敬，信仰有时能对秘书工作起导航的作用；秘书意识强的人，工作的责任心、进取心就强，工作效果就好，反之，秘书意识弱的人，很难谈得上工作做得好；关于职业道德修养，因为"职业道德是职业的生命"，没有职业道德的秘书工作本身就不会存在，不讲职业道德的秘书便不是合格的秘书。再如，有人主张秘书文化应包括纵向内容和横向内容。纵向内容是指秘书如何从史官、原始宗神中分离出来，秘书文化的物质载体的演变与秘书机构的变化等；横向内容是指几千年来中国秘书工作者形成恪守的精神价值与职业道德，秘书文化与制度的关联以及秘书心态的变化，秘书文化从层次上应分为几大类为宜等。因为秘书文化指导和规范各种秘书行为，所以本书从实践出发，将秘书文化的主要内容分为以下三部分。

1. 参谋文化

参谋是秘书工作者的基本职能。历史上那些为后人所称道的优秀秘书史官，无不是因其善于审时度势、策划谋略、裨补阙漏、治国安邦而发挥了重要作用。特别是当前，进入21世纪网络时代，面对深化改革的新形势、新要求，秘书工作者要认真学习秘书文化，发扬中华文化和秘书文化的优良传统，进一步发挥参谋文化的作用，切实当好领导的参谋助手。

2. 协调文化

秘书工作是辅助领导，联系、组织内外群众，协调上下级关系的重要渠道。通过协调，统一思想和行动，让领导从琐碎的工作中解放出来，集中精力抓好全局工作，理顺关系，化解矛盾，实现共同的目标。协调文化渗透于各项工作之中，以往秘书工作水平较低，人们往往还感觉不到它的存在，好多协调工作都被淹没在大量的服务性工作中。随着我国政治、经济体制改革的不断深化和发展，党政机关的党务、政务活动正在发生前所未有的变化：党务、政务活动的法律化、程序化，领导决策的民主化、科学化，办事制度的规范化和办事结果的公开化。这种变化与直接为领导服务的秘书工作部门的那些不能与之相适应的工作制度、工作方式发生冲突，推动着秘书工作者迅速地从传统的思维方式向科学先进的思维方式转变，激励着秘书工作部门竞相采用先进的科学技术和管理方法。可以说，秘书工作部门和秘书工作者正在经历一场思维方式和工作方式的变革。形势的发展对秘书工作的要求越来越高。新形势下的高层次、高水平的秘书工作越来越显示出协调文化的重要性。

3. 服务文化

秘书工作的关键是做好服务。既要为领导服务，又要为基层服务、为群众服务。既有政务性服务，也有事务性服务。因而秘书文化也是服务文化。

(二)秘书文化的精神内核

秘书文化是支配秘书实践活动的价值基础，是其秘书精神的外在表现，而秘书文化的核心乃是秘书精神——秘书文化的精神内核。

秘书文化的精神内核由秘书社会实践和意识活动长期孕育而形成的价值观念、思维方式、道德情操、审美情趣、宗教感情等因素构成。它反映的是古今秘书工作者的内心世界，潜伏在整个秘书文化系统的最底层。

古代秘书工作者与现代秘书工作者最大的区别在于文化蕴含。

中国历代秘书工作者应具有的秘书精神是有为、自强的入世精神，尽忠、不二的成仁气节精神，勇谏、死诤的规箴精神和信用、成名的成才精神。

1. 有为、自强的入世精神

历代的秘书工作者身处国家及地方各级行政运转枢纽，时时面对繁复的社会矛盾和文案典册，故常常形成双重人格：一是学者，二是政客。[1] 他们既要秉承君意，掌管政要，发号政令，奉行传统文化中刚健有为、自强不息的精神气节，又要在实际工作中，强调个人道德修养，强调自立、自强。他们大多守时、谦和、敬岗，又皓首穷经。学富五车的饱学之士，以修身、齐家、治国、平天下为目标，忧国忧民，以天下为己任，来实现自我约束。特别是儒家主张天人合一、万物一体。孔子认为"天地之性人为贵"。陆九渊的"天、地、人之才等耳，人岂可轻！人字又岂可轻，"与孔子的"天地之性人为贵"的思想一脉相承，有强烈的入世精神。

2. 尽忠、不二的成仁气节精神

气节是我国固有的道德标准，是秘书工作者的立身处世之道。重气节历来是中国历史上秘书工作者所崇高的人生态度。[2] 首先，这种气节表现为忠顺，即臣下对君主的忠顺；其次，秘书工作者还表现为杀身成仁、舍生取义。这里，那些秘书工作者为之献身的不仅仅是一家一国的王朝，也不再单纯是芸芸众生，而常常是某一理念与职业道德，或者是某一种人生的追求和原则。几千年来，历代秘书工作者都把道德和人格的完善看作实现人生理想的阶梯，都非常推崇尽忠、不二的成仁气节，重视气节、名声，当生命与道义不可兼得时，宁可舍生而取义，这也是当代秘书工作者应该继承的宝贵品格。

3. 勇谏、死诤的规箴精神

秘书从事谏官始于周代，当时秘书分为两类：一为记事秘书，后来发展为秘书史官；二为记言秘书，后来渐渐形成完整的谏诤官员制度。

秘书谏官在谏诤时，通常以社稷为重，置自己生死于度外，大义凛然，绝不畏死，体现了秘书工作者对其所服务的正统的价值理想的真诚，是秘书这一职业的更高层次的文化体现。

---

[1] 何坦野：《秘书文化论》，12 页，北京，中国广播电视出版社，2002。
[2] 何坦野：《秘书文化导论》，47 页，北京，中国广播电视出版社，2002。

4. 信用、成名的成才精神

以立言、立德、立身为己命，希望通过自己的职业，学有所成，建功立业，以便衣锦还乡，显耀门庭。这就决定了他们具有极大的时代局限性，不可能跳出既有阶层的文化和意识圈子，往往唯命是从，听命于人，从而丧失自身的判断，进而背弃原有的理想，又导致狭隘的个人奋斗和以自我为中心的倾向。

总之，从本质上而言，秘书文化是秘书这一职业精神同个人生存际遇或社会集团的统治意识连在一起的，它是支配秘书实践活动的价值基础。

第三节
学习、研究秘书文化的意义

🎯 **学习目标**

掌握学习、研究秘书文化的意义。

📢 **名人名言**

要过细地做工作。要过细，粗枝大叶可不行，粗枝大叶往往搞错。

——毛泽东

本书作为秘书学专业本科主干教材之一，旨在给秘书学专业本科生、秘书从业人员、秘书学研究人员提供一个了解中国秘书文化的优良传统的文本，传承秘书文化和中华文化的优良传统。

学习、研究秘书文化，既有深刻的现实意义又有长远的历史意义。

一、学习、研究秘书文化的现实意义

（一）提高文字水平

学习、研究秘书文化能使秘书工作者更好地运用文字载体，熟悉汉字使用的基本准则，更好地创造大量的高质量文本，同时避免因文字而产生的风险。例如，秘书经常和文字打交道，创造了很多经典文本，同时，古代也有一些秘书因文本的疏忽而遭遇刑罚。了解秘书文化关于文字的相关内容，能使我们更加谨慎地运用汉字，进一步提高文字水平。

(二)培养人文精神

学习、研究秘书文化能更好地了解秘书精神、职业道德，培养秘书工作者的人文精神。同时，理解秘书文化有助于秘书工作的顺利开展和人际交往的改善。

二、学习、研究秘书文化的历史意义

(一)学习、研究秘书文化的历史渊源

学习、研究秘书文化的历史意义就是要通过大量的历史资料、文献、典籍、体制变化，以及秘书文化的各种因素等，从文化角度阐释传统文化(包括秘书文化)的历史渊源。例如，秘书文化的体制衍变，古今变化极大。秘书工作的政治性、思想性、从属性，决定了它自始至终伴随着中国历史和文化的发展而发展。因此，没有中国文化也就不会有中国的秘书文化。历史上每个时代对秘书文化都会产生巨大影响，时代的变迁影响并造就这个时代的秘书机构。秘书体制的衍变可以使我们更加了解这个时代的政治、经济文化，借鉴各个时代体制衍变的经验，从而使秘书体制更加完善。

(二)大力弘扬、发展和传承中华优秀传统文化

秘书文化是秘书事业的灵魂，是秘书工作者的精神主旨，是秘书行业赖以生存和发展的基础，是推动秘书事业发展的动力。

从长远看，秘书文化要坚持文化自觉精神，引领文化行业，发扬行业精神，成为传播精神文明的主要阵地。

目前，随着改革开放的深入、市场经济的推进，我国经济社会也发生了深刻变革，互联网技术和新媒体飞速发展，各种思想文化交流交融交锋更加频繁。对秘书文化精髓进行研究，迫切需要提高对秘书文化和中华优秀传统文化重要性的认识，进一步增强文化自觉和文化自信。

文化是民族精神的体现，秘书文化是人民的精神文明家园。要想更好地建设精神文明家园，为文化和秘书文化的大发展、大繁荣提供适宜的生存条件，必须营造文化和秘书文化的环境，大力弘扬、发展和传承中华优秀传统文化。

> **本章小结**

本章介绍了《秘书文化导论》的性质与目的等，说明了秘书文化的内涵，阐明了学

习研究秘书文化的意义等内容。

第一节主要论述了《秘书文化导论》的性质与目的、内容体系等。

第二节主要论述了文化的内涵，秘书文化的基本内涵与基本功能，秘书文化的主要内容与精神内核。

第三节主要论述了学习、研究秘书文化既有深刻的现实意义，又有长远的历史意义。

总结＞

Aa 关键术语

文化　　　　　秘书文化

章节链接

本章统领全书，辐射全书各章节，是掌握《秘书文化导论》内容的关键。

应用＞

批判性思考

你认同秘书文化是传播精神文明的主要阵地吗？

体验练习

运用《秘书文化导论》的相关知识，写一篇读后感。字数不得少于500字。

拓展＞

补充读物

1. 习近平：办公厅工作要做到"五个坚持"[J]. 秘书工作，2014(6).

2. 何坦野. 秘书文化论[M]. 北京：中国广播电视出版社，2002.

3. 张岱年，方克立. 中国文化概论[M]. 北京：北京师范大学出版社，2016.

　　📺　在线学习资源

　　1.《秘书工作》杂志社官方网站，http：//www. msgz. net，2017-08-07。

　　2. 汉字文化网站，http：//hzwh. qikan. com，2017-08-06。

第二章

秘书文化的核心价值

本章概述

秘书文化的核心价值是秘书文化的重要组成部分。本章主要讲述秘书文化的核心价值。首先讲述有为和自强；其次讲述忠诚和责任，明确服从和执行是秘书的天职；再次讲述谏诤和担当，注意劝谏要有方法；最后介绍诚信和敬业，明确敬业是由主动性通往卓越的成功之路。

结构图

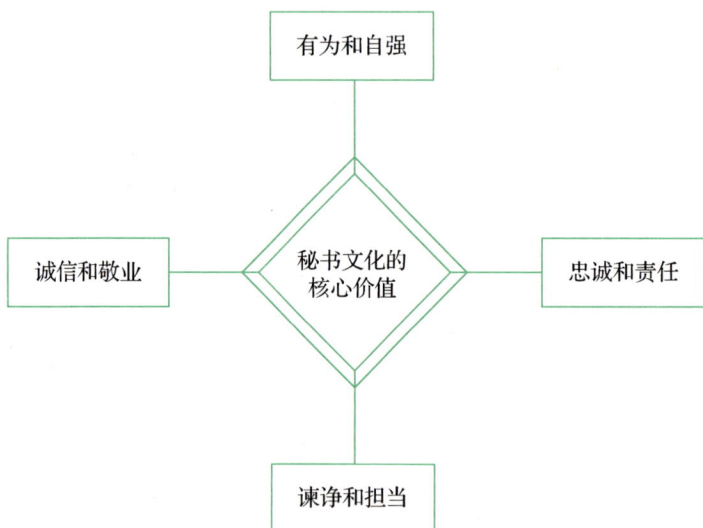

学习
目标

本章重点：

1. 有为和自强。

2. 忠诚和责任。

3. 谏诤和担当。

4. 诚信和敬业。

本章难点：

1. 有为和自强。

2. 忠诚和责任。

3. 对"不辱君命"的正确理解。

4. 谏诤和担当的勇气。

5. "诤"要直言规劝。

6. "诤"要坚持正确的原则。

学完本章，你应该能够做到：

1. 掌握秘书文化的核心价值。

2. 注意提升秘书修养与作为。

3. 理解"不辱君命"对秘书工作服从与服务的要求。

读前
反思

2006 年 4 月 7 日晚，易安信(EMC)大中华区总裁陆纯初回办公室，因没带钥匙不能进门，也不能联系上他的私人秘书瑞贝卡，难抑怒火，于是给瑞贝卡发了一封措辞严厉且语气生硬的"谴责信"。瑞贝卡却以同样强硬的邮件作为回应，并最终为她在网络上赢得了"史上最牛女秘书"的称号。此事则被称为"秘书门"。我们知道，秘书工作因领导工作的出现而产生，秘书就要在主辅配合中近身性综合辅助与适应领导对秘书公务服务的需要。你怎样看待"秘书门"事件？在这一事件中，这位外国秘书如果换成一位中国秘书，事态会怎样变化？你考虑过从中西方文化的角度分析这一事件吗？

秘书文化的核心价值是历代秘书从各自不同的时代出发，在社会实践和意识活动中长期孕育、积淀而形成的价值观念，它受中国传统儒家文化的影响很大。秘书工作者不断从中汲取精华来指导秘书工作，形成了秘书文化的核心价值：第一是"有为""自强"；第二是"忠诚""责任"；第三是"谏诤""担当"；第四是"诚信""敬业"，这些构成了秘书文化核心精神的主体，反映了秘书工作者的内心世界，也为他们提供了思想与行动的指南。

西方哲学家伽达默尔说过，"一切历史都是现代史，理解过去意味着理解现在和把握未来"。我们从传统入手探讨秘书文化精神，不是为了刻意维护某种古老的礼仪，而是为了重视中国文化内部的创新能量，在当下介入并回应历史的巨变以激发秘书文化的新活力，展示民族的精神与智慧。

第一节
有为和自强

🎯 学习目标

领会有为、自强的精神。

🔊 名人名言

明哲之士，必洞达世界之大势，权衡较量，去其偏颇，得其神明，施之国中，翕合无间。外之既不后于世界之思潮，内之仍弗失固有之血脉，取今复古，别立新宗。

——鲁迅

"有为"与"自强"是秘书文化的核心价值之一。它源于中国传统儒家文化。

一、有为

崇尚品德、积极进取、奋发有为是儒学的基本精神。儒家崇尚德行，主张中和，其入仕进取的"有为"是其思想总纲，把刚健有为、勇毅力行作为道德实践与理想追求的原则，强调积极向上的人生态度，为秘书工作者指明前行的方向。

"有为"在"为政"而不"违仁"。《论语·为政》载："为政以德，譬若北辰居其所而众星共之。"在这"为"与"不为"之间如何选择与平衡，《论语》中孔子的言行给了后人评判的标准，这个标准就是"仁"和"中庸"。孔子的"有为"强调"刚"的品质，《论语·子罕》曰："刚毅木讷近仁。"孔子高度肯定临大节而不夺的品质，所谓"三军可夺帅也，匹夫不可夺志也"。《论语·泰伯》曰："士不可以不弘毅，任重而道远，仁以为己任，不亦重乎？死而后已，不亦远乎？"孔子提倡并努力实践为崇高理想而不懈奋斗，鄙视饱食终日、无所用心的人生态度，故说："发愤忘食，乐以忘忧，不知老之将至。"在崇尚积极进取、有所作为、敢为天下先、知其不可而为之、以天下兴亡为己任的同时，儒家还提出一种开朗、乐观的人生态度。孔子作为一位"收放自如"的人物，在中国文化史上的"知其不可而为之"的道德实践就是最好的总结与例证。梁漱溟在《东西方文化及其哲学》中说："孔子以前的文化差不多都收在孔子手里，孔子以后的文化又差不多都从孔子那里出来。"①这一"收"，是因为孔子编订前圣遗文成"六艺"；这一"放"，是因为孔子为以后时代文化之源。在诸子百家中，梁氏认为"孔子为全为主，诸子为分为宾"。从这个意义上说，孔子本人即具有自强不息、积极有为的精神，强调"发愤忘食，乐以忘忧"的人生态度，以修己养德治，以"礼制"实践"为政"。"德"重在修己与自觉，"礼"则要规范人们的行为，"道之以德，齐之以礼。"天子、诸侯和采邑各有其位，不得出位。"八佾舞于庭，是可忍，孰不可忍？"孔子说："天下有道，则礼乐征伐自天子出；天下无道，则礼乐征伐自诸侯出。"主张以德服人，反对以"力"服人。

"有为"在"崇德"。秘书职业出现的重要条件——有领导部门的社会组织的出现，决定了他们伴随领导的近身性，替领导提供谋划、撰拟和事务性服务等。历史上的朝廷秘书在政治上受到与皇帝的君臣关系的制约。因此，他们非常重视道德主体的完善，个人的价值判断趋向理性，重视儒家"有为"的思想，以"修身、齐家、治国、平天下"为人生目标，其表现在于"崇德"。孟子对孔子推崇备至，说："乃所愿，则学孔子也"，并在新形势下发展了孔子思想，提出"有所为而有所不为"的主张，主张"以德服人"。"中庸之为德，其至矣乎！"执两用中，文质彬彬。秘书为人处世，贵在有德。为人与处世不可分离，做人就是立身处世。做人的要义就是人的行为必须合乎人应该具有的道德规范，做人就是以道德来律己，以道德来待人。交往以德待人。为人之德，在于强调人际交往的道德性，主张人与人之间应当正其义、不计其利，谋其道、不谋其功，与人相处、贵在以德。

"有为"在"中和"有度。贵和尚中就是贵和谐、尚中道，体现出包容万物、兼收并

---

① 梁漱溟：《东西文化及其哲学》，150 页，北京，商务印书馆，2005。

蓄、厚德载物的博大精神。这种精神在中华民族和中国文化发展过程中起着十分重要的作用，对秘书精神也产生重大影响。秘书在工作中遵循一般规律，把握适度原则，掌握火候，既不过，也不是不及，过与不及都是乱了分寸的错误做法。要正确把握工作的"度"，既要在工作中注意分寸与界限，又要依据现实的工作状况、职责范围与工作原则进行适度调整，只有这样才能使工作进退有节，张弛有度，正负有向；要保持人际关系的和谐，求大同存小异，和而不同，以中为度。这个"度"体现在秘书辅助领导者的实施管理上，体现在秘书领会领导意图前提下的公文写作中，体现在秘书对领导决策的辅助上，体现在秘书对立统一规律的运用之中，并且还要切实处理好主动与被动、到位与越位、干成事与不出事的关系。① 适度原则的把握直接关系到事物发展的方向和结果。

二、自强

"有为"由于在中国秘书文化中占主导地位而成为秘书文化核心价值之纲，而"自强"则成为秘书作为"实践主体"在实践中的自立之道。荀子主张"敬其在己者"，君子最看重的是属于自己的东西，尊重自己的不懈努力，积极向上，与其怨天尤人，不如奋发图强；与其听天由命，不如自力更生。后来演变为中华民族的民族精神，所谓"天行健，君子以自强不息"，这是荀子思想的逻辑结论。同时也包含"立不易方"之义，也就是孟子所说的"富贵不能淫，贫贱不能移，威武不能屈"的独立人格。《易经·象传》载："地势坤，君子以厚德载物。"君子应效法大地的胸怀，包容各种各样的人，容纳不同的意见，使他人和万物都各遂其生。从两句话的关系看，自强不息是自立之道，厚德载物是立人之道；自立是立人的前提，立人是自立的引申。可见，刚健有为的思想以自强不息为主，同时包含厚德载物。司马迁以"文王拘而演《周易》；仲尼厄而作《春秋》；屈原放逐，乃赋《离骚》；左丘失明，厥有《国语》；孙子膑脚，《兵法》修列；不韦迁蜀，世传《吕览》；韩非囚秦，《说难》《孤愤》；《诗》三百篇，大抵贤圣发愤之所为作也"自励，忍辱负重，完成了"为天地立心，为生民立命，为往圣继绝学，为万世开太平"②的史学大业。

🔍 案例

司马迁，字子长，夏阳（今陕西韩城）人。他生于史官世家，祖先自周代起就任王室太史，掌管文史星卜。父亲司马谈在武帝即位后，任太史令达三十年之久。司马谈博学，精通天文、易学和黄老之学。司马迁十岁起诵读古文，并接受其父的启蒙教育。

---

① 徐进章：《谈秘书工作的"度"》，载《秘书之友》，1991(12)。
② （宋）朱熹、吕祖谦：《近思录集释》，长沙，岳麓书社，2010。

渊源久长的家学对他后来治学道路有深刻的影响。后随父去长安，同当时著名经学大师孔安国、董仲舒学习《古文尚书》和《春秋》，并开始了他的游历生活。读万卷书，行万里路，奠定了司马迁以后著书立说的厚实基础。司马谈因未能随行汉武帝封泰山抑郁死后，司马迁继任父职为太史令，使他有机会读遍皇家藏书处石室金匮收藏的文史经籍，诸子百家，及各种档案史料，秉父遗志着手准备编写《太史公记》。后司马迁因李陵事件而遭受宫刑。不幸的遭遇使司马迁的精神受到极大刺激，曾一度想自杀，但他想起了父亲的遗言，又以古人孔子、屈原、左丘明、孙子、韩非等在逆境中发奋有为鼓励自己，终于以惊人的意志忍辱负重地活了下来。身心备受摧残、忍辱含垢生活的司马迁深知，"人固有一死，死或重于泰山，或轻于鸿毛。"他决心以残烛之年，完成父亲要他完成的史书。他经过六年的囚禁生活，征和元年终于出狱。武帝对司马迁的才能还是爱惜的，任命他为中书令。从此他埋首奋发著述，终于完成了在中国古代思想文化史上占有重要地位的"究天人之际，通古今之变，成一家之言"的巨著——《史记》，被鲁迅誉为"史家之绝唱，无韵之离骚"。

第二节
忠诚和责任

🎯 学习目标

1. 掌握"忠诚"源自"礼"。
2. 理解忠诚是秘书必备的政治品格。
3. 理解秘书的责任意识。
4. 牢记秘书工作中的服务精神与服从原则。

🔊 名人名言

明主患谏己者众，而无由闻失也，故开敢谏之路，纳逆己之言，苟所言出于忠诚，虽事不尽，是犹欢然受之。

——傅子

一、忠诚

忠诚是秘书人员必备的政治品格，是秘书根本的职业之道，是对自己的事业和组织的赤诚无私、全心全意。"'人之忠也，犹鱼之有渊。'对党绝对忠诚是中办的生命线，是做好中办工作的根本点。"①秘书对党忠诚，忠于祖国和人民是一种信仰，是一个人的行为准则和活动指南，是对人生观、价值观和世界观的选择与坚持。

秘书要牢固树立高度自觉的大局意识，具有矢志砥砺"忠诚"的政治品格，在政治、思想和行动上自觉同党中央保持一致、同所在组织的利益保持一致；自觉遵守政治纪律，做到令行禁止，反对自由主义；自觉与领导的工作目标保持一致。信仰要坚定，政治要清醒，行动要服从。《论语·学而》载："吾日三省吾身：为人谋而不忠乎？"《论语·八佾》载："君使臣以礼，臣事君以忠。"以"礼"行事，是实行仁德的基本保障，脱离了"礼"的实践，"仁"就会流于空谈，而没有仁德核心价值观的指导，"礼"也只是空具条文。"朝闻道，夕死可矣"，揭示的是气节的源泉；"鞠躬尽瘁，死而后已"，归纳的是气节的拓展。儒家给入仕的士人设计了很高的人生理想，《论语·子语》载："行己有耻，使于四方，不辱君命，可谓士矣。"

什么是"士"？由于孔子主张"学而优则仕""先进于礼乐，野人也；后进于礼乐，君子也"，按照杨伯峻的解释："对于当时的卿大夫子弟，承袭父兄的庇荫，对做观众去学习的情况可能不满意，后孟子在《告子下》中引葵丘之会盟约说，'士无世官'，又说，'取士必得'。那么，孔子所谓'先进'一般指'士'。"②

在孔子看来，士人追求的价值理性是"达"。子张问："士何如斯可谓之达矣？"子曰："夫达也者，质直而好义，察言而观色，虑以下人。"品质正直，遇事讲理，善于分析别人的言语，观察别人的颜色，从思想上愿意对别人退让。所谓"达则兼济天下""国无达士则不闻善"等，都是对"孝"在更大的社会场所发挥人生和政治哲学功用的绝好注解。

忠诚不仅是秘书的职业要求，也是文化使然。在处理国家大事方面，儒学之"礼"与"正名"的主要目的之一便是为政治统治服务。《论语·为政》载："道之以政，齐之以刑，民免而无耻。道之以德，齐之以礼，有耻且格。"在社会交往方面，"礼"作为社会交往的原则十分重要。孔子强调人们应该以"礼"来对待他人，"居上不宽，为礼不敬，临恶不哀，吾何以观之哉？"以恭敬的态度施行"礼"，上下级应该互相体谅，营造一种宽松的社会人文环境，这样才能达到共同进步、共同发展的目的。孔子认为："礼之用，和为贵，先王之道。斯为美，小大由之；有所不行，知和而和，不以礼节之，亦不可行也。""和为贵""以礼节之"，和睦相处，均衡发展，以"礼"作为对社会秩序的约束。所以，"礼"不只是普通的礼貌和外在的规范，"礼"还体现着一种悠久的文化精神、一种传统的深刻的历史力量。孔子"正名"为达到"拨乱世而反之正"③的思想目的，通过

①　习近平：《办公厅工作要做到"五个坚持"》，载《秘书工作》，2014(6)。

②　杨伯峻：《论语译注》，109 页，北京，中华书局，1980。

③　单纯：《论孔子对"礼"的政制规范性解释》，载《中国儒学》，2015(6)。

"礼制"，使社会由无序重新走向有序，要求每个社会成员按自己的"名位""名分"去思想、去行动，不要僭越，对于当时其他的诸侯国也具有普遍适用性。孔子把传统的"周礼"纳入他所构筑的完整的思想体系之中，把"礼"与"仁"结合起来而赋予"礼"新的内涵；把"礼"与"德"联系起来，强调"礼"与"刑"的对立；① 为协调社会关系，"礼制"成为一种特殊的社会准则，在所有关系中权利与义务、权力与责任之间起到抑制平衡的作用②。

在孔子所处的世界中，"礼"是一种带有人文伦理色彩的强制性的社会规范。在春秋时代的社会关系里，家庭关系是靠"孝悌"伦理维系的，扩大到诸侯国或邦国，其社会和政治的维系功能便由家庭伦理的"孝悌"转换成为"忠诚"，即"移孝作忠"③。"孝悌"是家庭伦理的基本内容，推展到国家政制伦理层面就是"君子为政之道"的根本。这就是"忠孝以礼""齐之以礼"。"齐"礼是一种规范也是一种制约，制"乱"和"争"。

孔子具有"以天下为己任"的君子情怀，主张出仕，离开家庭到社会上发挥其政治才干。到社会上为权位者谋划，以实现自己的政治理想，这是孔子及其弟子周游列国的动机。而儒家"与人谋"又不局限在"愚忠"及把自己贬低为"权谋"的政治工具，所以孔子提倡的"忠孝"蕴含着一种儒士独立的道德权力，以平衡国家"使臣御民"的行政权力。④

忠诚于领导的最直接表现就是服从、执行。秘书的角色决定了其服从的天职。服从领导的工作需要，是秘书工作的重要原则。秘书在协助领导进行管理的过程中，必须遵循服从的原则，服从领导意图，严格按照领导的思想和主张行事。秘书人员在工作中，既要体现出在协助领导形成正确意图的进程中的主动性，又要体现出在领导意图形成之后的服从性，还要体现出在执行领导意图过程中的创造性，更需要一种敬业精神，能够对上级的托付立即采取行动，全心全意去完成任务，从而使领导意图经过秘书人员的努力得到迅速传达、贯彻、执行。

服从是秘书的天职。没有服从，任何绝佳的战略和设想都不可能被执行；没有服从，任何一种先进的管理制度和文化理念都无法建立与推广。服从能够激发一个人的最大潜能，尽一切努力去完成任务。只有这种自上而下的对核心的忠诚，才能形成无坚不摧、战无不胜的巨大合力，进而实现团队目标。

工作意见存在分歧是常事。但必须让领导明白，秘书只有建议权。一旦领导做出决定，只要不违背法律或政策，秘书就要无条件地在第一时间按照指令去行动。忠诚要求我们要服从、执行领导或团队的命令。《论语·子路》就有提出"士"之"责善和睦"。

---

① 杜豫：《孔子与礼》，载《孔子研究》，1999(3)。
② 单纯：《论孔子对"礼"的政制规范性解释》，载《中国儒学》，2015(6)。
③ 单纯：《论孔子对"礼"的政制规范性解释》，载《中国儒学》，2015(6)。
④ 单纯：《论孔子对"礼"的政制规范性解释》，载《中国儒学》，2015(6)。

当然，这种服从和执行要理智而不盲目，要以企业的利益为基本出发点，进行更全面的考虑，并反馈自己的意见。服从不是不动脑子地盲从，不是被动地听从，而是自动自发地服从、自信主动地服从。面对上司，说话少一点，行动多一点。

秘书的服从既表现在服从领导的指示，又表现在学会从小事入手，做好手头的每一件事情，不因做好一件小事为满足，在必要时还要能够舍弃局部和个人利益而顾全大局。

对待中华传统文化的精华与糟粕，科学的态度是继承其精华、剔除其糟粕。传统的忠君思想有积极的一面，但也有消极的一面，后人要有一分为二的眼光选择性地去对待。在新的历史条件下，秘书对上级的忠诚，更要有理性的自觉，以及对马克思主义信仰和中国特色社会主义信念的坚定。

🔍 案例

秘书奉命寄信

某公司董事长收到一封有长年生意往来的代理商的无理信函。看后，董事长感到非常气愤，立即把秘书叫来，说："真没想到会收到这么不讲道理的信，虽然我们有着长久的生意往来，也只能到此为止了。对于这件事，我打算对外公开。"按照这种意思，要求秘书迅速复函对方。那么，秘书应该采取何种态度呢？分析秘书的下列几种做法：

第一种，"好的！董事长。"说完，立刻走出办公室，去打字、投邮。

第二种，认为这项在董事长盛怒之下做出的决定，对公司、对董事长都没有好处，倒不如把这封信"压下来"，不必打字，也不必邮寄。

第三种，"董事长，何必为了一时之气，得罪往来已久的代理商呢？请您三思啊！"向董事长提出这样的建议。

第四种，当天晚些的时候或经过一段时间董事长息怒后，将打好的信件，送给他过目，并说："您觉得这样可以寄出去吗？"

案例分析：

第一种，他对董事长的命令绝对的重视与服从，但过于盲目服从。

第二种，他是为董事长和公司利益着想，但实际上，他逾越了秘书的权限，所以并不妥当。

第三种，从秘书是协助者的角度看，这是实际自然的反应。他帮着领导出主意，让领导思考后再做决定，但严格说来，这也是对公司决策的干预，属于越权行为。

第四种，这是正确的做法。董事长也是人，难免有怒不可遏的时候，在怒气消退后，自然会冷静地思考问题。这时，一句"您觉得这样可以寄出去吗？"提醒他再一次做决定。

二、责任

秘书应具有很强的责任意识。儒家思想是我国传统文化的集中代表，强调个体的责任感、节制和忠孝，强调一个人的内心修养，决不放弃对社会的责任，更好地为社会服务。儒家讲的入仕，一般是指离开家庭，到社会上发挥其政治才干。秘书在工作中应有强烈的责任心，始终把党和人民的利益放在首位；对领导的吩咐千方百计地去完成，毫无理由懈怠工作。"不辱君命"就是入仕秘书的最高目标。

秘书工作者的角色定位至关重要。进入角色和状态是做好一项工作的前提，秘书工作和其他工作一样，对从业人员有着特殊的角色要求，这是由秘书工作自身的特殊性决定的。作为秘书，恪守本分，各司其职，各尽心力于其事，做好自己的本职工作。一个人不论职位高低，只要尽心尽力做好自己的本职工作并且能奉公守法，这就实践了职位的名分。

秘书工作职责的履行是对领导提供公务服务最好的方式。政治上的立场坚定，是成为一个秘书的必备条件。在其位谋其政，在其职尽其责。要把信念根植于灵魂深处，内化于心，外化于行，把坚定的信仰与立场体现到履职尽责、爱岗敬业的实际行动中。秘书要明确所在组织和部门所有的权力和职责，认清秘书工作的辅助性特征，认同秘书或助手或参谋的服务职能。秘书要有高度的责任感，要围绕领导意图进行工作，正确领会、贯彻、执行领导意图，是秘书工作的基本出发点。秘书的每一项工作，都必须在自己的职责范围内展开。同时，秘书又身处领导人身边，接近权力中心，所以秘书经过领导授权才具有一定的权力，同时要坚决贯彻"法定职责必须为、法无授权不可为"。有权必有责，秘书必须履职为民，尽心尽责，勇于担责。"责任成就事业、决定成败、推动效率。"[①]秘书工作无小事，大事要事交织、急事难事叠加是常事，思想上要高度重视，不能放松；行动上保证工作运转，不能影响大局。恪尽职守、认真负责是秘书工作者必须具备的基本素质。秘书工作责任重于泰山，在面对艰巨繁重的任务时，秘书要以强烈的责任心和使命感，敬业守责，踏实认真、尽心尽力做好每一项工作。在社会高度发达的信息化时代，秘书面对各种诱惑，在复杂的工作环境中坚持原则，新的时代要求秘书要有清醒的理论头脑，要增强政治定力，依规办事；严守纪律，拘小节，守大义；政治清醒，思想坦荡，作风清廉。孟子强调君子立志奋发图强，主动完善自己，志行高尚，《孟子·公孙丑上》载："吾善养吾浩然之气……其为气也，至大至刚，以直养而无害，则塞于天地之间。其为气也，配义与道；无是，馁也。是集义而生者，非义袭而取之也。"显然，浩然之气是在精神上压倒一切的凛然正气，是一种

---

① 习近平：《办公厅工作要做到"五个坚持"》，载《秘书工作》，2014(6)。

至大至刚的精神力量，是道德修养的最高境界。孟子提出的养浩然之气的思想，提倡"富贵不能淫，贫贱不能移，威武不能屈"的大丈夫气概，熏陶感染了无数坚持真理、不怕牺牲的志士仁人，集中体现了中华民族伟大的精神境界。

🔍 **案例**

秘书的角色定位

陆强长得很帅，还能讲一口流利的英语，在与外商谈判中常有出色的表现。相比之下，他的上司赵经理就比他逊色多了。有一次与外商交流，陆强跟外国人频频举杯，用英语海阔天空地闲聊，竟把上司冷落在一旁。同外商分手时，陆强又抢在上司前面跟外国人握手道别，上司顿时满脸乌云，没几天陆强就被调到另外一个不太重要的部门。后来听说，是赵经理向公司老总打了"小报告"，说陆强这个人太肤浅，不适合做销售业务。经朋友点拨，陆强才明白自己无意中犯了职场禁忌——"越位"。后来在新部门，陆强吸取教训，对上司恭敬有加，与上司同行时，他后退一步；与客商谈生意时，他在一旁保持缄默，只在适当的时候为上司"补台"。不久因工作能力强，陆强担任了另外一个部门的经理。

第三节
谏诤和担当

🎯 **学习目标**

1. 秘书要具有谏诤和担当的勇气。
2. 明白"诤"要直言规劝。
3. 明白"诤"要坚持正确的原则。

📢 **名人名言**

以铜为镜，可以正衣冠；以史为镜，可以知兴替；以人为镜，可以明得失。

——魏徵

一、谏诤

春秋战国时期就已经有了谏诤制度，它是中国古代监察制度的重要组成部分。据《周礼·地官·叙官》记载，周朝就有"保氏""司谏"官职，《地官·二十二》和《地官·二十三》专讲"保氏""司谏"二职①。《周礼·地官·司谏》载："司谏掌纠万民之德而劝之朋友，正其行而强之道艺，巡问而观察之，以时书其德行道艺，辨其能而可任于国事者。"司谏负责纠察万民的德行而鼓励他们在增进善道方面相互研讨，归正他们的品行，劝勉他们学习艺道，并到民间访问、观察，按时记录人们的德行和道艺，辨别其中有才能、可以担任国事的人。

谏诤是国家的治理活动，在传统社会它是君主专制下自我监督、自我纠错机制的核心，目的在于帮助治国者听取、吸收不同的意见，以实现合理有效的决策。②谏，本义为谋划，使对方改变主意。从字义看，谏是规劝君主、尊长、朋友，并使之改正错误的意思。③谏诤是指在人们的政治生活以及日常生活中，对某一事物的看法因所处的地位、观察角度、认识水平、评价标准等的不同而发生分歧，甚至口角，下级或晚辈以一定的社会规范、道德或法律制度等对上级或长辈进行说服、劝谏以达成统一认识；或在双方观点未有分歧的情况下，下级或晚辈仅向上级或长辈提出有益的建议或意见。④谏诤者和谏诤对象可以是各种不同身份的人。臣下对君主及朝政的缺失进行劝谏、规正，甚至批评指责，以助君主改正过失，正确决策；或臣下对国家的政治、经济、军事、外交甚至君主的个人生活等方面提出有益的建议或意见，这就是政治生活中的谏诤。而谏诤制度则上升到了国家政治制度的层面。谏诤者是作为谏诤活动发生的主体，可以通过口头和书面这两种形式向君主进谏。为了更好地表达自己的思想，他们通常运用不同的修辞手法和语气。

儒家著述的《谏诤》一文分别从为君的角度说明天子、诸侯、大夫、士、父有诤臣的意义，从它出自中国古代伦理学著作——《孝经》第十五章便可以看出传统的忠孝观念和尧舜典范政治都对谏诤者产生影响：把为臣与为子同类比附。君臣与父子，道理都是相通的，当臣子遇见君父做得不对的时候，不可以不向君父直言或婉言谏诤。盲目听从，不能算是真"孝"，孔子的思想中，"敬""养""谏"的结合才是真正意义上的忠孝。臣之谏君，子之谏父，自古攸然。孔丘称赞春秋时卫国大夫："直哉史鱼，邦有道如矢，邦无道如矢。"子鱼富而不骄，谨守臣道，多次向卫灵公推荐为人正直且德才兼备的贤臣蘧伯玉，在临死前告诫儿子将他的尸体放置于窗下，尸谏卫灵公，至诚的忠心使君王受到感化。作为臣子，应当明辨是非利害，明确劝告君父，君父如果不听从劝谏，还应当极力进谏，不能陷君父于不义之中，即使是触怒受罚，也不怨恨。

如果父亲、君主做事违反义理，儿子、臣子应该直言劝告，尽谏诤之义，才是真正的孝顺和忠诚。集中讲明臣子不可不谏诤君亲。君主有了过失，臣子就应当立行谏

---

① 杨天宇：《周礼译注》，上海，上海古籍出版社，2004。

② 张茂泽：《中国古代谏诤观》，载《长安大学学报（社会科学版）》，2015(3)。

③ 王凤阳：《古辞辨》，长春，吉林文史出版社，1993。

④ 赵启迪：《春秋战国时期的谏诤制度》，硕士学位论文，吉林大学，2008。

诤，以免陷君亲于不义。臣子遇见君主不应当做的事情，必须立即谏诤。作为臣子就应该时进忠言，勇于匡救，只有直言劝谏，哪怕天子偶尔犯点错误，也不会把天下丢掉。对于诸侯、大夫，身边也应该有直言谏诤的家臣，帮助他们改善自己的行为。

"谏诤"是求同存异、和而不同思想的外在体现。工作中遇到大是大非时，秘书"诤"要直言规劝。《现代汉语词典》载："诤：直爽地劝告。""谏：规劝（君主、尊长或朋友），使其改正错误。""谏诤：直爽地说出人的过错，劝人改正。"直言劝谏是一种真正的忠诚。直言劝谏，不惧祸否；志节分明，折而不屈。

二、担当

有担当，要有刚直不阿的勇气。立志追求实现理想的曾子说过："士不可以不弘毅，任重而道远。"秘书要有忍辱负重、百折不挠地为追求理想而吃苦的精神。人固有一死，或重于泰山，或轻于鸿毛。荀子言："是故权利不能倾也，群众不能移也，天下不能荡也。生乎由是，死乎由是，夫是之谓德操。德操然后能定，能定然后能应，能定能应，夫是之谓成人。"那些品行高尚、刚直不阿的圣贤，无不有担当意识。

秘书工作应尽其正道，孔子讲"不辱君命"，不仅仅是对于上级指示的坚决贯彻与执行，所谓"君命召，不俟驾行矣""事君，能致其身"；还要用正确的道义的内容与方式对待上级并提供服务，把个人利益放在后面，只有这样才能获得上级的认同与信任。以道事君，合于仁义，工作中遇到问题，秘书要适时当面规劝进谏，有责任，有担当，充分发挥工作中的主体精神。下级不能阳奉阴违，欺骗上级，也不能阿谀奉承，却可以当面规劝进谏与教诲。在定公谈到一言兴邦时，孔子认为不能机械地看待这个问题："人之言曰：'予无乐乎为君，唯其言而莫予违也。'如其善而莫之违也，不亦善乎？如其不善而莫之违也，不几乎一言而丧邦乎？"孔子站在为政的角度，辩证地看待对于上级命令的违背与否给国家带来的影响。后又讲道，子曰："君子易事而难说也。说之不以道，不说也；及其使人也，器之。小人难事而易说也。说之虽不以道，说也；及其使人也，求备焉。"对于君子，手下人要用正当的方式去讨他喜欢；他用人的时候，会衡量他们的才德再去给他们分配任务。秘书不要阿谀从顺而要敢于犯颜谏诤。

敢于担当，要有能力。博学善事能，提高自身综合素质。孔子主张"君子博学"。做好秘书工作要拼体力，更要拼智力，具有广博学识，要具有良好的职业能力与技能，吐故纳新，不断学习与成长，强化工作能力。秘书要不断强化责权法定的理念，在依法治理上要敢于担当；在各种危机面前，敢于挺身而出，敢于决断、敢于负责；要不断提高调查研究和辅助决策的能力；在困难面前，要信心坚定，沉着应对；在歪风邪气面前，坚持原则，立公心，树正气。

敢于担当，要讲究方法。工作中要遵循政策法规，工作中遇到问题不推卸责任，不上交矛盾，"思不出其位"，"谋""诤"都要坚持正确的方向与原则，在大是大非面前旗帜鲜明。上级是否纳谏虽说与谏诤者的努力程度并不一定成正比，但秘书必须掌握一定的谏诤原则和方法才能收到自己所预想的效果。有时还表现出谏诤者在劝谏谏诤对象时的大无畏的献身精神，舍生取义，以身殉职，"城必谏诤，死职下。"[①]令后人景仰。子夏说"信而后谏，未信则以为谤己也。"君臣只有上下无私，君臣合德，诚心相待，尽职尽责，才可能使谏诤发挥最大作用。

🔍 **案例**

陈毅市长换秘书

据《人民政协报》载，陈毅担任上海市长时，他身边有两个秘书。每当陈毅在批文件、做决策时，很想知道秘书的意见和看法。但这两个秘书总是说："你的决定太英明了。"对这种现象，陈毅起初只是皱眉头，可事后检查工作时，他分析这段时间里做了不少错事，心里很不好受。他说，秘书恭维我虽然不是坏心，更不是有意害自己，但一个人听不到不同的意见，总是听到悦耳的恭维话，就难免犯错误。于是，陈毅决定换秘书。他要求新调来的秘书，敢于向他反映真实情况，提出不同意见，不要只唱赞歌。秘书们按照陈毅市长的要求努力去做，果然，之后一段时间的工作比以前好多了。

因此，领导需要听取不同的意见；秘书要敢于向领导提出不同意见；秘书向领导提建议时，应当讲究方式和方法。

第四节
诚信和敬业

🎯 **学习目标**

掌握诚信、敬业的原则。

🔊 **名人名言**

人而无信，不知其可也。大车无輗，小车无軏，其何以行之哉？

——孔子

---

① （宋）司马光：《资治通鉴》，2381页，郑州，中州古籍出版社，1996。

一、诚信

人在社会和工作中要坚守诚信。儒家传统的诚信，是为人处世之本。它以高尚之心为基础，以道德为前提。诚信，就是要诚实、守信用，人言为信，以信为用，对自己、对他人、对集体要有责任感。坚守诚信，是我们每个人应该具备的最起码的道德标准，是我们中华民族传统美德的根本体现。

从造字法与字义分析来看，"诚"与"信"二字中都有"言"，表征着它含有"承诺"之意。已然承诺，就要守信，做到言行一致。《说文解字》中"信"与"诚"互训，"诚，信也，从言从声。"[①]"信，从人从言，会意字。""君子耻其言而过其行"，人，不信不立，不诚不行。"民无信不立"是孔子关于"仁"的总结，"言必信，行必果"，是传统文化中"君子"孜孜以求的修身目标。讲"诚信"，就是讲君子之道。何谓"君子之道"？在《论语》中"君子"是与"小人"相对而言的："君子坦荡荡，小人长戚戚"。这是两种不同的心态，源于人们需求的层次、人生境界和价值观的不同。马斯洛从生理的需要、安全的需要、爱与归属的需要、尊重的需要、自我实现的需要建立需要层次说；冯友兰从自然境界、功利境界、道德境界和天地境界建立人生四境界说，为人们的不同心态寻求根本的动因。特别是社会上人与人之间的道德境界与宇宙间人与万物的天地境界都属于精神的创造。所以孔子有言"圣人，吾不得而见之矣。得见君子者，斯可矣。""善人，吾不得而见之矣，得见有恒者，斯可矣。亡而为有，虚而为盈，约而为泰，难乎有恒矣。"文、行、忠、信，是君子修行的课程，君子因无私而坦荡荡，君子所为即圣人所为；君子的境界即圣人的境界；君子之道即圣人之道。圣人之道，首先包括诚信，这是做人的最高标准。史公所嘉许的"已诺必诚"的修养与立人之道、宋楚泓之战襄公不击渡河之军的对于规则的敬畏与尊重、范滂不逃的自信与自尊、嵇康托孤于巨源的生死之交等，都彰显了诚信的巨大能量。"是故诚者，天之道也；思诚者，人之道也。"[②]内诚于心，外信于行。诚信是一种力量的象征，显示着一个人的高度自重与内心的安全感与尊严感。

诚信是秘书文化的核心精神之一，也是秘书工作中的一项基本原则。诚信作为一项普遍适用的道德规范和行为准则，不仅是"立人"之本，也是"立业"之本，是人与人、行业与行业、单位与单位之间互信互利的良性互动的道德杠杆，是指引人们正确处理各种关系的重要道德准则。秘书在提升自己的文化素养过程中，加强诚信建设是提高秘书职业道德水平、打造诚信文化的现实要求，按照诚信的原则为人处世，是永恒的主题。在市场经济的今天，诚信原则不仅是市场经济活动的一项基本道德准则，被提

---

① （汉）许慎：《说文解字》，52 页，北京，中华书局，1963。
② 《孟子·离娄上》，307 页，西安，太白文艺出版社，1997。

升到了法律的层面而成为现代法治社会的一项具有道德内涵的基本法律规则，要求人们在民事活动中应当诚实守信，正当行使权利和履行义务，而且作为社会主义核心价值体系的重要内容，也是秘书建设和谐文化、培养文明风尚的重要任务。加强诚信建设，是贯彻落实决策的必然要求，也是促进管理工作再上新台阶的客观要求。只有讲信用，守信重诺，持中贵和，才能建立正常的工作秩序，构建和谐的秘书文化。

二、敬业

中华民族历来有"敬业乐群""忠于职守"的传统，敬业是中国人民的传统美德。早在春秋时期，孔子就主张"执事敬""事思敬""修己以敬"。什么是"敬"？北宋程颐说："所谓敬者，主之一谓敬；所谓一者，无适（心不外向）之谓一。"南宋理学家朱熹认为"敬业者，专心致志以事其业也。"人在一生中始终要勤奋、刻苦，为事业尽心尽力。

秘书需要敬业精神。敬业精神是人们基于对一件事情、一种职业的热爱而产生的一种全身心投入的精神，是社会对人们工作态度的一种道德要求。它由职业理想、立业意识、职业信念、从业态度、职业情感、职业道德构成，融合了使命感和道德责任感。这种道德责任感在当今社会已经成为一种最基本的做人之道，也是每个人成就人生事业的重要前提。敬业精神是在对国家、人民、事业无比热爱的基础上产生的一种强烈的事业心和高度的责任感，是人们的奋发精神在职业上的集中体现。[①]这种敬业精神，本质上是士大夫精神，是孟子的大丈夫精神与治理天下之志的结合。孟子指出"有恒产者有恒心"，是普通人的思想与态度，只有那些德行修炼达到一定高度的士人，才能不依赖于产业支撑而成为社会中坚。范仲淹则把这种修身治平的仁政思想推演成一种行为上的践履，"不以物喜，不以己悲"，强调士大夫的忧患意识，"居庙堂之高则忧其民，处江湖之远则忧其君"，强调了士大夫的担当和责任，认为"是进亦忧，退亦忧。然则何时而乐耶？其必曰：先天下之忧而忧，后天下之乐而乐。"秘书工作千头万绪，既要办文、办会、办事，又要沟通上下、协调左右。这就要求秘书必须脚踏实地，真抓实干，避空就实，踏踏实实做好每一项工作。加班是秘书工作的常态，秘书要勇于吃苦，以苦为乐，在踏实苦干中实现自己的人生价值。

敬业，是秘书要有责任心。秘书要以恭敬、严肃、负责的态度对待工作，把极端负责作为秘书工作的基本素养。忠于职守，专心致志把工作做好。明确自己的工作性质和工作范围，求真求实，有敢于担当的责任意识，对自己的工作勇于承担后果。要严格，办公室工作无小事，稍有疏忽，就会出纰漏，有可能给全局工作带来意想不到的危害。所以秘书工作者要有责任心，有担当意识。工作中要有踏实苦干的工作作风，

---

① 田广学：《时代呼唤秘书敬业精神》，载《秘书》，1995(1)。

严格、缜密。从严要求、从严管理、从严落实，以严谨细致、一丝不苟的态度，以高度负责的精神对待每一项工作，于缜密中见精神。在工作中不断提升秘书的服务水平，在保证质量的前提下，尽量减少不必要的环节，做到及时、正确，实现工作高效运转，严格把好关口，把能精简的文件精简，能合并的会议合并，把领导从"文山会海"中解脱出来，集中精力谋大事抓大事。[①]

敬业，是秘书的工作态度。思想决定态度，态度决定行动。做好秘书工作，就要有敬业的工作态度和良好的精神状态，牢固树立服务观念，积极主动开展工作，业务纯熟、精益求精，力求使自己的能力不断提高，并不断开拓进取，站位要高、谋事要全、举措要实，用积极的态度和创造性的思维迎接千头万绪、复杂多变的工作局面，主动而为，敢于创新，追求卓越，创造性地完成工作。秘书对工作投入的心血越多，越能享受到工作的乐趣，并获得领导的认可、同事的尊重。

敬业，是秘书的职业情怀。秘书要有事业第一的思想境界，任何工作都是适应社会的需求而产生的。秘书只有顺应社会的需求，怀着浓厚的职业兴趣，带着一颗虔诚敬畏之心，认真做好社会赋予我们的工作，才能取得长足的进步。把追求卓越作为做好秘书工作的标准：勤于学习，提升工作能力；善于思考，提升参谋能力；重在落实，提升执行能力；转变作风，提升担当能力。文稿工作要"准"，信息工作要"快"，督查工作要"实"。竭尽全力做好本职工作，把职业作为一种使命。

秘书在平凡的道路上通往成功，需要一种敬业精神、坚定的信念、忠贞的职业操守，对上级的托付立即采取行动，全心全意去完成任务，这是一种由主动性通往卓越的成功模式。

🔍 **案例**

诸葛亮治蜀国鞠躬尽瘁留美名

东汉末，刘备三顾茅庐，从邓县隆中请出诸葛亮为其军师。当时，魏、蜀、吴三国鼎立，三国之中蜀国国小人少，实力较弱，诸葛亮从长远利益着眼，建立吴蜀联盟，使蜀国得以全力对付魏国。对内，诸葛亮充实国家力量，安定人民生活；注意选拔人才，任人唯贤；赏罚分明；虚心征求各方面的意见；严格要求各级官吏，惩办贪污不法行为，以树立官员廉洁奉公的风气。诸葛亮一生不辞辛苦，兢兢业业，为国为民，呕心沥血，实现了他《后出师表》中所说的："臣鞠躬尽瘁，死而后已。"杜甫在《蜀相》中对他的一生做了精辟的概括——"三顾频烦天下计，两朝开济老臣心"——是他平生功绩的真实写照。

---

① 景春华：《做忠诚敬业奉献的表率》，载《秘书工作》，2014(5)。

本章小结

本章主要讲述了秘书文化的核心价值。秘书文化的核心价值之一是有为和自强；核心价值之二是忠诚和责任；核心价值之三是谏诤和担当；核心价值之四是诚信和敬业。

总结＞

Aa 关键术语

有为	自强	尽忠	责任	劝谏	担当
诚信	敬业	不辱君命			

章节链接

本章在全书中至关重要。秘书文化的核心精神，辐射全书，贯穿始终，并对秘书文化事业的发展具有很好的指导意义。

应用＞

批判性思考

1. 你赞同"凡是领导说的都要去不折不扣地执行"这句话吗？

2. 儒家思想的发展经过原始儒学、汉儒学、宋明理学和"五四"新文化运动等几个阶段的发展，不断被后人断章取义或各取所需而产生不同的解读，已与儒学原典越来越远。请你细读《论语》，谈谈《论语》对秘书文化的启示。

体验练习

情境模拟练习（怎样提建议最有效）

下午刚上班，公司进出口部的冯经理就给总经理秘书小珊打来电话："小珊，原定明天下午3点总经理与某贸易公司的谈判，能否改在今天下午3点？"

"提前的原因是什么？"小珊问。

冯经理说："该贸易公司的赵总刚接到家里打来的电话，说赵总的父亲心脏病突发住进了医院，生命垂危。赵总希望乘今晚 11 点的飞机赶回去。"

总经理今天下午并没有什么特别安排，只是晚上 7 点半有个客户应酬。于是小珊对冯经理说："我马上向总经理汇报、尽快给您答复，争取安排在今天下午 3 点。"

放下电话，小珊来到总经理办公室。

总经理正在埋头看文件。小珊汇报了此贸易公司的情况后说："赵总，这事很急，所以，我觉得最好……"

总经理头也没抬，没等小珊说完就说道："你是老板还是我是老板？"

"我……"小珊被总经理的话噎得够呛，不明白自己好心好意提建议怎么会让老板那么反感。

请问：你一般采用什么方式给上司提建议最有效。

拓展＞

☕ 补充读物 ┈┈┈┈┈┈┈┈┈┈┈┈┈┈┈┈┈┈┈┈┈┈┈┈┈┈┈┈┈┈┈┈┈┈┈┈

1. 杜维明. 儒家精神取向的当代价值：20 世纪访谈[M]. 北京：北京大学出版社，2016.

2. 杜维明. 文明对话中的儒家：21 世纪访谈[M]. 北京：北京大学出版社，2016.

🖥 在线学习资源

1. 中国文化网，http：//www. cice. com. cn，2017-06-11。

2.《秘书工作》杂志社官方网站，http：//www. msgz. net，2017-08-07。

第三章

秘书文化的起源与发展

本章概述

　　本章首先分析古代秘书概念的起源和发展，阐明其最初所指称对象，随着历史的发展而将其指称对象扩大到行政机构和职位；然后分析了秘书文化在物质、制度和精神三个层面的表现和内涵；并在此基础上进一步探讨了随着秘书概念的演进，秘书文化在物质、制度和精神三个层面的发展。

结构图

本章重点：

1. 古代秘书概念的演进。

2. 秘书文化的形成。

3. 秘书文化的发展。

本章难点：

1. 古代秘书概念的演进。

2. 秘书文化的发展。

学完本章，你应该能够做到：

1. 掌握古代秘书概念的演进。

2. 掌握秘书文化的形成和发展。

如今，人们一说到秘书，可能会想到联合国秘书处、某政府机构秘书处，或者想到联合国秘书长、行政机关领导的秘书、企业的董事长秘书……人们很自然地认为秘书就是某个机构，或者某个职位，但是，为什么这个机构、职位名称会被称为秘书呢？在历史的发展中，人们究竟为什么将秘和书这两个字组合起来，用于指代某个机构或职位呢？秘书一词和秘密以及书之间的联系到底是什么呢？

这些问题，你以前思考过吗？

第一节
秘书文化的起源

学习目标

1. 理解古代秘书概念的演进。
2. 掌握秘书文化的形成。

名人名言

校定书籍，亦何容易，自扬雄、刘向，方称此职耳。观天下书未遍，不得妄下雌黄。或彼以为非，此以为是；或本同末异；或两文皆欠，不可偏信一隅也。

——颜之推

欲探讨秘书文化的起源，我们定然不能脱离对秘书的起源以及秘书文化起源的研究，以从根源上深入挖掘，查考、分析促使秘书文化产生的各个要素。

一、古代秘书概念的演进

（一）以书为指称对象

从词源来看，"秘：神也。从示，必声"。① 作为形容词时指不可测知、不公开，稀奇、世上少有，深、深邃；作名词时指秘密、奥秘的事物；作动词时指隐藏、保守秘密。秘书一词由来已久，但在不同时期，其内涵不同，最初它的指称对象就是书，"掌禁中图书秘记，谓之秘书"。

1. 祝官占卜、谶纬图篆之书

西周时期官制逐渐完善，因古人崇拜鬼神，凡事都要祝告祈祷，"凡国之大事，先筮而后卜。上春，相筮。凡国事，共筮"。② 遂设"祝官"，掌管祭祀祝祷等事宜，又设"大卜"，是管理占卜的官。③《汉书·王莽传上》曰："署宗官、祝官、卜官、史官，虎

---

① （汉）许慎：《说文解字》，3 页，北京，九州出版社，2001。
② 《周礼·春官宗伯》，http://ctext.org/rites-of-zhou/chun-guan-zong-bo/zhs，2017-08-01.
③ 李玉洁：《中国早期国家性质：中国古代王权和专制主义研究》，185 页，台北，云龙出版社，2003。

贲三百人，家令丞各一人。"①最初的"秘书"主要指观察天象、占卜预言的谶纬图箓之书。《史记·封禅书》曰："祝官有秘祝，即有灾祥，辄祝祠移过于下。"②《说文解字·易部》曰："《秘书》说：日月为易，象阴阳也。"③《后汉书·张曹郑列传》提到郑玄青年时"遂博稽《六艺》，粗览传记，时睹秘书纬术之奥。"④《蓬山志》载："端拱元年五月，诏置秘阁，至是乃以史馆书万余卷以实其中。又诏史馆，尽取天文、占候、谶纬、方术等书五千一十二卷，悉藏阁上。"⑤由于谶纬图箓记载了一些神奇、神秘的内容，所以历代帝王都将它们秘密收藏，不对外开放。可以阅读它们的只有太常、博士等掌书官员及经过皇帝特许的研究整理人员，如刘向、扬雄等人。

2. 宫中秘藏之书

《周礼·春官》曰："太史掌建邦之六典。"又曰："小史掌邦国之志，定系代。"又曰："外史掌四方之志，三皇五帝之书。"战国时期诸子百家思想争鸣，而秦朝采取了焚书政策，汉代统治者吸取了秦朝的教训，广收典籍，开献书之路，根据《汉书·艺文志》记载："于是建藏书之策，置写书之官，下及诸子传说，皆充秘府。"根据刘歆《七略》所载："外则有太常太史、博士之藏，内则有延阁、广内、秘室之府。"自西汉初年，汉高祖刘邦即开始积极搜集藏书，这一措施沿袭下来，至西汉末，皇家所收典籍丰富，《汉书·艺文志》以六分法方式，"删其要，以备篇籍"，分类记录当时存世的典籍。为了管理这些藏书，西汉建立典藏制度，又建立多处藏书馆，各处藏书馆所藏典籍均成为"秘书"。东汉沿袭了这一惯例，大量收集，《后汉书·儒林列传上》载："初，光武迁还洛阳，其经牒秘书载之二千余两，自此以后，参倍于前。及董卓移都之际，吏民扰乱，自辟雍、东观、兰台、石室、宣明、鸿都诸藏典策文章……"⑥

可见，"秘书"所指称的范围从谶纬图箓之书逐渐扩大到宫禁里的一切藏书，内容也更加丰富，囊括了天文、地理、占卜、预测、历史、文学、赋税等方面。《晋书·荀勖传》载："(荀勖)及得汲郡冢中古文竹书，诏勖撰次之，以为《中经》，列在秘书。"

《汉书·楚元王传》载："河平中，受诏与父向领校秘书，讲六艺传记，诸子、诗赋、数术、方技，无所不究。"《汉书·楚元王传》记载汉成帝"而上方精于诗书，观古文，诏向领校中五经秘书……向乃集合上古以来历春秋六国至秦汉符瑞灾异之记，推迹行事，连传祸福，著其占验，比类相从，各有条目，凡十一篇，号曰《洪范五行传

① (汉)班固：《汉书》，4075页，北京，中华书局，1964。
② (汉)司马迁：《史记》，1377页，北京，中华书局，1963。
③ (汉)许慎：《说文解字》，549页，北京，九州出版社，2001。
④ (宋)范晔：《后汉书》，1209页，北京，中华书局，1965。
⑤ 罗畸：《蓬山志》，http://ctext.org/wiki.pl?if=gb&chapter=93269&remap=gb，2017-01-12。
⑥ (宋)范晔：《后汉书》，2548页，北京，中华书局，1965。

论》，奏之。"①《文献通考》载："光武中兴，笃好文雅，明、章继轨，尤重经术。四方鸿生巨儒，负帙自远至者，不可胜算，石室、兰台，弥以充积。又于东观及仁寿阁集新书，校书郎班固、傅毅等典掌焉，并依《七略》而为书部。"②《宋史·志第一百五十五·艺文一》载："徽宗时，更《崇文总目》之号为《秘书总目》。诏购求士民藏书，其有所秘未见之书足备观采者，仍命以官。"③《秘书监志》载："秘书库，自昔秘奥之室曰府、曰库，盖言富其藏也。世皇既命官以职其扃鐍缄縢之事。而后列圣之宸翰纂述之纪，志天下坟籍、古今载记，所以供万机之暇者，靡不备具。虽图像、碑志、方技、术数之流，毕部分类，别而录云。"④《明史·艺文志》载："文渊阁所贮书籍，有祖宗御制文集及古今经史子集之书，向贮左顺门北廊，今移于文渊阁、东阁，臣等逐一点勘，编成书目，请用宝钤识，永久藏。"⑤

《通典》卷二十四载："汉中丞有石室，以藏秘书、图谶之属。"这种地方只有史官才可进入，司马迁曾参阅石室金匮之书撰写《史记》。兰台为石室建筑，隶属于御史，由御史丞一人兼领，置兰台令史，秩六百石，负责典校秘书。

《汉书·叙传》载："（班）斿博学有俊才，……与刘向校秘书。"⑥

（二）以行政机构、职位为指称对象

随着时代的发展，秘书的含义发生了演变，不仅指图书秘籍，也指掌管图书秘籍的机构，进而指在该机构中设置的相应职位，以及占据该职位的个体。

1. 行政机构

秘书机构从东汉时期开始设置，沿袭至中华民国时期，且在每个历史时期都有其独特的内涵。

东汉后期，"秘书"一词开始指朝廷中掌管图书秘籍的一个特定的机构。《三国志·荀彧传》载："张璠汉纪称悦清虚沈静，善于著述。建安初为秘书监侍中，被诏删汉书作汉纪三十篇，因事以明臧否，致有典要；其书大行于世。"⑦《三国志·文帝纪》载："其以此诏藏之宗庙，副在尚书、秘书、三府。"⑧曹魏之后的朝代大多沿袭此制，如《通典》载，北齐时"……秘书省典司经籍"。晋朝时，"晋武帝以秘书并入中书省。其秘书

---

① （汉）班固：《汉书》，1950 页，北京，中华书局，1964。
② （元）马端临：《文献通考》，1505 页，北京，中华书局，1986。
③ （元）脱脱：《宋史》，3366 页，北京，中华书局，2000。
④ （元）王士点：《秘书监志》，92 页，杭州，浙江古籍出版社，1992。
⑤ （清）张廷玉：《明史》，1567 页，北京，中华书局，2000。
⑥ （汉）班固：《汉书》，4203 页，北京，中华书局，1984。
⑦ （晋）陈寿：《三国志》，316 页，北京，中华书局，1982。
⑧ （晋）陈寿：《三国志》，82 页，北京，中华书局，1982。

著作之局不废。惠帝永平中，复别置秘书监，并统著作局，掌三阁图书。"①

经过隋朝、唐初的一系列改革，隋炀帝"大业三年，始行新令，有三台、五省、五监、十二卫、十六府。殿内、尚书、门下、内史、秘书，五省也。"②唐代至开元二十八年，"秘书省以监录图书。"③至唐睿宗时，"而秘书省但主书写勘校而已"。④ 唐玄宗时期，命散骑常侍褚无量、秘书监马怀素总负责，撰写四库书"以充内库"，玄宗十三年以集仙殿为集贤殿，设置了集贤书院，"然秘阁之书，皆置之于内也"。杜佑在《通典》中评论说："其弘文、崇文馆，著作、司经局，并有校书之官，皆为美职，而秘书省为最。"

北宋初期，"国家承衰弊之末，开故理之源，三馆之书，搜求渐备，陛下复建秘阁以藏奇书。"经籍图书归秘阁，秘书仅掌祭祀祝版。宋神宗元丰改制后，秘书省职事恢复，三馆秘阁事并入秘书省，省职振举，统掌图籍、国史、天文历数、祭祀祝辞等，别称为"书省""秘书""秘省""三馆""三馆秘阁""木天""中秘""兰台""东观""册府""石渠""芸台芸阁""芸省""秘丘""秘府秘局""麟台""馆阁"等⑤，当时著名的"苏门四学士"——黄庭坚、秦观、晁补之、张耒都在秘书省担任一定职务。

元世祖九年时，太保刘秉忠、大司农孛罗奉旨设立秘书监，"阴阳禁书都教分付与秘书监者"。元武宗四年，将秘书监改为秘书卿，设置翰林兼国史院，后又省并集贤院为翰林国史集贤院。元世祖二十二年，将集贤院分立出来，集贤院的主要职能为"掌提调学校、征求隐逸、召集贤良，凡国子监、玄门道教、阴阳祭祀、占卜祭遁之事"。元文宗二年，设立奎章阁学士院，"命儒臣进经史之书，考帝王之治"，又设艺文监，"专以国语敷译儒书，及儒书之合校雠者俾兼治之"，还设了艺文库，"掌藏贮书籍"。

明代初期即设置了秘书监，"明太祖定元都，大将军收图籍致之南京，复诏求四方遗书，设秘书监丞，寻改翰林典籍以掌之"，⑥"洪武三年置，秩正六品，掌内府书籍。十三年并入翰林院典籍"，⑦ 专司收藏和管理典籍，洪武十三年并入翰林院典籍。丞相胡惟庸谋反事件后中书省被废除，除中书舍人以外的官职都被废除，由此秘书监被彻底废除，从而导致了宫廷藏书处于无人专管的状况，"在内未闻考校，在外未闻购求"。洪武二十二年，设置詹事院，二十五年，改詹事院为詹事府，"凡府僚暨坊、局官与翰林院职互相兼，试士、修书皆与焉"。建文帝时期设置了文翰、文史二馆，文翰以居侍读、侍讲、侍书、《五经》博士、典籍、待诏，文史以居修撰、编修、检讨。

① （唐）杜佑：《通典》，北京，中华书局，1984。
② （唐）杜佑：《通典》，北京，中华书局，1984。
③ （唐）杜佑：《通典》，北京，中华书局，1984。
④ （唐）杜佑：《通典》，北京，中华书局，1984。
⑤ 龚延明：《宋代官制辞典》，237~239页，北京，中华书局，1997。
⑥ （清）张廷玉：《明史》，1567页，北京，中华书局，2000。
⑦ （清）张廷玉：《明史》，1193页，北京，中华书局，2000。

清朝顺治元年，沿置翰林院，为正三品衙门，二年，"建文馆，命儒臣分直。十年，更名内三院。曰国史，曰秘书，曰弘文。始亦沿承政名，后各置大学士一人"，将翰林院并入内三院，改称"内翰林国史院""内翰林秘书院""内翰林弘文院"，升为从二品衙门，顺治十五年将内三院改为内阁，仍分设翰林院。内阁主要的职责是掌议政事，宣布皇帝诏令；办理本章；办理典礼祭祀的有关事宜；组织修书、存贮档籍。康熙九年，玄烨亲政后，定内三院为内阁，另设翰林院，为定制。翰林院主要的职责就是充经筵日讲①（为了探究儒家等经典的微言大义，以史为鉴，康熙皇帝下令重设经筵和日讲，遍阅圣贤经传，研究帝王道法，长年坚持不懈）；掌进士"朝考"之事；论撰文史，承办或编修、检讨参与纂修实录、圣训、本纪、玉牒及其他书史，编辑校勘书史；稽查史书、录书；稽查官学功课；稽查理藩院档案；入值侍班；扈从。翰林院内设典簿厅与待诏厅，典簿厅掌奏章、文移及吏员、差役的管理事务，并保管图书；待诏厅掌缮写、校勘之事。清宣统元年设立资政院，内置秘书厅，厅下设机要、议事、速记、庶务四科及附设图书馆，此外，在陆军部下设秘书科，并筹备海军，下设参赞，分秘书、庶务两司。

中华民国临时政府定都南京后，在中央政府内设置秘书处，秘书处下设总务科、军事科、财政科、民政科、文牍科、英文科和电报科，中央行政各部都下设秘书处或秘书厅。北洋政府不同时期也都设置了秘书厅，主要负责文书处理工作。

南京国民政府初建时期，在国民政府委员会内部办事机构设秘书处，下设总务、机要、撰拟三科办事，后设文官处，主要工作内容为掌理国民政府委员会会议及政府内一切文书、机要、印铸等事项，下设文官长、秘书、参事、典玺、文书局、印铸局、政务局等。1948年5月，总统府内设秘书长、副秘书长和秘书。建立行政院以后，行政院内置了秘书、政务两处，秘书处分科办公，主要负责文书的收发、编制、保管、分配事项，文件的撰拟、翻译事项，行政院委任职员的任免事项，典守印信、会计庶务事项及其他不属于政务处主管事项。政务处的主要工作职责是提出于国务会议或国务会议发交行政院的决议事项，提出于立法院或立法院咨送政院事项，撰拟命令事项。

2. 职位

综观相关的历史典籍，中国古代就有类似现代秘书的工作，也有相当于现代秘书的职位，但没有直接使用"秘书"这一称谓，而是使用"史官""御史""尚书""掌书记""中书舍人""翰林学士"等。

---

① 经筵是古代帝王为研读经史而设立的御前讲席。汉宣帝命众儒士讲五经于石渠阁。唐玄宗选耆儒侍讲于集贤院，并设集贤院侍读学士。宋代始称经筵，每年春二月至端午日、秋八月至冬至日，逢单日讲官轮流入侍讲读。元明清三代皆沿袭此制。康熙十年四月经筵大典完毕后，又开设日讲。初为隔日讲，两年后改为每日进讲，由日讲官轮讲，皇帝听前或听后复讲，以"融会义理"。

汉代以前皇帝的秘书统称为"史官"。传说黄帝时期，朝廷就开始设置史官，仓颉和沮诵可能是中国古代最早的史官。他们负责记录黄帝的言论和行为，并且传达号令，是黄帝身边的"秘书"。夏朝百官中的太史令、左史、右史，西周时期的外史、内史、女史等都是当时的秘书官员。

汉代以后朝廷的秘书官员因朝代的更迭时有变化，有时是尚书、中书、侍中、仆射，有时又是中书舍人、翰林学士。他们的权力和地位在不同的朝代有不同的变化，但工作职责多少都带有秘书的性质。他们分工很细，或专理外朝政务，或主管内廷事务，或只为皇帝个人服务，选用的人员或是文人士子，或是朝中宦官。除了中央政府外，地方政府也普遍设立秘书的职位，常见的名称有主簿、记室令史、掌书记、判官、书佐、幕僚、师爷等，这些官职数量众多，广泛分布于各地方政府机构之中，或草拟文件，或掌管图书，或抄写校对，为各部门的地方长官服务。

设立专门的职位对图籍秘书进行管理，早在尧帝时期就开始了，《文献通考》载："……为治有迹，得以纪载，有史官以识其事，自尧始耳。"①周朝设立太史，"掌建邦之六典"，又设立外史，"掌四方之志，三皇五帝之书"。西汉时期掌图籍秘书的官员职位称为"中丞"，"御史大夫，秦官，位上卿，银印青绶，掌副丞相。有两丞，秩千石。一曰中丞，在殿中兰台，掌图籍秘书，外督部刺史，内领侍御史员十五人，受公卿奏事，举劾按章。"②

汉桓帝初置"秘书监官"，《通典》载："后汉图书在东观，桓帝延熹二年，始置秘书监一人，掌典图书古今文字，考合同异，属太常。"③"以其掌图书秘记，故曰秘书"。④《后汉书·孝桓帝纪》载："初置秘书监官。"⑤考察典籍，与"秘书"相关的官职大致有秘书监、秘书令、秘书丞、秘书郎、秘书校书郎、秘书正字、著作郎、石渠郎等。

《通典》载："魏武帝为魏王，置秘书令，典尚书奏事，又其任也。文帝黄初初，改为中书令，又置监，以秘书左丞刘放为中书监，右丞孙资为中书令，并掌机密。中书监、令，始于此也。及明帝时，中书监、令，号为专任，其权重矣。"⑥可见，曹魏时期加设了"秘书令"一职，职责是"典尚书奏事"，监、令共同负责管理机要事务，其副职为"秘书丞""典尚书奏事"。此外，还特意设置了秘书校书郎这一职位，掌雠校典籍；魏明帝时期又设置了著作郎官，隶属中书省，专掌国史。晋武帝将秘书并入中书省，称之为中书秘书丞，晋惠帝设置秘书丞两人。西晋元康二年，中书省著作郎改隶秘书

① （元）马端临：《文献通考》，1501页，北京，中华书局，1986。
② （汉）班固：《汉书》，725页，北京，中华书局，1964。
③ （唐）杜佑：《通典》，北京，中华书局，1984。
④ （唐）杜佑：《通典》，北京，中华书局，1984。
⑤ （宋）范晔：《后汉书》，306页，北京，中华书局，1965。
⑥ （唐）杜佑：《通典》，北京，中华书局，1984。

省，这是秘书省著作郎设置的开始。

据魏徵所著《隋史》记载，后齐时"秘书省，典司经籍"。有秘书监一人，秘书丞一人，郎中四人，校书郎十二人，正字四人。另外有领著作省，郎二人，佐郎八人，校书郎二人。

隋朝时秘书省置秘书监、秘书丞各一人，秘书郎四人，"掌国之典籍图书"，著作郎一人，佐郎八人，"掌国史，集注起居"。秘书监与御史中丞等同为十一班，秘书丞与太子中舍人等同为八班，秘书郎为二班，[①] 隋炀帝增设了秘书少监一人，后来又改监、少监为令。

唐太宗初年又改回为秘书监，监、丞各一人，郎四人，校书郎十二人，录事二人。领著作、太史二曹。著作曹，置郎二人，佐郎八人，校书郎、正字各二人。太史曹，置令、丞各二人，司历二人，监候四人。唐高宗时期改秘书省为兰台，改秘书监为太史，少监为侍郎，改秘书丞为兰台大夫，"掌府事，勾稽省署抄目"，改校书郎为兰台郎，之后经历了反复更改，到唐睿宗时期，增秘书少监为二人，通判省事，然后将国史、太史分离出去，秘书省的主要职能集中于"书写勘校"；唐睿宗让位于唐玄宗后，唐玄宗时期秘书监一职"掌邦国经籍图书之事。有二局：一曰著作，二曰太史，皆率其属而修其职；少监为之贰焉。"[②]

宋沿置秘书省监一职，前期为文臣迁转官阶，无职事，通常以他官兼秘书监。《麟台故事》载："秘书省在光化坊，隶京百司。判省事一人，如监阙，以判秘书省官兼充。"元丰改制后，秘书省监职责为掌领古今经籍图书、国史与实录、天文历数及常祭祝文撰写等，元丰改制后为正四品，此外还设置了两个秘书少监的职位，"佐监领本省事"，为从五品；宋朝前期设置了秘书丞，为文臣迁转官阶，无职事，元丰正名，其阶易为奉议郎，元丰新制后为职事官，参领本省事，为从七品，通常将太常、宗正、秘书丞成为"三丞"；著作郎这一职位在宋初为文臣迁转寄禄官[③]，无职事，元丰新制后与著作佐郎主掌开修时政记、起居注，修纂日历，祭祀祝辞的撰写等，为从七品；秘书郎在宋初也为文臣寄禄官阶，无职事，元丰改制后为职事官，掌四库经籍图书，按四部分类储藏及校刊、抄写等事务，为正八品。此外，还有著作郎、秘书丞郎、校书郎、石渠郎、正字、秘书省检阅文字等各种相关职位。

忽必烈于1251年开始积极延揽藩府旧臣与四方文学之士，而藩府成员大多直接或

---

①　徐勉任吏部尚书时将官职定为十八班，班多者为贵，同班者，则以居下者为劣。

②　(唐)李林甫等：《唐六典》，297页，北京，中华书局，1992。

③　宋代实施职务与职位相分离的制度，因此文官通常都具有官、职、差遣三种职衔。官，也称正官，指三省六部及寺监等的各种官称，如仆射、尚书、郎中、中书舍人等，元丰五年官制改革以前，只作为官员定官位和俸禄高低的官称，称为寄禄官。改制以后，改为相应的开府仪同三司、特进及各种大夫、郎，以定官位、俸禄，称为"阶官"，宋人后亦常称改制前的寄禄官为阶官。

间接与秘书监的相关职位有一定的联系。元世祖时设立秘书监这一机构，配四名官员，其中两名担任秘书监的职位，为从三品，另外两名担任秘书少监的职位，为正五品。大德十年(元武宗)，秘书监所属人员依例递升，秘书监升为正三品，少监为从四品。元武宗时(至大四年)将秘书监改为秘书卿。

明朝洪武十年设置了通事司，下设司令、司丞；洪武十三年将秘书监并入翰林院，下设监丞一人，直长二人，寻定设令一人，丞、直长各二人，掌内府书籍。洪武十四年，设左右司直郎；十四年在翰林院设置学士一人，正五品，"掌制诰、史册、文翰之事，以考议制度，详正文书，备天子顾问。凡经筵日讲，纂修实录、玉牒、史志诸书，编纂六曹章奏，皆奉敕而统承之。诰敕，以学士一人兼领"；十五年设置了左右春坊，设大学士，又有司经局，内设洗马、校书、正字。洪武二十二年，建立了詹事院，二十三年，设校书，二十五年，将詹事院改为詹事府，把左右春坊、司经局都归入其中。根据《大明会典》记载，其主要职责为："东宫上奏请下启笺讲读之事。司直郎掌弹劾纠举。清纪郎佐之。司谏掌箴诲鉴戒之事、以拾遗补过。洗马掌收贮经史子集、刊缉图书。立正本、副本、贮本、以备进览。校书、正字、掌缮写装潢、并诠其讹谬、调其音切、以助洗马。主簿、管勾会文移、检稽脱失。"①建文帝时期增设少卿、寺丞各一人，宾客二人，又设置了资德院资德一人，资善二人，下属赞读、赞书、著作郎各二人，掌典籍各一人。

清朝为了加强中央集权，削弱、分化大臣权利，以防篡位，建立了一套有别于前朝各朝的官制，因此在职位设置上较前朝更为丰富、详细。康熙年间，因纂修各种文史书籍，需要大量文士，因此当时在编人员很多，雍正时期大量削减，将之作为人才储备的一个机构。内阁设大学士满汉各一人；设协办大学士满汉各一人；学士，满洲六人，汉四人，后来都兼任礼部侍郎；典籍厅典籍，满、汉、汉军各二人；侍读学士，满洲四人，蒙、汉各二人；中书，满洲七十人，蒙古十六人，汉军八人；贴写中书，满洲四十人，蒙古六人。根据《清史稿》记载，他们的职责是"大学士掌钧国政，赞诏命，厘宪典，议大礼、大政，裁酌可否入告。协办佐之。修实录、史、志，充监修总裁官。经筵领讲官。会试充考试官。殿试充读卷官。春秋释奠，摄行祭事。学士掌敷奏。侍读学士掌典校。侍读掌勘对。典籍掌出纳文移。内阁为典掌丝纶之地，自大学士以下，皆不置印，惟典籍置之，以钤往来文牒。中书掌撰拟、翻译。分办本章处凡五：曰满本房，汉本房，蒙古本房，满签票处，汉签票处。又诰敕房，稽察房，收发红本副本处，饭银库，俱由大学士委侍读以下官司之。"②清太宗十年在内翰林国史院、秘书院、弘文院各设置大学士一

---

① (明)李东阳等：《大明会典卷之二百十六》，http://ctext.org/wiki.pl? if=gb&chapter=755497&remap=gb，2017-07-10。

② 赵尔巽：《清史稿》，3267页，北京，中华书局，1986。

人，顺治元年设置满、汉大学士，兼各部尚书；学士，康熙十年定为满洲六人，汉军各三人；汉学士无员限，康熙十二年定为四人；典籍，满、汉、汉军各二人；侍读，满洲有十一人，清文五人，清汉文六人，康熙三十八年削减员额，为清文一人，清汉文四人，一共十人；中书，乾隆十三年定为满洲、汉军各五人，蒙古三人，汉三人；侍读学士，满七人，蒙、汉军各二人。又根据《光绪会典》的记载，翰林院有掌院学士满、汉各一人，侍读学士、侍讲学士、侍读、侍讲都是满二人，汉三人，孔目满、汉各一人，五经博士二十七人，堂供事四人，供事十四人，总员额为119人。光绪三十三年时增置了秘书郎一职，定为从六品，宣统元年升为正五品，满、汉各一人。同年，清廷颁布了《各省官制通则》，规定在各督抚衙门设"秘书员"一人，"承督抚之命，掌理机密折电函牍，凡不属各科之事皆隶"，在秘书员之下分吏、礼、民政、学等十科各设参事员一人，可以说这是中国历史中近现代意义上的"秘书"的开端。宣统元年在资政院设秘书长，一、二、三等秘书官，根据《大清帝国资政院议事细则》，秘书的职责包括将议员分为六股、计算人数、编制议程、印刷分送、会议记录等。宣统二年游学毕业进士及北洋大学堂毕业进士大多被授翰林院官职，后来很多人都担任了各级秘书，如刁作谦曾任大总统府秘书、罗忠诒和张嘉森曾任总统府秘书。

中华民国临时政府总统府内置秘书处，下设秘书长一人，秘书若干人，参军处设秘书长一人。袁世凯称帝失败后，北洋政府将内史厅改称总统府秘书厅，设秘书长一人，秘书若干人，并设有专职的英文秘书、日文秘书等。

中华民国国民政府委员会设秘书长一人，秘书若干，文官长一人，特任，奉国民政府之命，综理文官处处务，下设秘书8～12人，简任，掌理撰拟重要文稿，承办文官长所交事项，下设文书局、印铸局和人事室，文书局主要负责文书收发、保管、撰拟、编审以及法律命令的公布和其他机要事宜。印铸局主要负责公报法规和职员录用等的编辑刊行，勋章、奖章、奖旗、纪念章的设计、制造、登记及委办的其他的印铸事宜。人事室主要负责国民政府内常设或临时机构由文官处调用职员的人事，及文官处应管理的任免升降及考勤奖惩抚恤的核拟等事宜。行政院的秘书处设秘书长一人，简任；秘书6～10人，其中四人简任，其余为荐任；科员10～20人，委任。政务处设处长一人，简任；参事4～6人，其中四人简任，其余荐任。分科办公，设科长及科员8～16人，委任。

从文献记载来看，从有"秘书"这个职位开始，无论职位名称是秘书监还是秘书丞、秘书郎等，担任这些官职的人大多学识渊博，其中很多都是当时的经学大家，"刘向父子，世典史籍，马融博通，三入东观，非臣庸贱所敢投迹"，"虽非要剧，然好学君子，亦求为之"。① 如《三国志·魏书十三·王朗传子名肃》所载："而严苞亦历守二县，黄初

_____

① （唐）杜佑：《通典》，733页，北京，中华书局，1984。

中，以高才入为秘书丞，数奏文赋，文帝异之。"①《世说新语·政事》载："嵇康被诛后，山公举康子绍为秘书丞。"②唐代名臣魏徵，在做宰相之前也担任过秘书监一职，"奏引学者校定四部书，自是秘府图籍，灿然毕备"。③

二、秘书文化的形成

文化哲学把文化结构区分为物质文化、制度文化、精神文化三个层面。物质文化实际是指人在物质生产活动中所创造的全部物质产品，以及创造这些物品的手段、工艺、方法等。制度文化是人们为反映和确定一定的社会关系并对这些关系进行整合和调控而建立的一整套规范体系。精神文化也称观念文化，以心理、观念、理论形态存在的文化。它包括两个部分，一是存在于人心中的文化心态、文化心理、文化观念、文化思想、文化信念等。二是已经理论化、对象化的思想理论体系，即客观化了的思想。

依据该文化结构，在起源阶段，秘书文化的内涵及表现形式如下：

(一)物质层面——有了大量藏书以及用于藏书的馆台楼阁

在物质层面，这一时期的秘书文化则表现为大量的图书秘籍、皇家藏书，以及为了收藏这些书籍而建的馆台楼阁。

根据《汉书·艺文志》记载，到西汉末，皇家所收典籍达"六略三十八种，五百九十六家，万三千二百六十九卷"④，根据刘向父子校定编目的数字为13269篇卷，其中六艺类3123篇，诸子类4324篇，诗赋类1318篇，兵书类790篇，数术类（占卜）2528卷，方技类（医药）868卷，加上不同写本与残本数量就更大，多达33090卷。隋朝平陈以后，经籍渐备，然而检其所藏，多纸墨不精，书写亦拙劣，于是秘书监牛弘总集编次，存古本。召天下工书之士，如京兆韦霈、南洋杜頵等人，于秘书省内补续残缺，为正副三本，藏于宫中，其余存放秘书内三阁，后来在短短几十年时间内藏书多达37万卷，但这些藏书在隋末唐初损失惨重，唐代接受的隋朝藏书为89000多卷，14400多部，开元盛世时大量新书入藏，著录的四部书共53915卷。宋仁宗命翰林学士编四库书，仿《开元四部录》为《崇文总目》，有书30669卷，宋徽宗时将《崇文总目》更名为《秘书总目》，并大量收集藏书。根据《宋史》记载，大约有书9819部，119972卷。《明史》记载明朝宣宗时"宣宗尝临视文渊阁，亲披阅经史，与少傅杨士奇等讨论，因赐士奇等

① （晋）陈寿：《三国志》，421页，北京，中华书局，1982。
② （宋）刘义庆：《世说新语全译》，125页，贵阳，贵州人民出版社，1996。
③ （唐）杜佑：《通典》，733页，北京，中华书局，1992。
④ （汉）班固：《汉书》，1781页，北京，中华书局，1964。

诗。是时，秘阁贮书约二万余部，近百万卷，刻本十三，抄本十七"。①《清史稿》载："高宗继试鸿词，博采遗籍，特命辑修四库全书，以皇子永瑢、大学士于敏中等为总裁，纪昀、陆锡熊等为总纂，与其事者三百余人，皆极一时之选，历二十年始告成。全书三万六千册，缮写七部，分藏大内文渊阁，圆明园文源阁，盛京文溯阁，热河文津阁，扬州文汇阁，镇江文宗阁，杭州文澜阁。命纪昀等撰全书总目，著录三千四百五十八种，存目六千七百八十八种，都一万二百四十六种。复命于敏中、王际华撷其精华，别为四库荟要，凡一万二千册，分缮二部，藏之大内摛藻堂及御园味腴书屋。又别辑永乐大典三百八十五种，交武英殿以聚珍版印行。时大典储翰林院者尚存二万四百七十三卷，合九千八百八十一册。其宋、元精椠，多储内府，天禄琳琅，备详宫史。经籍既盛，学术斯昌，文治之隆，汉、唐以来所未逮也。各省先后进书，约及万种，阮元既补四库未收书四百五十四种，复刊经解一千四百十二卷，王先谦又刊续经解一千三百十五卷，而各省督抚，广修方志，郡邑典章，粲然大备。"②

《通典》载："汉氏图籍所在，有石渠、石室、延阁、广内，贮之于外府。又有御史中丞居殿中，掌兰台秘书及麒麟、天禄二阁，藏之于内禁。"石渠阁、天禄阁和麒麟阁是汉高祖刘邦七年时由丞相萧何主持兴建的，在未央宫的正殿北面，作为专用的皇家藏书楼，藏书阁中用石块砌成"石室"，书柜用铜镶边，称为"金匮"，第一批藏书就是刘邦灭秦时在咸阳收获的秦代书籍。后世历朝历代都专门为藏书修建馆阁。《文献通考》载："晋、宋以还，皆有秘阁之号。故晋孝武好览文艺，敕秘书郎徐广料秘阁四部书三万余卷；宋谢灵运为秘书监，补秘阁之遗逸；齐末，兵火延烧秘阁，经籍遗散；梁江子一亦请归秘阁观书；"③如隋炀帝将大量图书存储于洛阳的宫内观文殿东西厢，东厢藏甲、乙两部（经、史），西厢存丙、丁两部（子、集）。在观文殿的后面还修了两个文物库，当时称之为台。东边叫妙楷台，收藏古迹；西边称室迹台，收藏古画。此外还在宫内收藏道经与佛经。据《文献通考》记载，隋朝时期的藏书建筑技术非常先进，"其正御书，皆装翦华净，宝轴锦标，于观文殿前为书室十四闲，窗户、床褥、厨幔，咸极珍丽。每三间开方户，垂锦幔，上有二飞仙，户外地中施机发。帝幸书室，有宫人执香炉前行，践机则飞仙下，收幔而上，户扉及厨扉皆自启。帝出，则复闭如故。"④唐代为了放置秘书，兴建了弘文馆、史馆和集贤书院，玄宗"其大明宫所置书院，本命妇院，屋宇宏敞"，偕"百官入乾元殿东廊观书，无不叹骇。"北宋时期同样建立了三馆以藏秘书，太宗时诏增修秘阁，在左升龙门北面建崇文院，"院之东廊为昭文书库，南廊为集贤书库，西廊有四库，分经、史、子、集四部，为史馆书库。六库书籍正副本，

---

① （清）张廷玉等：《明史》，1567 页，北京，中华书局，2000。
② 赵尔巽等：《清史稿》，4219 页，北京，中华书局，1986。
③ （元）马端临：《文献通考》，1508 页，北京，中华书局，1986。
④ （元）马端临：《文献通考》，1507 页，北京，中华书局，1986。

凡八万卷，策府之文，焕乎一变矣"。① 又另建书库，称为"秘阁"，"阁成，（宋太宗）亲临幸观书，赐从臣及直馆宴。又命近习侍卫之臣纵观群书"。在宫内龙图阁、太清楼、玉宸殿、四门殿也放置藏书。清朝皇室为了藏书，分别建了大内文渊阁、圆明园文源阁、盛京文溯阁、热河文津阁、扬州文汇阁、镇江文宗阁、杭州文澜阁、大内摛藻堂及御园味腴书屋等馆阁。

（二）制度层面——建立了早期的档案管理及藏书管理制度

在制度方面，这一阶段主要表现为建立了我国早期的档案管理、藏书管理制度。汉朝在御史大夫之下设立了中丞，专门负责掌管图籍秘书，"御史大夫，秦官，位上卿，银印青绶，掌副丞相。有两丞，秩千石。一曰中丞，在殿中兰台，掌图籍秘书，外督部刺史，内领侍御史员十五人，受公卿奏事，举劾按章。"②

藏书未经皇帝许可，不得录制复本，否则将予以严惩。汉宣帝时苏昌虽为太常，但因将秘书借给大司马霍山而被免职。《汉书·百官公卿表》载："蒲侯苏昌为太常，十一年坐藉霍山书泄秘书免。师古曰：'以秘书借霍山。'"③《汉书·霍光金日磾传》载："山又坐写秘书，显为上书献城西第，入马千匹，以赎山罪。"④

即使是王室贵族，也得皇帝亲批方可得书。《汉书·宣元六王传》载："（东平王）后年来朝，上疏求诸子及《太史公书》，上以问大将军王凤，对曰：'臣闻诸侯朝聘，考文章，正法度，非礼不言。今东平王幸得来朝，不思制节谨度，以防危失，而求诸书，非朝聘之义也。诸子书或反经术，非圣人，或明鬼神，信物怪；《太史公书》有战国从横权谲之谋，汉兴之初谋臣奇策，天官灾异，地形厄塞：皆不宜在诸侯王。不可予。'不许之辞宜曰：'《五经》圣人所制，万事靡不毕载。王审乐道，傅相皆儒者，旦夕讲诵，足以正身虞意。夫小辩破义，小道不通，致远恐泥，皆不足以留意。诸益于经术者，不爱于王。'"对奏，天子如凤言，遂不与。⑤《汉书》载："（班）斿……每奏事，斿以选受诏进读群书。上器其能，赐以秘书之副。"⑥元朝《秘书监志》提道："本监见收书画，非奉圣旨及上位不得出监。"⑦至元二十一年，搜禁天下私藏天文图谶、《太乙雷公式》等，有私自学习及收匿者治罪。

① （元）马端临：《文献通考》，1508 页，北京，中华书局，1986。
② （汉）班固：《汉书》，725 页，北京，中华书局，1964。
③ （汉）班固：《汉书》，796 页，北京，中华书局，1964。
④ （汉）班固：《汉书》，2956 页，北京，中华书局，1964。
⑤ （汉）班固：《汉书》，3324～3325 页，北京，中华书局，1964。
⑥ （汉）班固：《汉书》，4203 页，北京，中华书局，1964。
⑦ （元）王士点：《秘书监志》，109 页，杭州，浙江古籍出版社，1992。

(三)精神层面——初步形成了"秘书"观念

这一时期尚未形成关于"秘书"的思想理论体系，但有关"秘书"的观念却已经形成。

首先，"秘书"的内容是深奥的学问。王充在《论衡·别通》中写道："浅者则见传记谐文，深者入圣室观秘书。故入道弥深，所见弥大。人之游也，必欲入都，都多奇观也。入都必欲见市，市多异货也。百家之言，古今行事，其为奇异，非徒都邑大市也。游于都邑者心厌，观于大市者意饱，况游于道艺之际哉。"①他认为掌握并饱读"秘书"之人是"通人"，在当时虽然地位低微，但是借鉴前代得失的关键，当被重用。

其次，"秘书"是借鉴前代得失、了解现状的关键，当由皇家收藏保管。《文献通考》载："小行人掌五物者谓国札丧、凶荒、师役、福事、灾祸，共五者，及其万民之利害为一书，其礼俗、政事、教治、刑禁之逆顺为一书，其悖逆、暴乱、作慝、犹犯令者为一书，其札丧、凶荒、厄贫为一书，其康乐、和亲、安平为一书。凡此五物者，每国辨异之，以反命于王，以周知天下之故。"②《太平御览》载："沛公入咸阳，诸将皆争赴金帛财物之府分之，萧何独先收秦丞相、御史律令图书藏之。沛公具知天下厄塞，户口多少、强弱，处民所疾苦者，以得图书故也。"③如前所述，汉成帝时大将军王凤认为："诸子书或反经术，非圣人，或明鬼神，信物怪；《太史公书》有战国从横权谲之谋，汉兴之初谋臣奇策，天官灾异，地形厄塞：皆不宜在诸侯王。不可予。"

第二节
秘书文化的发展

🎯 **学习目标**

掌握秘书文化在物质、制度、精神这三个层面的发展。

📢 **名人名言**

厌从薄宦校青简，悔别故山思白云。犹喜兰台非傲吏，归时应免动移文。

——白居易

---

① (汉)王充：《论衡全译》，815 页，贵阳，贵州人民出版社，1993。
② (元)马端临：《文献通考》，1501 页，北京，中华书局，1986。
③ (宋)李昉等：《太平御览》，1282 页，北京，中华书局，1995。

伴随着"秘书"的内涵从图籍秘书发展到行政机构，进而发展为职位的过程，秘书文化的内涵得到了极大的丰富。

一、物质层面——典籍及著述、图书目录分类法以及新的文学体裁的出现

自"秘书"从一个行政机构进而成为职位之后，任职于该机构的许多人都是中国历史中的重要人物，他们创造了瑰丽的物质文化，主要表现为大量典籍及"秘书"个人著述、在整理典籍过程中所形成的图书目录分类法以及新的文学体裁等方面。

(一)大量典籍及"秘书"个人著述

汉武帝时期，司马迁担任太史公一职，这一职位为他提供了阅览官府所藏典籍的便利条件，"厥协六经异传，整齐百家杂语"，从而最终写出了《史记》，被誉为"史家之绝唱，无韵之离骚"。

汉成帝时，光禄大夫刘向奉命领校秘书，他典校的古籍主要有《经传》《诸子》和《诗赋》；汉赋四大家之一的扬雄悉心在天禄阁校书、写作，曾著《方言》，叙述西汉时代各地方言，是研究古代语言的重要资料；刘向的儿子刘歆著有《移书太常博士》，是经学史上的重要文献，又著有《三统历谱》，造有圆柱形的标准量器。根据量器的铭文计算，所用圆周率是 3.1547，世称"刘歆率"。

东汉时期，班固、傅毅担任校书郎，班固著有《汉书》，全书包括一百篇，语言庄严工整，遣词造句典雅严谨，此外，他也是东汉著名的辞赋家之一。东汉永初四年，马融任命校书郎中，到东观去校理宫禁秘书，他编辑注释了《周易》《尚书》《毛诗》《论语》《孝经》等，并著有《三传异同说》。除注经书外，他还注释了《老子》《淮南子》《离骚》《列女传》等书籍；与他同时代的校书郎刘騊駼与刘珍、李尤撰写了《东观汉记》。

曹魏时，王肃曾担任秘书监，为儒家六经注释，《隋书·经籍志》记录王肃的作品有二十多种，一百九十多卷。

西晋时，中书监荀勖与中书令张华整理书籍，在《中经簿》基础上撰写了《中经新簿》，与秘书监孙盛校理竹简成《汲冢书》，其中包括《竹书纪年》《穆天子传》等，孙盛个人撰写了《魏氏春秋》《晋阳秋》等。华峤任秘书监，便观秘籍，撰写了《汉后书》。除佐著作郎陈寿编写出《三国志》。司马彪任秘书郎，作《九州春秋》，记述东汉末军阀混战。又因东汉史籍记述繁杂，汉安帝、汉顺帝以后史事亡佚颇多，汇集整理群书，著成《续汉书》。另有《庄子注》《兵记》等。

东晋时李充担任大著作郎，编纂了《晋元帝四部书目》，著有《翰林论》(也有人说为李轨所著)、《论语注》、《尚书注》、《周易旨》、《释庄论》及诗、赋、表颂和文集。

南朝梁秘书监任昉擅长表、奏、书、启等，文格壮丽，著述丰富，有《述异记》《杂传》《地理书钞》《地记》《文集》《文章缘起》等。

隋文帝时期，担任秘书监的牛弘对隋代以前书籍亡佚进行了历史研究和总结，提出了著名的藏书"五厄论"，对后世的藏书文化的研究产生深远影响，他着手整理皇室藏书，与学者王劭等编撰有《开皇四年四部目录》《开皇八年四部目录》《开皇二十年四部目录》，擅长文学，通律令，授命主撰《大业律》。

唐朝名臣魏徵为秘书监，"奏引学者校定四部书，自是秘府图籍，灿然毕备"，他个人著有《梁书》《陈书》等，主编《群书治要》。颜师古担任秘书少监，专管校定古书的工作，后奉诏与博士撰写成《五礼》，又写成《汉书注》，"辄引晋、宋已来古今本，随言晓答，援据详明，皆出其意表，诸儒莫不叹服"。褚无量任崇文馆学士，著作有《储君翼善》《帝王要览》《帝王纪录》《心境》，死后众学士在书殿中得到其《讲史记至言》。

宋太祖时李昉任中书舍人，典诰命三十多年，曾参与编撰《旧五代史》，并主编《太平御览》《太平广记》《文苑英华》。其中《太平御览》全书一千卷，《太平广记》全书五百卷，《文苑英华》全书一千卷，皆秩卷浩繁之作。其子秘书郎李宗谔担任秘书郎，集贤校理、同修起居注，著有《翰林杂记》，以记宋初官制。有文集六十卷，《内外制》三十卷。又预修《续通典》，另著有《大钟祥符封禅汾阴记》《诸路图经》《家传》《谈录》等，又长于音乐，曾整理太乐，修器具，编次律品法度、乐物名数，定为《乐纂》。北宋文学家、史学家欧阳修曾担任馆阁校勘，修订朝廷藏书目录《崇文总目》，事成后升任著作郎，主修国史。编纂《新唐书》及《新五代史》，二书都列为正史，并创立新体例。著有《居士集》五十卷、《易童子问》三卷、《外制集》三卷、《内制集》八卷、《奏议集》十八卷、《四六集》七卷、《集古录跋尾》十卷等，其《洛阳牡丹记》是现存最早专记花卉的花谱。继欧阳修之后苏轼主盟北宋文坛，他赏识、表扬黄庭坚、晁补之、秦观、张耒四人，因他们当时都在馆阁任职，世称"学士"，因此被统称为"苏门四学士"，他们在诗词、书法等方面有极大的成就，影响深远。

南宋时期，陈骙任秘书少监，编有《中兴馆阁录》十卷、《文则》二卷。李焘任秘书监，一生著述弘富，《续资治通鉴长编》是他的代表作，《六朝制敌得失通鉴博议》《说文解字五音韵谱》清代时皆被编入《四库全书》，此外还有《巽岩文集》、《四朝史稿》五十卷、《唐宰相谱》一卷、《江左方镇年表》六卷、《易学》五卷、《春秋学》十卷等五十余种。

元朝著名的天文学家、数学家、水利工程专家郭守敬也曾担任太史令、昭文馆大学士、知太史院事，世称"郭太史"，著有《推步》《立成》等多部天文历法著作。同时期担任太史院事的许衡是著名的教育家、天文学家，也是元代儒学的主要继承人和传播人，著有《读易私言》《鲁斋遗书》等。元世祖时担任秘书监丞、后升任秘书少监的杨桓，博学，精通古文字，著《六书统》《六书溯源》《书学正韵》，预修《大元一统志》。

明朝开国文臣宋濂奉命主修《元史》二百一十卷，后官至翰林学士承旨、知制诰，著有《孝经新说》、《周礼集说》、《诸子辩》、《龙门子凝道记》二十四篇、《潜溪内外集》三十卷、《銮坡集》二十五卷、《萝山吟稿》二卷、《浦阳人物记》二卷、《翰苑集》四十卷、《芝园集》四十五卷、《洪武圣政记》二卷、《朝京稿》五卷等。以翰林院编纂官起家、后任内阁首辅、兵部尚书兼华盖殿大学士的杨士奇，仁宣之治的缔造者之一，曾经参与编撰《明太祖实录》《历代名臣奏议》《文渊阁书目》《三朝圣谕录》等，并著有《东里文集》。张居正中进士后，由庶吉士①至翰林院编修，后来辅佐万历皇帝朱翊钧开创了"万历新政"，他著有《张太岳集》《书经直解》《帝鉴图说》等。

清代名臣纪昀通过殿试后入选翰林院庶吉士，历任英武殿、功臣馆、国史馆、方略馆总纂。乾隆三十六年被召回京受诏校秘书，三十八年起任《四库全书》总纂官，收书三千五百零三种，共七万九千三百三十七卷；又修《四库全书总目提要》《热河志》。流传下来的著作有《阅微草堂笔记》《纪文达公遗集》。刘墉以恩荫举人身份参加当年会试和殿试，考中二甲第二名进士，被授予翰林院庶吉士。在散馆担任编修，不久又升迁为侍讲，成为其步入仕途的起点，他书法造诣深厚，是清代著名的帖学大家。清末范熙壬任资政院秘书厅机要科长、代厅长，是清末民初司法体系的理论构建者与实践者，1906年在日本留学时创办了《新译界》，探求立法救国，翻译了《资本论》，著有《文心雕龙释义》《敬胜阁诗文残稿》等。

北洋政府时期，任国务院秘书长的张国淦是清末、中华民国政治家、历史学家、方志学家、石经研究家，著有《历代石经考》《俄罗斯东渐史略》《中国古方志考》等，编纂了《辛亥革命史料》。吴鼎昌在清末时被授翰林院检讨，后又进入大清银行，1926年入驻《大公报》，开创了其历史新纪元，后任国民政府文官长兼中国国民党中央设计局秘书长，著有《赣宁战祸之原因》《中国经济政策》《花溪闲笔》。

(二)图书目录分类法

刘向典校时撰写了《别录》，是我国最早的分类目录；汉哀帝时刘向的儿子刘歆负责总校群书，在《别录》的基础上编成藏书目录——《七略》，是中国历史上第一部图书分类目录。

曹魏秘书郎郑默"考核旧文，删省浮秽"，撰成国家藏书目录《魏中经簿》，又称《中经簿》，将群书分为甲、乙、丙、丁四类。

荀勖与张华撰写了《中经新簿》，《文献通考》载："秘书监荀勖，又因《中经》，更著

---

① 明代及第进士二、三甲中文学优等及善书者，通过翰林院考试（称为"馆选"），可入翰林院见习，称为"庶吉士"。清承明制，并于雍正元年始行朝考法。凡二、三甲进士赐第后，复于保和殿试论、奏议、诗、赋各一篇，按朝考成绩、殿试名次等授官，最优者选为翰林院庶吉士。

《新簿》，分为四部，总括群书。一曰甲部，纪六艺及小学等书；二曰乙部，有古诸子家、近世子家、兵书、兵家、术数；三曰丙部，有史记、旧事、皇览簿、杂事；四曰丁部，有诗赋、图赞、《汲冢书》。"①

东晋李充担任大著作郎时，得以对典籍"删除烦重，以类相从，分作四部"，进一步完善了图书四部分类法。

南朝宋文帝时期，谢灵运担任秘书监，编撰了《秘阁四部目录》。南朝时秘书丞王俭校勘古籍，也编撰了《宋元徽元年四部书目录》，又撰写了《七志》，突破刘歆收书不收图的旧例，新增《图谱志》，又始创"文翰"一目，以诗赋文集属之，即后世之集部。

（三）新的文学体裁

司马迁所著《史记》，在文学方面，唐代韩愈、柳宗元，宋代欧阳修、三苏，明代归有光，清代桐城派的散文，均受《史记》影响。后世传记的体制，以及在传记之后用论赞表达作者见解的形式，都源于《史记》。而《史记》中的人物及相关历史事件，成为后世小说、戏曲、诗词的写作素材。

《汉书》沿用了《史记》的体例但略有变更，是中国第一部纪传体断代史；东汉末年担任东观校书郎中的蔡邕，是汉代最后一位辞赋大家，有代表作品《述行赋》，创造出书法中的"飞白书"，制作了一些著名乐器如焦尾琴、柯亭笛等，与杨赐、马日磾等人书写了著名的《熹平石经》，内容是官方钦定的《六经》，作为天下读书人校订文字的范本。

南朝谢灵运擅长山水诗，从他开始，山水诗成为中国文学的一大流派。

二、制度层面——秘书官制、公文制度及秘书工作制度的产生和完善

"秘书"作为一个机构或官职，都属于当时官制的一部分，并由其兴、废、复的演变过程，映射出当时的政治形势、阶级关系和经济情况。官制下的"秘书"不断发展与完善，其遴选、选拔、任用、升降等方面都形成了完善的制度；同时，为了完成统治者所交付的校书、著作等任务，"秘书"也逐渐发展出一套完善的公文处理、文书写作的制度。

（一）秘书官制

东汉开始设置秘书监这一机构，隶属太常。在东汉官制下，中央政府以三公领九

---

① （元）马端临：《文献通考》，1505 页，北京，中华书局，1986。

卿为基本架构，太傅为首，太尉、司徒、司空为三公，太尉领太常、卫尉、光禄勋三卿。太常设太常卿一人。

魏文帝时设置秘书监掌管艺文图籍，最初隶属于少府，后来王肃担任秘书监时认为"魏之秘书即汉之东观，因是不属少府"，由此不再属于少府。兰台藏书由御史台掌管。因此，薛夏总结说："兰台为外台，秘书为内阁。"此外，中书省也设通事、主事等掌国史、修国史。

晋武帝时将秘书并入中书省，同时保留秘书著作局，晋惠帝恢复了秘书监这一机构，属官有丞、有郎，同时负责著作省，中书监、中书令、秘书监都为三品。又有中舍人与中庶子共掌文翰。

南朝宋在中书省下设置中书监、中书令各一人，同为三品；萧齐与之相同。

北朝北魏百官屡有减置，中书省设中书监，为从一品，秘书监，为从二品；后周在春官府内设置外史下大夫，掌书籍，职责等同于秘书监。

隋朝时隋文帝代周之后，废除了北周的六官，综合汉魏官制，在中央设三师、三公、五省、两台、九寺、两监，中书监为十五班，秘书监、御史中丞为十一班。

根据杜佑的《通典》所载，中书省负责献纳制册，敷扬宣劳，秘书省负责监录图书，开元二十五年制定的大唐官品，中书令为正三品，秘书监为从三品，御史中丞为正五品。此外，唐代宰相都兼任馆职。

宋初秘书省职事归三馆秘阁，元丰五年实行新官制以后秘书省始振其职，"掌凡邦国经籍图书、常祭祝板之事"。秘书省监主掌秘书省，元丰改制后为正四品。

元朝设中书省，为最高行政机构，统领六部。置中书令，为正一品，一般由皇太子担任中书令，地位崇高，尚书省屡设屡废。秘书监隶属中书省，设立之初为从三品机构，后改为正三品机构，有四名秘书监卿，为正三品官员，最初皆由六部尚书兼任。

明代将秘书监并入翰林院，翰林学士为正五品官员，负责"革承旨、直学士、待制、应奉"，方孝孺任文学博士时"参预机务"。洪武十八年开始，将一甲进士任命为翰林院修撰，二甲为编修，检讨，开始了进士进入翰林院的制度。又安排进士在中央各部工作，同时也在翰林院担任庶吉士，称为"观政进士"，自此为制。修撰等可被选拔入东阁，"习制诰，让中秘害，仍命侍经筵，以备他日内阁之选"。[①]

清代将内三院改为内阁，作为最高行政机关，设内阁大学士，雍正八年，将满、汉两名大学士都定为正一品，大学士。内阁之外设翰林院，掌院学士初制为正五品，雍正八年升为从二品，南书房侍直、尚书房教习都由其甄选。雍正元年，命于俸浅编、检内择满、汉各二人，主定稿、说堂之事，是秘堂办事之始。清末资政院秘书长为钦选而非民选，且享有表决权。

---

① （清）龙文彬：《明会要》，620页，北京，中华书局，1956。

在中华民国临时大总统府成立之时，秘书处是其主要组成部分。南京国民政府总统府秘书长由总统任命，共一人，特任，下辖总统府副秘书长两人，其中一人特任，总统府发言人一人，由简任秘书兼任，总统府副发言人一人，由简任参议兼任。行政院设秘书长、副秘书长，秘书长为院长之幕僚长，督导及统合有关幕僚机关之业务，副秘书长为院长之副幕僚长，设有常务与政务两人，都属于领导人员。立法院将秘书长设为一个组成部门，置秘书长一人，特任。副秘书长一人，职务列简任第十四职等，均由院长遴选报告院会后，提请任命之。秘书长承院长之命，处理本院事务，并指挥监督所属职员。副秘书长承院长之命，襄助秘书长处理本院事务。司法院在大法官下同样设有秘书长、副秘书长，总领下属各厅各处。

（二）公文制度

汉代在秦朝基础之上增加了一些公文的种类和用途，根据蔡邕的《独断》记载，两汉的公文增加了"策书"和"戒书"两种，"策书，策者，简也……起年月日，称皇帝曰，以命诸侯王三公，其诸侯王三公之薨于位者，亦以策书诔谥其行而赐之，如诸侯之策。三公以罪免，亦赐策文"[1]；"戒书，戒敕刺史太守及三边营官，被敕文曰有诏敕某官，是为戒敕也。世皆名此为策书，失之远矣。"[2]此外还有章，是用于谢恩的文书，"称稽首上书谢恩、陈事诣阙通者也"，到后汉时，间或用于论事进谏或庆贺；表，与章性质相同，汉代开始用于陈情；封事，奏陈秘密事项的奏章，"每有灾异，辄令百官上封事"；奏记，下官向上级言事则用奏记，如《前汉纪·序》写道："其五年书成。乃奏记云。"

魏晋南北朝开始应用的公文体制有赦文，《涵芬楼文谈》论到赦文，说："书传屡言赦，而文不可见，赦文之最古者，魏文帝有《赦辽东吏民公文》是也。"又有"启"，晋代山涛每选用官吏，皆先秉承司马炎之意旨，且亲做评论，时称"山公启事"，这种公文称为"启"。南北朝时始见"签"，《文心雕龙》载："议政未定，故短牒治谋，牒之尤密，谓之签。签者，纤密也。"

隋唐时开始有"敕牒"，除授百官，由门下省政事堂草拟文书经中书舍人进奏画敕字，然后政事堂出牒公布于外；开始将"批"用于公牍，用于君主对大臣疏奏的答复；"堂贴"，中书省所下达的宰相判事文书；"咨报"，学士院申中书所用公文，当值学士需签字。

宋代凡是文武官升迁或改任职秩，内外命妇的除授及封叙赠典，均用"诰命"，是预先撰定的四六文体，有固定格式，按品级填写；有"呈状"，翰林院等机构上书各部

---

[1] （汉）蔡邕：《独断》，http://ctext.org/duduan/zhs，2017-07-01.

[2] （汉）蔡邕：《独断》，http://ctext.org/duduan/zhs，2017-07-01.

的一种上行公文。

元代有"答"，是中书省下行文书；有"牌面"，一是指朝廷发给出差的凭证，二是指发给有功者的奖牌；"揭帖"，用于公布政收支账目。

明代开始使用"告示"，是官厅张贴在道路的对于人民昭告事项的文书；"勘合"，用于边戌调遣；"题本"，有急切机务不能面陈者用题目投进。

清代采用"谕"，指皇帝特降的命令；"折"，上行公文，下级向上级有所陈述时用折，向皇帝有所陈述时用奏折。此外，还有"电旨""电奏""电信"等。

中华民国临时政府成立以后，废除了沿袭千年之久的"制""诏""题""奏"等封建的文书程式，由"令""咨""呈""示""状"五类来替代。对公文的称谓、用印、签署、发文日期的标注、电文字数等都做了具体的规定，并将之制度化。

（三）秘书工作制度

汉代初步形成了新的中央秘书机构，加强了秘书职能，进而促进了秘书工作的规范化，如文书运行方式和传递方式的制度化，公文法定性得以确认，行文避讳和抬头制度的规范化等。南朝任昉曾指出："班（颁）讳之典，爰自汉世，降及有晋，历代无爽。"

魏晋时期，秘书的工作制度发展迅速，在文书制作方面，出台了一系列新制度，如在公文用纸制度上，规定以纸代替缣帛，不同类别的公文用不同色泽的纸张，"册书用简，制书、慰劳制书、发日敕用黄麻纸，敕旨、论事敕及敕牒用黄藤纸，其敕书颁下诸州用绢"；将写在若干纸张上的一篇公文粘连起来并在一端沾上一根细木棍，将之卷起，即卷轴；在纸质公文上使用朱色水印，即用印制度等。

唐代形成了一套以技术为主的文书工作制度：对于工作纪律，《唐六典》载："中书舍人掌侍奉进奏，参议表章。凡诏旨、制敕、玺书、策命，皆按故事起草进画；既下，则署而行之。其禁有四：一曰漏泄，二曰稽缓，三曰违失，四曰忘误，所以重王命也。"对于勾检制度，《唐六典》规定："凡文案既成，勾司行朱讫，皆书其上端，记年、月、日，纳诸库。凡施行公文应印者，监印之官考其事目，无或差缪，然后印之；必书于历，每月终纳诸库。"对于贴黄制度，"唐制，诏敕有更改，以纸贴黄"；典籍管理制度，"其经库书钿白牙轴、黄带、红牙签，史库书钿青牙轴、缥带、绿牙签，子库书雕紫檀轴、紫带、碧牙签，集库书绿牙轴、朱带、白牙签，以为分别"。

宋代的文书工作在唐代的基础上进一步发展和充实，对唐代的"一文一事"制度、贴黄制度、公文用纸制度等做进一步的细化或说明。此外也增加了"引黄"制度，即把章、奏、表等文书的内容要点、时间写于文书的封面或文首；对于"画黄"制度，宋元丰改制后，中书省据皇帝意旨起草诏令，凡重大事件奏禀皇帝得旨后，以黄纸记其内容录送门下省，称画黄；对于"录黄"制度，小事先拟出处理办法，得皇帝批示后，以黄纸记其内容录送门下省，称录黄；对于"录白"制度，枢密对有关军政问题，重大事件奏禀皇帝得旨后，以白纸记其内容送门下省，称录白。

元代文书工作制度，多根据其自身施政特点创设：照刷、磨勘制度；公文署押制度；还有朱销文簿制度、翻译缮写制度、当面交卷制度等。元代公文传递制度中的急递铺，是中国历代较为发达的公文传递制度。

明朝的文书处理非常系统，各个环节都有相应的机构专门负责，相互衔接和配合。增加了票拟制度，内阁大学士初阅奏章后，用一纸拟出初步处理意见并贴于原奏章上，再进呈皇帝；还有禁繁文制度、公文制度、行移勘合制度等，《大明会典》载："凡在外司府衙门、每年将完销过两京六部行移勘合、填写底簿。送各科收贮、以备查考。"

清朝的密奏制度可以说是古代文书工作中较成熟的制度之一，程序非常严格：书写—用纸—封套—递送—批阅—发还—缴回。其中书写规定一定要亲笔书写，不得委托他人代笔；用纸规定不同内容的密奏，用不同颜色的纸张。

1927 年至 1945 年，国民政府进行过三次文书工作改革，建立起一整套新式公文体制，使文书工作逐渐规范化，这一时期有一大批秘书学专著问世。

三、精神层面——秘书精神的产生和完善

经过长期的发展，围绕"秘书"而产生的精神文化成果丰富多彩，秘书作为机构和职位，在其中工作或占据该职位的人在这个体系中产生了独特的文化心态、文化心理、文化观念、文化思想、文化信念。

担任秘书者，当博览群书，通古论今。《金楼子·立言下》曰："王仲任言：夫说一经者为儒生，博古今者为通人，上书奏事者为文人，能精思著文连篇章为鸿儒，若刘向扬雄之列是也。盖儒生转通人，通人为文人，文人转鸿儒也。"[1]《唐六典》载："时，通儒达学亦多以佗官领之。自汉、魏历宋、齐、梁、陈，博学之士往往以佗官典校秘书。"[2]

担任秘书者，当谨小慎微，不偏不倚。《颜氏家训·勉学》曰："校定书籍，亦何容易，自扬雄、刘向，方称此职耳。观天下书未遍，不得妄下雌黄。或彼以为非，此以为是；或本同末异；或两文皆欠，不可偏信一隅也。"[3]

担任秘书者，当清正廉洁、甘为人下。《两京记》曰："唐初，秘书省唯主写书贮掌勘校而已。自是门可张罗。迥无统摄官属。望虽清雅，而实非要剧。权贵子弟及好利

---

①　萧绎：《金楼子》，http://ctext.org/jinlouzi/li-yan/li-yan-xia/zhs，2017-08-01。

②　（唐）李林甫等：《唐六典》，298 页，北京，中华书局，1992。

③　（北齐）颜之推：《颜氏家训》，146 页，贵阳，贵州人民出版社，1993。

夸侈者率不好此职。流俗以监为宰相病坊，少监为给事中中书舍人病坊，丞及著作郎为尚书郎病坊，秘书郎及著作左郎为监察御史病坊。言从职不任繁剧者，当改入此省。然其职在图史。非复喧（明钞本"喧"作"纤"）。卑，故好学君子厌于趋竞者，亦求为此职焉。"

担任秘书者，当刚正不阿，直言敢谏。《唐书》曰："侍中魏徵乞解所职，请为散官，陪奉左右，拾遗补阙。"太宗曰："朕拔卿于仇虏之中，任卿以枢要之职，见朕之非，未尝不谏。公独不见金之在矿也，何足贵哉？良冶锻而为器，便为人所宝。朕方自比于金，以卿为良匠。卿虽有疾，未为衰老，岂得便尔耶？"徵乃止。

本章小结

秘书最初的指称对象是"书"，从祝官占卜、谶纬图箓之书发展为宫中秘藏之书。东汉后期，"秘书"一词开始指称掌管图书秘籍的特定机构，进而指称相应的职位，后代大多沿袭此制，但每个时期在秘书机构及秘书职位的设置、职能、地位、名称上都有差异。

在秘书指称为"书"的阶段，秘书文化从物质上表现为有了大量的藏书以及用于藏书的馆台楼阁，在制度上表现为建立了早期的档案管理及藏书管理制度，在精神上表现为初步形成了"秘书"观念。

在秘书概念发展和演变的同时，秘书文化也得到了丰富和发展：在物质上表现为大量典籍及"秘书"个人著述、图书目录分类法、新的文学体裁的出现；在制度上表现为秘书官制、公文制度以及秘书工作制度的产生和完善；在精神上表现为秘书精神的产生和完善。

总结 ▷

Aa 关键术语

秘书　　　公文制度　　　秘书工作制度　　　秘书精神

🔗 章节链接

本章为前面的内容提供了历史资料，第五章是对本章内容的进一步拓展和细化，第八章与本章有紧密联系。

应用 >

✒ 批判性思考

追溯"秘书"一词的产生和发展，我们不难发现，从有"秘书"这个职位开始，担任相关官职的人大多学识渊博，其中很多都是当时的经学大家，如刘向父子、马融、魏徵、苏门四学士、纪昀等。到了当代，这样的学识、能力是否也应当作为选择秘书的标准？

✎ 体验练习

测一测你的国学知识

指导语：请阅读下面的几段文章，并对其进行简要的翻译。

> 古之王者世有史官，君举必书，所以慎言行，昭法式也。左史记言，右史记事，事为《春秋》，言为《尚书》，帝王靡不同之。

> 与人善言，暖于布帛；伤人以言，深于矛戟。赠人以言，重于金石珠玉；观人以言，美于黼黻文章；听人以言，乐于钟鼓琴瑟。

> 夫养生者先须虑祸，全身保性，有此生然后养之，勿徒养其无生也。单豹养于内而丧外，张毅养于外而丧内，前贤所戒也。嵇康著养生之论，而以傲物受刑；石崇冀服饵之征，而以贪溺取祸，往世之所迷也。

拓展 >

☕ 补充读物

1. 钱穆. 中国历代政治得失[M]. 北京：生活·读书·新知三联书店，2001.

2. 钱穆. 中国历史研究法[M]. 北京：生活·读书·新知三联书店，2001.

🖥 在线学习资源

1. 中国哲学书电子化计划，https://ctext.org/zhs，2017-05-12。

2.《秘书工作》杂志社官方网站，http://www.msgz.net，2017-07-11。

第四章

秘书文化的物质载体：汉字

本章概述

秘书本身是一个和文字打交道的职业，现代国际化秘书甚至都不止和一种文字打交道。了解文字，特别是具备一些文字学的知识是现代化秘书的重要素养。而汉字作为世界上使用人数最多的文字，也是秘书文化中的重要组成部分，同时还是秘书文化中重要的物质载体，可以说汉字和秘书这个职业，甚至是和秘书文化都有着紧密联系。另外，汉字的各种形构以及汉字的字体等都可以为培养秘书的实用技能提供一定的帮助。总之，在中国，秘书文化是一种和文字、思想打交道的文化，而汉字作为中国人文思想的载体和历史传承的见证，是每一名秘书都应该认真学习和掌握的。

结构图

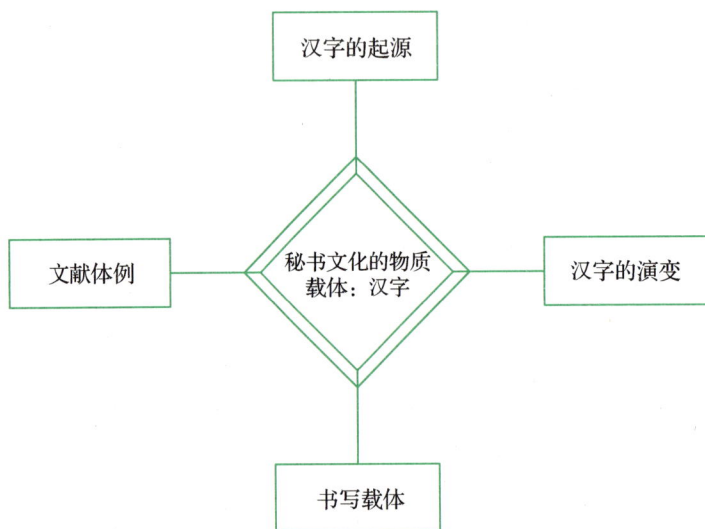

本章重点：

1. 汉字起源的几种说法。

2. 汉字的演变历程。

3. 汉字书写的几种载体。

4. 文献的几种体例。

本章难点：

1. 汉字是怎么演变的。

2. 书写载体的各自特点。

3. 文献体例怎么判别。

学完本章，你应该能够做到：

1. 了解汉字的产生及演变历程。

2. 理解并掌握汉字的书写载体。

3. 理解并能判断文献的几种体例。

4. 谨慎认真地使用文字。

康熙五十二年，翰林戴名世（人称戴南山）因为作品《南山集》中的《与余生书》中引用了方孝标的《滇黔纪闻》的南明永历的年号，被人冠以"狂妄不谨""语多狂悖"的罪名，被皇帝下令斩首，其诸多友人也因《南山集》案牵连入狱。这就是清初著名的《南山集》案。虽然此案后遭雍正帝平反，但戴名世作为翰林（皇帝的秘书）因文字遭受杀身之祸，一方面说明了文字和秘书工作的紧密联系，另一方面也给秘书工作者以警醒，注意文字的使用。

同时，文字本身作为文化的基本构成要素，也是秘书经常接触的物质载体，所以了解文字的相关基础知识，学习如何使用文字，是了解秘书文化的重要途径。

第一节
汉字的起源

🎯 学习目标

1. 了解汉字起源的几种说法。
2. 理解汉字如何产生。

📢 名人名言

世界上有一个伟大的国家，她的每一个字，都是一首优美的诗，一幅美丽的画。这个国家就是中国。

——贾瓦哈拉尔·尼赫鲁

文字是社会发展到一定阶段的产物，原始社会期间，部落之间交流较少，语言已经能够满足人们的需要。随着社会的发展，人们的交流也日益频繁，我们既不能保留语言也不能将其传播到远距离之外，因此语言已经不能满足人们的要求，我们需要有一套符号来记录语言，作为语言的书面形式存在，这就是文字。关于汉字的起源有几种说法。

一、仓颉说

这一说法影响最为普遍，而且很多文献有所记载。例如，《吕氏春秋·君守篇》载："奚仲作车，仓颉作书，后稷作稼，皋陶作刑，昆吾作陶，夏鲧作城，此六人者所作，当矣。"

至于仓颉是何许人也。一种说法为人名。《中国人名大辞典》载："仓颉，黄帝时为左史，生而神圣，而四目，观鸟兽之迹，字成，天雨粟，鬼皆夜哭。"也就是说仓颉是黄帝时期造字的左史官，传说中仓颉生有"双瞳四目"。目有重瞳者，中国史书上记载的只有三个人：虞舜、仓颉、项羽。虞舜是孝顺的圣人，而仓颉是著名的文圣人，项羽则是武圣人。

《史通·外篇·史官建置第一》载："盖史之建官，其来尚矣。昔轩辕氏受命，仓颉、沮诵实居其职。"这说明当时史官不止仓颉一个，还有沮诵。

另一种说法，仓颉实际上不是某一个人，而是一种职务，是从事编纂记事的某一类人。仓为黄帝当时设五府之一，仓府，其主要职责就是根据其他四府提供的奇异景象来进行解析和预测未来；颉，有乱画之意。黄帝的五庙之一，仓府内府人都以脸庞画一青色图案为标志，所以"仓颉"一词指的是仓府中喜欢涂画之人。而黄帝的另一个史官沮诵，也不是某一个人，有人推断"沮"当为"诅"，"诅诵"是当时的文祖（赤庙）所行之事，是一群诵讽礼书的国家行政人员，以此来看沮诵不仅没有造字，而可以理解为汉字的使用者。

除了这两种说法外，当然，也有人否认仓颉创造了文字。这些人从"仓颉作书"中的"书"中做文章，认为"书"按"别事之义"的功能解读应该是教给大家的行为规范的著作，不是指汉字，而是礼书，也就是教条，因此仓颉写的是伦理宗法的内容而与造字无关。

实际上，从客观的角度看，中国的文字史早在仓颉之前数千年就已经诞生了，确切地说并不是说仓颉一个人完全地将文字发明创造出来，最多我们可以说仓颉将民间既有的图画文字进行广泛搜集，并加以认真整理，从而创造出一套成体系的、规范的象形文字。

🔍 **案例**

仓圣鸟迹

建于汉代的白水县仓颉庙内立有一块清代的《仓圣鸟迹书碑》，黑色的石头上刻着28个古怪的符号，相传这就是仓颉当年所造象形文字的本形。这些鸟迹书由小的图形和画面组成。这是世界上最早的象形文字。1984年，上海书店翻印的宋代王著的《淳化阁帖》将它们破译为："戊己甲乙，居首共友，所止列世，式气光名，左互义家，受赤水尊，戈矛釜芾"。据《史记·五帝本纪》载，炎帝有圣德，以火德王，黄帝有土德之瑞，土为黄色，所以称为黄帝，居于涿鹿，位于中央位置，所以"戊己"代表黄帝，"甲乙"代表炎帝。"居首共友，所止列世，式气光名，"记述炎黄二帝同为部落首领，他们的作为均是天下各个小部落的楷模。"左互义家，受赤水尊，戈矛釜芾"，记述了黄帝征服炎帝和平定蚩尤之乱，天下

重新恢复安宁，百姓安居乐业，黄帝又成为天下部落首领。另外，在山门、前殿、中殿、寝殿，分别悬挂着由于右任、邱星、谢德萍等题写而精心制作的匾额，以敬仰文祖仓颉圣灵。

二、结绳说

有关结绳的记载最早见于《易·系辞》："上古结绳而治，后世圣人易之以书契。百官以治，万民以察，盖取诸《夬》。"《北史·魏本纪》曾记载过北朝魏的先世"射猎为业，淳朴为俗，简易为化；不为文字，刻木结绳而已。"在文字出现之前，人们通过在绳子上打结的方式来记事，也就是我们所说的结绳记事，《周易注》中也有相关记载："结绳为约，事大，大结其绳，事小，小结其绳。"由此我们推断汉字起源于结绳。

三、契刻说

契刻说认为，汉字是由原始契刻符号发展起来的。契刻是在结绳的基础上形成的一种记录方式，人们在树木等材料上刻下各种符号、图形来记事。《周易·系辞》载："上古结绳而治，后世圣人易之以书契。"可见，那时的人们不再使用结绳记事的方法，而是采用契刻的方法来记事。契刻记事的方法在很多典籍中都有载，《隋书·突厥传》载："突厥无文字，刻木为契。"《列子·说符》载："宋人有游于道得人遗契者，归而藏之，密数其齿，告邻人曰：吾富可待矣。"种种迹象表明，契刻是出现文字之前人们普遍使用的一种记事方法。

四、八卦说

八卦是上古时期巫人占卜吉凶使用的一种特殊符号，但是《易纬·乾·凿度》载："乾卦，天字的古文；坤卦，地字的古文；离卦，火字的古文；坎卦，水字的古文；巽卦，风字的古文；震卦，雷字的古文；艮卦，山字的古文；兑卦，泽字的古文。"

以上是关于汉字起源的四种传说，其中影响较大的是仓颉说。除了仓颉说、结绳说、契刻说、八卦说之外，还有图画说、图腾崇拜说等，这些观点都有一定程度上的合理性，但它们最终都只能以图画或契刻体现。

第二节
汉字的演变

🎯 学习目标

1. 了解汉字的演变过程。
2. 知道汉字的几种体例特征。
3. 能够判别汉字的几种发展体例。

🔊 名人名言

人品清于在山水，天怀畅若当风兰。

——王羲之

汉字有着千余年的历史，从甲骨文到我们现在书写的简体中文，在形体和结构上都发生了变化。

一、汉字形体的变化

首先从形体上来说，汉字经历了甲骨文、金文、大篆、小篆、隶书、楷书等阶段的发展，总体趋势上是由繁到简的变化。

（一）甲骨文

甲骨文是上古时期人们刻在龟甲、兽骨上的文字，也是考古发现的人们能够辨认出的最古老的文字，以殷商时期的甲骨文为代表，见图 4-1。

最初它的名称并未统一，有龟甲文、甲骨卜辞、殷墟文字等名称，后来才比较统一地称作甲骨文。甲骨文带有浓重的原始绘画意味，形体未定型，异体字繁多，

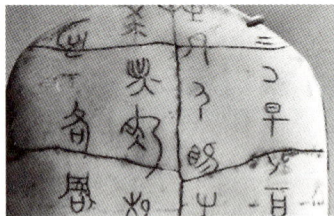

图 4-1　甲骨文

笔画纤细而不规则。郭沫若认为甲骨文已经具备了"严密规律的文字系统"，而且"文字刻得整齐美观"。甲骨文记录和反映了商朝的政治和经济情况，主要指商朝后期王室用于占卜吉凶记事而在龟甲或兽骨上契刻的文字，内容一般是占卜所问之事或者所得的结果。

（二）金文

金文是在商代至秦汉的青铜器上常刻或铸的文字，又称铜器铭文，它仍然带着较重的原始绘画意味，笔画圆润浑实、杂有肥笔。西周时期是铜器铭文的鼎盛时期，在西周的铜器上，篇幅百字以上的铭文颇为常见，如西周前期的大盂鼎有 291 个字，小盂鼎有 400 个字左右，后期的散氏盘有 350 个字，毛公鼎有近 500 个字，并且从已经发现的铜器铭文内容来看，西周时期的铜器大多数是周王室贵族和官僚所做，这不同于春秋时期的铜器都属于各诸侯国。其主要内容大多是颂扬祖先及王侯们的功绩，同时也记录重大历史事件，记录的面很宽，反映了当时的社会生活。

（三）大篆

大篆广义上是指先秦所有的古文字，包括甲骨文、金文、籀文和春秋战国时代通行于六国的文字，在这里我们采用狭义的说法，即大篆指周王室和秦国在春秋及战国初期使用的文字，其笔形圆转、线条粗细均圆，外形整齐规矩，左右均一，字形重叠。籀文和石鼓文是大篆的代表，籀文是《史籀篇》中使用的文字，《说文解字》载："宣王太史籀著大篆十五篇，与古文或异。"石鼓文是指战国时期的秦国刻在十面石鼓上的文字，最初出土于陕西凤翔，也是我国最早的石刻文字，见图 4-2。

图 4-2　石鼓文

（四）小篆

小篆是秦始皇统一全国后令李斯等人制定并推行的规范汉字，是在大篆的基础上整理、简化而成的，《说文解字》载："丞相李斯乃奏同之，罢其不与秦文合者。李斯作《苍颉篇》，中车府令赵高作《爱历篇》，太史令胡毋敬作《博学篇》，皆取史籀大篆，或颇省改，所谓小篆者也。"其笔画圆转，符号性大大增强，仍然保存着一定的象形意味，每个字的规范形体被制定，用线条写成站立的长方形，字形内聚环抱、拘谨严整。其中泰山刻石是小篆的典型代表，见图 4-3。

图 4-3　小篆

（五）隶书

隶书是在小篆草率写法中形成的，秦汉之际产生的用毛笔书写的笔画有波势起伏的字体，在秦王朝用小篆统一全国文字不久后的西汉时期，隶书正式取代了小篆成为主要字体。在汉朝遗留的石刻文字(西汉的寿刻石，东汉的石门碑、乙瑛碑、孔庙碑等)中一般使用隶书；边塞出土的敦煌汉简、居延汉简、罗布泊汉简大多为隶书。并且隶书的出现对汉字具有改造意义，它用形态有变化的笔画书写汉字，大量改变汉字偏旁的写法，字形偏方且"八"字分散，呈现出一种动态美。值得一提的是汉字在秦汉之际由篆书到隶书的演变使汉字从古文字阶段进入了今文字阶段，隶书打破了以象形为基础的构造方式，其符号性大大增强，隶变是古今文字的分水岭。晋代卫恒的《四体书势》载："秦既用篆，奏事繁多，篆字难成，即令隶人佐书，曰隶字。"可见，在那时隶人(即政府衙门中专掌文书的秘书)因隶书书写的简化在工作中便使用隶书。

(六)楷书

楷书是由隶书发展而来的，于东汉末成熟，于魏晋后广为流传，是通用时间最长的标准字体，也是目前国家通用的标准字体。《辞海》解释道："形体方正，笔画平直，可作楷模"，因而得名楷书。

🔍 **案例**

书圣王羲之

在书法史上最具影响力的书法家当属王羲之，东晋书法家、文学家。字逸少。后移居会稽山阴(今浙江绍兴)。有"书圣"之称。亦长于诗文，但文才多为书法之名所掩，不为世人所重。曾任右将军、会稽内史等职，世称王右军。人称"书圣"。王羲之的行书《兰亭序》被誉为"天下第一行书"。论者称其笔势以为飘若浮云，矫若惊龙，王羲之的传世墨迹可以让你对"精彩绝伦"四个字有深刻的体会。他的作品美妙绝伦，无雷同乏味之嫌。中国书艺在他笔下成就最高个人顶峰，其后各代大家只是在某些方面进行了不同程度的发展和完善：或意或法、或韵或势，局部过之者不乏其人，整体而论，无出其右。

二、汉字结构的变化

从汉字结构上来说，根据汉字的性质，意符、音符和记号这三类符号都在汉字中使用，意符是与文字所代表词在意义上有联系的字符，意符内部还可以分类，有的意符作为象形符号使用，通过自己的形象起到表意作用，我们把这种意符称为形符，有的意符由已有的字充当表意偏旁，它们依靠本身的字义来表意，我们把这种意符称作义符；音符是指在语音上有联系的字符；在语音和意义上都没有联系的字符是记号。

变化之一是形声字的比重上升。根据调查，商代后期甲骨文中已经被认识的部分，形声字明显少于会意字，在周代形声字大量增长，而新造的表意字已经非常少。根据清代朱骏声的《六书爻列》记载，形声字约占百分之八十二，如果把所谓的"兼形声"的象形指事和会意也算作形声字，比重便可以提高到百分之八十六。南宋郑樵曾经对23000多个汉字进行过结构分析，根据郑樵的统计，形声字的比重已经达到百分之九十以上。早期的汉字以象形表意字为主。比如，甲骨文大多数都是象形会意字，象形会意字"画成其物"，因而也存在着很大局限，那么就不能满足记录语言的需要，最初解决这个问题的方法是假借。例如，"且"字本是表示祖先，后来被借作而且的"且"，但是假借字数量的增多，容易引起一字多义和一义多字的歧义现象，所以人们采用了形声相益的方法来解决这个问题，如"且"字被借为而且的"且"后，表示祖先的那个意义另造为"祖"字。因为形声字具有既可以表音又没有像有些假借字那样有造成误解的可能的特点，所以形声字比重的上升也是汉字发展的主要标志。

变化之二是所使用的意符以形符为主变为以义符为主。早期古文字象形程度比较高，表意字大部分是由形符创造的，随着汉字的发展，汉字象形程度逐渐降低，破坏了大部分形符的表意作用，原来文字里的形符在不断减少，人们陆续将一些准合体表意字里有不能独立成字的形符充当的偏旁改成了能够独立成字的表意偏旁，经过改造后，很多表意字都可以变成由义符组成的合体字。例如，"輦"字，当"人拉的车子"这个意思讲时，本来的写法像两个人在拉车子（），后来举手拉车的人形变成了两个"夫"字；再如涉水的"涉"字，最初以一脚在水南、一脚在水北来表达意思（），后来变作从"水"从"步"的字（）。另外，形声字的形旁一般是义符，随着形声字比重的不断上升，义符的重要性也在上升。例如，凤凰的"凤"字，本来写作，像是一只高冠美羽的凤鸟，像凤鸟的形符后来被义符"鸟"旁取代，加之音符"凡"（"凤""凡"古音相近）移到上方，就演变成了"鳳"，即"凤"的繁体字。在造字的过程中，义符的使用率也不断提高，并且已经使用的形符也陆续被义符或音符替代。在汉字的演变过程中，隶书、楷书里单个形符造的表意字大都变成记号，充当表意字偏旁的形符，在隶书形成过程中也大都变成了记号。目前使用的汉字中真正是形符造的字很少，如"一""二""三""凹""凸"等。

变化之三是记号字、半记号字逐渐增多。虽然在汉字里用记号造字的情况很少见，但是由于汉字象形程度降低等原因，在古文字阶段有一些汉字已经变为了记号字或半记号字。随着汉字字形的演变，一些字如果不去考究它的历史，我们已经不能看出这个字本来的意思。例如，"日"字，已经看不出来太阳的样子；再如"立"字，它本来的样子像是人立在地面上，而演变成隶书、楷书之后，变成了不能分析的记号字。还有一些字虽然结构没有因为字形的演化而改变，但是由于语音和字义的变化变为了记号字或半记号字。例如，在：从土才声，布：从巾父声，蛋：从虫延声，这些字它们的声旁现在仍然没有破坏，但是由于语音的演变，声旁已经起不了表音作用，而转化为记号。特字本意是公牛，因此用牛字旁，而现在已经不再使用这个本义，因此其表意偏旁由于字义的改变丧失了表意作用，而转化为记号。

第三节
书写载体

🎯 学习目标

了解汉字的书写载体及其历史发展进程。

🔊 名人名言

纸上得来终觉浅，绝知此事要躬行。

——陆游

文字想要传播必须依托一定的载体，文献载体是传播文化的重要媒介，它对我国古代文化的传播做出了重要贡献。在纸张没有被发明以前，我国古代先后利用甲骨、金石、简牍、绢帛来刻写记事、记录文献。文献载体不仅促进了古代文化的发展，还为系统地收集、整理古籍提供了物质条件。随着社会的发展，人类社会的信息量日益浩繁，需要选择更佳的文献载体，使之能更好地为人类社会的文明进步服务。了解汉字的书写载体，可以为秘书实用技能提供一定的帮助。

🔍 案例

甲骨文的发现

清末光绪二十五年秋，在北京清朝廷任国子监祭酒（相当于中央教育机构的最高长官）的王懿荣得了疟疾，派人到宣武门外菜市口的达仁堂中药店买回一剂中药，王懿荣无意中看到其中的一味叫龙骨的药品上面刻画着一些符号。龙骨是古代脊椎动物的骨骼，在这种几十万年前的骨头上怎会有刻画的符号呢？这不禁引起他的好奇。对古代金石文字素有研究的王懿荣便仔细端详起来，觉得这不是一般的刻痕，很像古代文字，但其形状又非籀（大篆）非篆（小篆）。为了找到更多的龙骨做深入研究，他派人赶到达仁堂，以每片二两银子的高价，把药店所有刻有符号的龙骨全部买下，后来又通过古董商范维卿等人进行搜购，累计共收集了 1500 多片。

他对这批龙骨进行仔细研究分析后认为，它们并非什么"龙"骨，而是几千年前的龟甲和兽骨。他从甲骨上的刻画痕迹逐渐辨识出"雨""日""月""山""水"等字，后又找出商代几位国王的名字。由此肯定这是刻画在兽骨上的古代文字，从此这些刻有古代文字的甲骨在社会各界引起了轰动，文人学士和古董商人竞相搜求。

曾有人对王懿荣从中药中发现带字龙骨之说提出质疑，认为王懿荣在他的有关著述中没有这方面的记载，并认为王懿荣吃的龙骨在药店已加工成细粒，看不出刻痕文字来。而且当时菜市口一带并没有达仁堂药店。对此，后来研究甲骨文的学者周绍良说，当时龙骨在中药店都是成块、成片出售的。至于达仁堂药店当时确实不在菜市口，但菜市口有家著名的西鹤年堂中药店，当时的人很迷信西鹤年堂，买中药都要去西鹤年堂药店，这也有可能是当时误传造成的结果。

在甲骨文还未被确认以前，河南省安阳市小屯村的农民在耕作时就不断在农田里挖出古代甲骨。据说把甲骨当作药材到中药铺去卖的第一个人是一位叫李成的剃头匠。一次他长了一身脓疮，没钱去求医购药，就把这些甲骨碾成粉敷到脓疮上，想不到流出的脓水被骨粉给吸干了，而且发现骨粉还有止血的功效。从此他就把它们收集起来，说成是龙骨，卖到中药铺。

经过许多学者专家考证研究，所谓龙骨其实是商代占卜用的工具。人们在占卜之前，先把龟甲和牛肩胛骨锯削整齐，然后在甲骨的背面钻出圆形的深窝和浅槽，占卜时，先把要问的事情向鬼神祷告述说，接着用燃烧着的木枝，对深窝或槽侧烧灼，烧灼到一定程度，在甲骨的相应部位便显示出裂纹来。于是，占卜者根据裂纹的长短、粗细、曲直、隐显来判断事情的吉凶、成败。占卜后，便用刀子把占卜的内容和结果刻在卜兆的近处，这就是卜辞。刻有卜辞的甲骨被当作档案资料妥善收藏在窖穴中，遂得流传于后世。发现甲骨文的故事，后来被人们称为"一片甲骨惊世界"的奇迹，在中国和世界考古史上成了带有传奇性的篇章。

一、甲骨

甲骨一般是中国古代占卜时用的龟甲和兽骨。其中龟甲又称为卜甲，多用龟的腹甲；兽骨又称为卜骨，多用牛的肩胛骨，也有羊骨、猪骨、虎骨及人骨。卜甲和卜骨，合称为甲骨。中国最早的甲骨发现于距今 8600～7800 年的舞阳贾湖遗址二、三期文化层舞阳甲骨，被誉为世界上最早的文字起源——契刻符号。

中国在新石器时代晚期就已出现占卜用的甲或骨，至商代甲骨盛行，到周初或更晚仍有甲骨。商周时期的甲骨上还契刻有占卜的文字——甲骨文。

甲骨文，又称契文、甲骨卜辞、龟甲兽骨文，因其发现于中国河南省安阳市殷墟，故又称殷墟卜辞、殷墟书契。由于商王几乎每事必卜，因此甲骨文的内容涉及商代社会的各个领域，内容繁复，我们将其归为以下几种类型。

从甲骨文中有关商代阶级和国家的资料可知：商代的奴隶和平民由众、刍、羌、仆、奚、妾等不同身份的人组成；奴隶主和贵族有先公、先王和他们的配偶如高妣某、妣某、母某及子如子某、多子等；各级官吏则有臣、尹、史、犬、亚、马、射和侯、伯等；军队有师、旅等；刑罚有刖、劓、伐等，并设置了监狱。甲骨文中也记载了商代人殉人祭的状况，对于了解商代社会性质有很大帮助。商王朝经常对外发动战争，被征服的邻国对商王朝称臣纳贡，甲骨文中常见氏（致）来、入马、牛、羊、象、龟等的记载。

甲骨文中有关商代社会生产的内容也非常丰富。在农业方面，有衰田、作大田的记载，还有各种农作物如黍、稷、麦、稻等的记载。商王关心农业收成的丰歉及风雨、降水对农业收成的影响，常见立黍、省黍、求年、告秋之卜。在畜牧业方面，马、牛、羊、鸡、犬、豕等都有记载，且畜养量较大并有专门牢厩。祭祀时常用掉大批牛羊。渔猎在商代社会生活中也起了一定的作用，甲骨文记载的猎物有鹿、麋、豕、象、虎、狐、鱼类和各种鸟类，狩猎方法有田、狩、逐、阱、射等。甲骨文里还有关于贝、朋、珏和舟、车以至传递制度等商业、交通方面的材料。

甲骨文中有关商代思想文化方面的内容也很丰富。在天文历法方面，有日食、月食和鸟星、新星、大星等的记载，也有"十三月"等闰月材料和干支记日及每日不同时间阶段的"时称"等。在气象方面，有不少卜雨、卜风以及易日、云、雷、雹、雪、虹等的记载。在医学方面，有头疾、牙疾、鼻疾、肘疾、足疾、踵疾等疾病的记载，也有关于生育的记载，表明当时已能准确推知预产期。商王尚鬼，凡事占卜。占卜内容多以王为中心，主要是其关心的问题，如对祖先与自然神鬼的祭祀与求告，对风、雨、水及天象、农事、年成的关注。贞人向上帝、鬼神、先公先王等问卜，预示吉凶，祈望得到保佑。占卜材料多为龟腹甲及少量背甲和牛胛骨，用前经整治，并在背面施以钻、凿。占卜时，先于甲骨背面钻凿处用火烧炙，正面即现"卜"字形裂纹，以此定吉凶。占卜后，再将所卜事项记刻于甲骨之上。

有关甲骨文的著作有很多，如最早问世的是刘鹗的《铁云藏龟》，时在清光绪二十九年出版，续有《契文举例》《商卜文字考》《殷墟书契考释》《待问编》《殷墟文字类纂》《殷卜辞中所见先公先王考》及《续考》《簠室殷契类纂》等。

甲骨文是中国发现最早的文献记录，如今甲骨学已成为一门蔚为壮观的世界性学科，从事研究的中外学者有 500 多人，发表的专著、论文达 3000 多种。它对历史学、文字学、考古学等方面都具有极其重要的意义。

二、金石

金石指古代镌刻文字、颂功纪事的钟鼎碑碣之属。金文是指铸刻在殷周青铜器上的铭文，也叫钟鼎文。石文是指刻在石壁、石崖上的文字。金文与石文合称金石。最早的甲骨文随着殷亡而消逝，金文取而代之，成为周代书体的主流，因铸刻于钟鼎之上，有时也被称为钟鼎文。

据统计，商周金文约有 3500 字，但是今天能够解释的不到 2000 个。金文上承甲骨文，下启秦代小篆，流传书迹多刻于钟鼎之上，所以大体较甲骨文更能保存书写原迹，具有古朴之风格。《说文解字》云："郡国亦往往于山川得鼎彝，其铭即前代之古文，皆自相似。"金文的全盛时期为周，在西周铜器上，篇幅百字以上的铭文较为常见，二三百字以上的也不乏其例。西周前期，如大盂鼎有 291 字，小盂鼎有 400 字左右；后期的散氏盘有 350 字，毛公鼎有 498 字。春秋时期，金文已渐进尾声，其功能也从歌功颂德为主转而以颁录法典和记载文献为主。颁录法典的金文以春秋后期制作的郑国刑鼎为代表。

在商代没有石文留存，截至现在最早出土的文物是春秋初年。唐朝初期，在陕西天兴县三畤原（今陕西宝鸡市）发现了十个形似大鼓的刻石，高约 150 厘米，直径约 50 厘米。每面石鼓上四面环刻有四言文辞，10 个鼓总计 600 余字，后郑余庆将其迁于凤翔府夫子庙。经过五代之乱，宋司马池划置于府学。北宋大观年间，自凤翔迁于东京（开封）辟雍，后入保和殿。金人破宋，又运至燕京，后一直留于北京，现存于北京故宫博物院。还有玉石作为材料，如"侯马盟书"。山西侯马春秋晚期晋国遗址出土的记有盟誓辞文的玉石片，其有 5000 多片。玉石片的质料有石有玉，形体较规整。

相关著作有《钟鼎篆韵》《字说》《说文古籀补》《古籀拾遗》《古籀余论》《名原》，容庚编的《金文编》把商周铜器铭文中的字按照《说文解字》的顺序编为字典。

石刻文，产生于周代，兴盛于秦代"勒石铭金"一词。石鼓文的字体，上承西周金文，下启秦代小篆。石鼓为中国第一古物，亦为书家第一法则，具有很高的文史价值和艺术收藏价值。

三、简牍

简牍就是对我国古代遗存下来的写有文字的竹简和木牍的概称，或者说是竹简、木简、竹牍和木牍的总称。古人把竹子和木头劈成长片儿，在削平刮滑之后，用作在上面写字的材料。把单个的竹片称简（或称牒），单个的木片叫版，比较狭的版也叫木简，宽的版，叫作木牍。根据出土实物考察，简牍的形状有很大差别，有的呈条形，有的呈方板形，有的呈棱柱形，有的楔形，且长短不一，厚薄不一，甚至有的薄如纸。古人根据这些简牍的不同形制，称之"方""觚""椠""笺""札""牍"；或者根据其用途，称之为"检""符"等。简的长度为2～66厘米，每支简书写多至40字不等，多支简按照内容顺序编连在一起。牍的长度多为23.5厘米，宽度为其长度的三分之一。唐朝孔颖达曰："简之所容，一行字耳。牍乃方版，版广于简，可以并容数行。凡为书，字有多有少：一行可尽者，书之于简；数行可尽者，书之于方；方所不容者，乃书于策。"晋朝杜预曰："诸侯亦各有国史，大事书之于策，小事简牍而已。"

古代的典籍《尚书·多士》载："惟殷先人，有册有典。"也就是说，殷商时期已经用简册来记录文书及日常文字，这是中国古代关于简牍最早的记录。也就是说，有记录使用简牍，已经有3000多年。

秦简的发现对于研究秦的历史有着无法替代的重要作用，特别是对秦法律的研究，尤其重要。1975年年底，湖北省云梦县睡虎地的秦墓葬中出土了战国末期到秦代秦墓时的竹简共1100多枚。内容包括《编年纪》《语书》《秦律十八种》《秦律杂抄》《法律答问》《封诊式》《为吏之道》等，其意义作用不亚于楚简。汉简至今共发现4万余枚。已发现的汉简可以根据出土情况分为两大类。一类是在汉代西北边塞地区遗址里发现的，可称为边塞汉简。另一类是在汉墓里发现的，可称为墓葬汉简。

四、帛书

帛书，又名缯书，是中国古代写在绢帛上的文书（将文字、图像及其他特定的符号写绘于丝织品上），以白色丝帛为书写材料，在中国春秋战国至汉代有大量的帛书，出土的帛书较著名的有楚帛书、马王堆帛书等，现存实物以子弹库楚墓中出土的帛书为最早。帛书的形制模仿竹简，画或织有行格，称界行或栏线，有的帛书会以黑色或红色画出行格，类似于今日之信笺，称为乌丝栏、朱丝栏。

《汉书·食货志》载："布帛广二尺二寸为幅，长四丈为匹。"写在帛上便捷灵活，不足之处是价格品贵。《汉书·苏武传》载："言天子射上林中，得雁，足有系帛书。"而帛书的实际存在当更早，可追溯至春秋时期，如《国语·越语》曰："越王以册书帛。"不过，由于帛的价格远比竹简昂贵，它的使用当限于达官贵人。但帛书也有简册不能替代的方面：第一，在闹市中张挂告示，只能用布帛而不能用简册，所以现在仍被称作"布告"；第二，大幅图画得用帛，如新疆楼兰古帛画、长沙楚墓帛画、长沙马王堆汉代帛画等。

从帛书的出土情况和可靠史料记载来看，它在春秋时已产生，盛行于公元前4世纪到公元3世纪，即从战国到三国这一段历史时期里。虽然由于价格过于昂贵，始终只是成为简册的一种辅助性书写材料，但其性质和形态与后来的纸张比较接近，纸书一开始完全模仿帛书的形式，对以后书籍的形态(如界栏、卷轴线)有直接的影响。

五、纸张

众所周知，纸张是我国四大发明之一。许慎的《说文解字》，成书于 100 年。谈到"纸"的来源。他说："'纸'从系旁，也就是'丝'旁。"这句话是说当时的纸主要是用绢丝类物品制成的，与如今意义上的纸是完全不同的。许慎认为纸是丝絮在水中经打击而留在床席上的薄片。这种薄片可能是最原始的"纸"，有人把这种"纸"称为"赫蹏"。这可能是纸发明的一个前奏，关于这种"纸"的记载，可以追溯到西汉成帝元延元年。《汉书·赵皇后传》记录了成帝妃曹伟能生皇子，遭皇后赵飞燕姐妹的迫害，她们送给曹伟能的毒药就是用"赫蹏"纸包裹的，"纸"上写："告伟能，努力饮此药！不可复入，汝自知之！"，由此推测纸可能与丝有一定关系。

纸张的发展也是一个长期的过程。最初，只是一种副产品。附着竹席面上的絮渣，经晾晒干后称为丝絮纸，但产量有限。只有到了用破布、渔网造纸后，纸张才大规模地生产。

早在西汉时，中国劳动人民就已造纸。东汉时，蔡伦在总结前人经验的基础上，改进了造纸术，他用树皮、麻头、破布和旧渔网等材料制成植物纤维纸。蔡伦曾被封为"龙亭侯"，所以人们把他创造的纸叫作"蔡侯纸"。从 6 世纪开始，造纸术逐渐传往朝鲜、日本，以后又经阿拉伯、埃及、西班牙传到欧洲的希腊、意大利等地。1150 年，西班牙开始造纸，建立了欧洲第一家造纸厂。此后，法国、意大利、德国、英国、荷兰都先后建厂造纸。到 16 世纪，纸张已流行欧洲。中世纪的欧洲，据说抄一本《圣经》要用 300 多张羊皮，文化信息的传播因材料的限制，范围极其狭小，纸的发明为当时欧洲蓬勃发展的教育、政治、商业等方面的活动提供了极为有利的条件，对世界科学、文化的传播产生深刻的影响，对社会的进步和发展起着重大的作用。

第四节
文献体例

🎯 学习目标

1. 掌握古代文献体例的相关知识。
2. 了解秘书整理文献的方式。

名人名言

　　天才者，或数十年而一出，或数百年而一出，而又须济之以学问，助之以德性，始能产真正之大文学。此屈子、渊明、子美、子瞻等所以旷世而不一遇也。

——王国维

　　所谓文献就是用文字、图画等手段记录在一定材料上，具有一定形式的著作物。

　　古代的秘书往往都兼有史官的性质，而史官经常做的事情就是编纂整理和保存文献，所以学习文献学的相关知识对秘书来说非常重要。

　　"文献"一词最早见于《论语·八佾》，南宋朱熹《四书集注》认为"文，典籍也；献，贤也"。所以这时候的"文"指典籍文章，献指的是古代先贤的见闻、言论以及他们所熟悉的各种礼仪和自己的经历。《尚书·虞夏书·益稷》也有相关的引证说明"文献"一词的原意是指典籍与宿贤。我国古代文献的特点从某个角度也反映了我国秘书的工作特点，首先如实记载，其次知识面广。

　　文献的体例是文献的体裁和义例的合称，属于文献的形体部分。体裁是指一切艺术品的种类和样式。苏联的奥夫相尼科夫《简明美学辞典》中说："体裁表示一门艺术内部分类的概念。"按不同的分类标准，体裁可以分为不同的种类。义例是指著作的编写格式或文章的组织形式。具体内容有标题、断限、序言、评议、注解、目录、凡例、索引等。

　　洪湛侯在《中国文献学新编》中说："从事文献整理而不明古书之体例，欲论古书之真伪，无异于缘木求鱼。所以说，不明古书之体例，难以读古人之书，论古人之文。故文献辩'体'，至关重要，不可不三致意焉。"而且上古时期的文献均由秘书史官编纂、整理，可以说秘书是和文献密不可分的。作为一个文字工作者或者秘书行业的人，要想深入领悟，尤其是古人的著作物，不了解体例知识也是不行的。

一、古代文献中有关作者的通例

　　凡读古人之书，必须了解当时著书的体例。中国自古以来重视文献及其整理，文献起源之久远、种类之众多、数量之浩大、整理之频繁，蔚为大观。上古的文献均由秘书史官编纂、整理、秘藏的。秘书工作是随文书的产生而出现的，我国最早的秘书官职——史官，其含义就是记录事情、忠于事实、掌管文书和档案的人。据许多古籍记载，黄帝时代既有史官一职，《世本·作篇》载："黄帝之世，始立史官，仓颉、沮诵居其职。"

　　关于古典文献的作者，一般有以下几种通例。

（一）古书不提作者之例

先秦文献都不题作者姓氏，流传后世的古书，凡有题署作者，都是后人增加的，如《易·系辞传》中说："《易》之兴也，其于中古乎？作《易》者，其有忧患乎？"又说："《易》之兴也，其当殷之末世、周之盛德邪？当文王与纣之事邪。"因为原书并未提到为文王所作，作《易传》者无法断定该书作者为何人。

（二）古书假名为作者之例

古代有一些有权有势的人，网罗一批才智之士，代为著书立说，而自名为作者，如秦代吕不韦、汉代淮南王刘安等，都用这种方法编述图书。

案例

《吕览》是不是吕不韦所写

《吕氏春秋》又名《吕览》，虽然书上标明为吕不韦所著，但实际上是战国末年（公元前 221 年前后）由秦国丞相吕不韦组织属下门客集体编纂的杂家著作，在公元前 239 年写成，当时正是秦国统一六国前夜。此书共分为十二纪、八览、六论，共二十六卷，一百六十篇，二十余万字。书中尊崇道家，肯定了老子顺应客观的思想，但舍弃了其中消极的成分。同时，融合儒、墨、法、兵众家长处，形成了包括政治、经济、哲学、道德、军事各方面的理论体系。吕不韦的目的在于综合百家之长，总结历史经验教训，为以后的秦国统治提供长久的治国方略。

二、秘书在整理文献时使用的目录分类法

对于众多的文献来说，最初且最直观展现的就是目录部分。精确详细的目录有助于掌握文献的基本情况，了解学术演变，促进对文献的理解和研究。

中国古代文献有"四分法"和"六分法"两种方法。

随着历史的不断演进，文献书目变得越来越多，为了方便以后人们的查找和研究，后代秘书们对文献进行了目录式的分类。

（一）中国古典目录学"六分法"的形成

"六分法"是我国最早的图书目录分类法，它始于《七略》。班固将刘歆《七略》中的辑略，改为总序置于《汉书·艺文志》开头，它将图书分为六类：六艺、诸子、兵书、数术、方技、诗赋。这对两汉后的图书分类产生了非常重要的作用。

《七略》是第一部综合性图书分类总目录。其中包括辑略、六艺略、诸子略、诗赋略、兵书略、数术略、方技略。《七略》以六略三十八类的分类法，条分缕析先秦到西汉的各种文化学术流派；以辑略的形式，在整体上评述了各种文化学术的兴衰分合；以各书叙录，具体而微地介绍了各种学术文化著作的优劣、真伪、是非，不啻是一部从先秦至西汉的学术文化史。在著录上确立了较为完全的著录方法，除编有内容提要外，还利用了"互见法"和"分析法"。其中辑略是其他六略大小类文序的汇编，并不是另外一类，所以虽然名为"七略"，但实际上只将图书分为六类。这也就是后世目录学所说的图书"六分法"。

七略分类以义（内容）为标准，不同时采用体（体裁）与义两个标准，与后世许多目录学著作相比，标准统一，条理清晰。

《六艺略》包括易、书、诗、礼、乐、春秋、论语、孝经、小学九种。这些都是儒家经典或与儒家经典有关的著作，它们被安排在最突出的位置，单独为一略，体现了汉武帝罢黜百家之后，儒家经典在政治上和学术上的指导作用；《六艺略》收王官之学，是国家钦定的书，享有很高的地位。

(二)中国古典目录学"四分法"的形成

四部分类法源于魏晋之际，成熟于东晋时期。到西晋，荀勖以魏秘书郎郑默所编《中经》为依据编制了一部综合性的国家藏书目录《中经新簿》。该书分图书为甲、乙、丙、丁四部，分别收录经学、子学、史学、文学四方面的书籍。这就是现在所熟知的最早的图书四分法。

东晋时期，著作郎李充编制《晋元帝四部书目》，甲部收五经，乙部收史记，丙部收诸子，丁部收诗赋。图书四分法的四部次序到此确定。

郑默"考核旧文，删省浮秽"，制成国家内部藏书目录《中经》。

东晋初年，李充因荀勖四部之法，换其乙、丙之书，使甲、乙、丙、丁四部成为五经、史记、诸子、诗赋的顺序；至唐初魏徵等修《隋书·经籍志》继承发展荀勖、李充以甲、乙、丙、丁为序的四部分类，直接以经、史、子、集作为四部的名称，并依这一顺序的分类编次图书，正式确立经、史、子、集四部类目名称，概括各部类书籍的性质内容。由于《隋志》四分法基本适应了我国古代典籍的分类编排，因此，其后历代编撰的公私书目也就相沿成习。

三、古典文献的众多版本

随着生活的不断进步和技术的不断发展，古典文献的版本也多种多样。

（一）关于版本的理解

《说文》释"版"："判也，从片，反声。"又释"片"："判木也，从半木。"说明"版"的本义就是"片"，"片"是半木之意。《说文》释"本"："木下曰本，从木，一在其下。"说明"本"的本意是树根，引申为根基、原始、本原等。"版"用作图书，最早指的是木牍。而"本"用作图书最早见于西汉刘向《别录》："一人读书，校其上下，得谬误，为校；一人持本，一人读书，若冤家相对。"

自从有了雕版印刷术，人们习惯用版本二字作为印本的代称。张三夕先生给出的定义是指同一种文献在编辑、传抄、刊刻、装订、传播过程中所形成的各种形态的文本。版本从现代的概念上说，是刻板（也称雕版）印书出现后为区别刻本和写本而使用的名称。因最初的印版以木板为原料雕刻而成，故版本又称板本。

（二）版本学

版本学就是研究各种文献的版本源流，比较其优劣异同，鉴别各种版本真伪的专门学问。

从西汉起，刘向、刘歆父子在整理皇家藏书的过程中便搜集不同版本进行校勘，这其实就是版本学研究的主要内容。雕版印刷发明以后，图书刊刻的讹误、差异、作伪及图书在流传中的亡佚现象日渐增多，从某种程度上促进了版本学的发展，到了南宋就出现了专门以记载图书不同版本的书籍——《遂初堂书目》。清初钱曾据其藏书所写成的《读书敏求记》，被后世称为版本学的奠基之作。至此，我国版本学基本形成了较为完整的内容和独立的学科体系。近代以来，以研究古籍版本为主的版本学与传统目录学、校勘学既相辅相成，又各有侧重，分别发展为不同的相对独立的专门学科。

（三）版本的名称

狭义的版本即写本，又称手写本，指成书时以手写形式流传的本子，是印刷术发明以前书籍的主要版本形式，唐代以前的纸书都是手写本。比如，《永乐大典》《四库全书》等原本既不是刻本也不是稿本或据其他版本录写的抄本，故称写本。

广义的版本包括以下几种。

稿本指作者手写的底本，也是一种特殊的写本。稿本必须具备以下三个条件：第一，不是为流传存副的目的而书写；第二，应系个人著述而非官书、文书、档案；第三，作者或书写人姓名确切且有一定名气。稿本一般可分为三种：原稿本、清稿本、上版稿本。

钞本指抄本，也作钞本，特指印刷术发明后根据底本（不论其为写本还是印本）传录而成的副本，故又称为传抄本。

善本指珍贵的古籍刻本、写本，具有历史文物性、学术资料性、艺术代表性或某一方面的特殊价值。

孤本指某书的某一抄本或刻本，在世间仅知有一份流传的书，如宋本《楚辞集注》。

手稿本指作者亲笔所写，多增删修改，一般有署名和序跋，最能体现作品原貌，可据此深入了解作者的创作过程。例如，司马光的《资治通鉴》、洪亮吉的《卷施阁诗》、桂馥的《晚学集》、蒲松龄的《聊斋志异》等。

四、秘书整理文献的方式

文献的书写固然重要，但是对文献扎扎实实的整理和考证也是重要环节。古典文献的装订方式主要有以下几种。

(一)卷轴装

卷轴装就是把抄了书的纸粘连起来，形成长卷，在其尾端装上一根用木或竹做成的轴，收藏时用轴由尾端向前卷成一束，成为一卷。

(二)旋风装

旋风装实际上是经折装的变形产物。如果从第一页翻起，一直翻到最后，仍可接连翻到第一页，回环往复，不会间断，因此得名。也许是经折装的书很容易散开，或是僧侣们诵经时还有不便之处，在经折装的基础上，人们又不断对它加以改进。古人将一大张纸对折，一半粘在第一页，另一半从书的右侧包到背面，与最后一页相接连，使之成为前后相连的一个整体。如同套筒，阅读时从第一页到最后一页，再到第一页，如此可以循环往复、连续不断地诵唱经文，遇风吹时书页随风飞翻犹如旋风，因此被形象地称为旋风装。

(三)蝴蝶装

叶德辉在《书林清话》中说："蝴蝶装者，不用线订，但以糊粘书背，以坚硬封面，以版心向内，单口向外，揭之若蝴蝶翼然。"

蝴蝶装始于唐末五代，盛行于宋元，它的产生是和雕版印刷的发展密切相关的。鉴于经折装折痕处易于断裂，于是画册形态就转而朝册页的方向发展，既避免了经折装的缺陷，也省去了将书页粘成长幅的麻烦。把长长的卷轴改为册页后，将书页从中缝处字对字向内对折，中缝处上下相对的鱼尾纹，是方便折叠时找准中心而设的。书页折完后，依顺序积起方形的一叠，再将折缝处粘在包背的纸上，这样一册书就完成了。翻阅时，书页如蝴蝶展翅，故称为蝴蝶装。

(四)包背装

包背装的书，一版书页皆正折，有字的一面向外，书页两边的余幅都折向书背，版心成为书口。包背装有两种装订方法，一是将散页粘连在包背的纸上，此法较早。二是在书页余幅上贯以棉性纸捻，把书页固定，用一张整幅书衣，绕背粘包，因而称之包背装。例如，明代的《永乐大典》、清代的《四库全书》等。

第五节
古代文字冤情与秘书文化

🎯 学习目标

1. 了解古代文字冤狱案件。
2. 谨慎对待文字工作。

🔊 名人名言

然而社会讽刺家究竟是危险的，尤其是在有些"文学家"明明暗暗的成了"王之爪牙"的时代。人们谁高兴做"文字狱"中的主角呢，但倘不死绝，肚子里总还有半口闷气，要借着笑的幌子，哈哈的吐他出来。

——鲁迅

文字除了能表情达意、记录人类文化以外，还有可能产生消极后果，甚至会有人因其而入狱，俗称文字狱。文字狱是指统治者迫害知识分子的一种冤狱，专指迫害文人，以排除异己的事件和利用特权对异己进行文字上的构陷。旧时的统治者为了加强思想文化控制，加强中央集权，对知识分子产生了控制欲望，故意从他们的著作中摘取字句，编织成罪，严重迫害了旧时的知识分子，而秘书工作主要就是与文字打交道，所以多少会有一定的风险，就拿当代来说，在正式公开场合写错了字，有些机构还是会有明确的处罚措施的。历史上秘书工作也常常会遭遇到文字狱的苦难，许多文人志士都遭遇了文字冤情，可以说文字冤情是秘书文化不可忽略的一部分，了解这些历史文字冤情使我们更加重视文字工作，以更加谨慎的心态从事秘书工作。

一、秦代焚书坑儒

秦王朝的统一是中国历史上的伟大事业，但是严峻的问题是，统一之后该如何管理。丞相王绾建议在前人经验基础上构建常态体制，而廷尉李斯却别出心裁希望创建一个前无古人的新体制，迎合统治者私心，希望"天下无异议"，认为只有全国上下都听最高领袖一人指挥，才能有效率，不争执，这才是统一国家的"安宁之术"。从历史后果看，正是李斯的这些建议将秦王朝送上"二世而亡"的不归路，与"天下无异议"相配合的是焚书坑儒。焚书坑儒，又称"焚诗书，坑术士"。为了建立专制主义制度，加强思想控制，维护政权，秦始皇接受了李斯的奏议，采取了焚书坑儒，下令焚毁书籍。秦朝不仅"焚书坑儒"，还下"挟书令"，维护专制统治，统一思想。《史记·秦始皇本纪》载："臣请史官非秦记皆烧之。非博士官所职，天下敢有藏诗、书、百家语者，悉诣守、尉杂烧之。有敢偶语诗书者弃市。以古非今者族。吏见知不举者与同罪。令下三十日不烧，黥为城旦。所不去者，医药卜筮种树之书。若欲有学法令，以吏为师。"秦始皇采纳李斯的建议，下令焚烧《秦记》以外的列国史记，对不属于博士馆的私藏《诗》《书》等也限期交出烧毁；有敢谈论《诗》《书》的处死，以古非今的灭族；禁止私学，想学法令的人要以官吏为师。此即为"焚书"。秦始皇求仙失败后，儒生们私下谈论秦始皇的为人、执政等各方面。秦始皇知道后大怒，故而迁怒于方士，下令在京城搜查审讯，诸生招供违犯禁令者，坑杀犯禁者四百六十余人。秦始皇将他们皆坑杀于咸阳。这就是所谓的坑儒。

二、汉代的杨恽案

最早的文字狱要追溯到汉代的杨恽案。秦始皇时期的焚书坑儒只能算是屠杀，却不能叫真正的文字狱。

杨恽，西汉政治家。字子幼，汉族，西汉华阴（今属陕西）人，宣帝时曾任左曹，后因告发霍氏（霍去病子孙）谋反有功，封平通侯，迁中郎将。其父杨敞曾两任汉宣帝时丞相，其母司马英是著名史学家兼文学家司马迁的女儿。杨恽在当时可以说是响当当的人物，说其出身，华阴杨氏，赫赫有名的司马迁是其外公；论资历，杨恽历任左曹、中郎将，封平通侯；论才学，史载杨恽好史学，记有"以才能称誉"，写文章也是一流。《报孙会宗书》对萧统太子编撰的《文选》极其重要。杨恽的荣损经历着实印证了中国的一句俗语"一报还一报"，他因为举报了霍氏谋乱，后来他自己也被戴长乐举发，被贬为庶人。但他却不肯放下昔日高高在上的架子，脚踏实地做人，而是大治产业，结交宾客，"以财自娱"。

友人西河太守孙会宗劝其收敛自己的个性，杨恽作《报孙会宗书》为自己辩护，这一辩，竟辩来了杀身之祸，辩出了中国历史上第一宗文字狱！汉宣帝看了此书后，勃然大怒，立即判了杨恽"大逆不道"的罪名，处以腰斩。《报孙会宗书》中有这样一段文字："其诗曰，田彼南山，芜秽不治，种一顷豆，落而为萁。"张晏注曰："山高在阳，人君之象也；污秽不治，朝廷荒乱也；言豆者真直之物，零落在野，喻己见放弃也。其曲而不直，言朝臣皆谄谀也。"

看过之后着实佩服杨恽的胆量，但这应该不是张晏个人的发明，是有一定依据的。这一段牵强附会的注解有一个不容忽视的里程碑意义——为之后的"诗狱"提供了典范。

三、北宋的乌台诗案

随着庆历新政的失败，北宋积贫积弱的局面不断扩大。1068年，神宗赵顼即位。神宗在位期间，宋朝初期制定的制度已经暴露诸多流弊：阶级矛盾不断尖锐化、土地兼并剧烈、国家财政出现严重危机等，而边境上辽和西夏又虎视眈眈。宋神宗立志革新，于熙宁元年四月，召王安石入京，变法立制，富国强兵，欲改变积贫积弱的现状。当时的统治集团内部矛盾十分激烈，分两大派，即守旧派和改革派，其中保守派的代表人物之一就是苏轼。王安石变法失败后，意欲有所作为的宋神宗并未就此罢手，他未继续王安石的变法，也未完全站到守旧派一面。宋神宗亲自主持，在元丰元年至元丰八年这八年时间里，着手改革三省六部诸寺监这套中央行政机构中存在的官员众多、名实不符等弊端，史称这期间机构调整为"元丰改制"。

北宋著名的乌台诗案就发生在这期间。元丰改制期间，苏轼因反对新法，便在自己的诗文中表达了对变法的不满之情。由于苏轼是当时文坛的领袖，他的这种诗词在社会上传播对新政的推行很不利。所以在神宗的默许下，苏轼被关进乌台（乌台，指御史台，汉代时御史台外柏树很多，柏树上又时常有很多乌鸦，因此御史台又称乌台）四个月。苏轼作《湖州谢上表》，其实只是例行公事，略叙为臣过去无政绩可言，再叙皇恩浩荡，但他在后面又夹杂几句牢骚话："陛下知其愚不适时，难以追陪新进；察其老不生事，或能牧养小民。"句中"其"为自称，他以自己同"新进"相对，说自己不"生事"，就是暗示"新进"人物"生事"。古代文人因为客观环境使然，总是习惯在遣词造句上表现得十分微妙，而读者也养成一种习惯，本能地寻求字里行间的含义。比如，御史台里的"新进"们。六月，监察御史里行何大正摘引"新进""生事"等语上奏，给苏轼扣上"愚弄朝廷，妄自尊大"的帽子。但单凭《湖州谢上表》里一两句话是不行的。巧合的是，当时出版了《元丰续添苏子瞻学士钱塘集》，给御史台的新人提供了收集材料的机会。

监察御史台里行舒亶经过潜心钻研，找了几首苏轼的诗，就上奏弹劾说："至于包藏祸心，怨望其上，讪渎漫骂，而无复人臣之节者，未有如轼也……陛下兴水利，则曰'东海若知明主意，应教斥卤（盐碱地）变桑田'……其他触物即事，应口所言，无一不以讥谤为主。"所举的例子皆出自苏轼所引用的古籍，如《山海经》等，但经断章取义后，句句上纲上线。

苏轼七月二十八日被逮捕，八月十八日送进御史台的监狱。二十日，被正式提讯。苏轼对大部分指控都坦白承认在诗中批评新政。御史台的人借机疯狂行动，他们准备把新法反对派一网打尽。李定奏上一本，要求太后国丧时不赦免涉案人员，舒亶更狠，他奏请将司马光、范镇、张方平、李常和苏轼另外五个朋友一律处死。

同时，正直人士也仗义相救。宰相吴充直言："陛下以尧舜为法，薄魏武固宜，然魏武猜忌如此，犹能容祢衡，陛下不能容一苏轼何也？"已罢相退居金陵的王安石上书说："安有圣世而杀才士乎？"连身患重病的曹太后也出面干预："昔仁宗策贤良归，喜甚，曰：'吾今又为吾子孙得太平宰相两人'，盖轼、辙也，而杀之可乎？"

直到十二月二十九日，圣谕下发。由于宋朝有不杀士大夫的惯例，所以苏轼免于一死，但被贬为黄州团练副使，从徐州调任到黄州。但不准擅离该地区，也无权签署公文。

四、明代的文字狱

明朝文字狱是明朝时期文字狱案件的总称。元朝的暴政导致中国文化思想方面遭受极大的打击。这也间接地导致明朝在思想文化领域封建文人与新王朝之间的矛盾。明朝皇帝维护自己的统治，打击异己分子，镇压对自己统治不利的思想言论而制造一些因言论而获罪的案件。

随着明王朝政权的建立和稳定，朱元璋对臣僚的猜忌也日益加深，认为与他一起起事的将帅枭雄将难以控制，尤其不放心那些出身豪门的文官大臣，觉得他们有声望也有计谋，对他的统治地位构成潜在威胁。于是，他一反过去虚心向他们请教的做法，一下子转为多疑猜忌，他常因一字之差、一言不合而大开杀戒。

明朝文字狱在一定程度上钳制了人们的思想，使文人学者不敢大胆从事对思想文化的研究，虽然在明末出现了反理学启蒙思想，但还是被封建统治阶级无情地镇压了。明朝文字狱与禁书毁书相结合，严重破坏了中国古代文化典籍。明朝文字狱的严重泛滥对明朝官场的风气也有一定的影响。明朝之初，太祖优礼文人儒士，因此在初期官场一片祥和之气，但到后来，文字狱大兴，官员中不免有阿谀奉承之辈，他们为讨好统治阶级，检举仁人志士和刚正不阿的官员。如此种种使不讲廉耻之人大量出现，同时也为清朝初年文字狱再起波澜埋下了伏笔。

五、清代的文字狱

清代的文字狱达到了顶峰，如"庄氏史案""《南山集》案""吕留良遗书案"等，其中乾隆年间的"伪孙嘉淦奏稿案"就是一个突出的案例。孙嘉淦奏稿，是一部奏稿，秘密流传于世，书中又伪署秘书官孙嘉淦所著。为此伪稿，曾缉捕千人以上，革职督抚大员达十几人。为此，后人曾编辑了一本《清代文字狱档》，触目惊心，令人发指。

🔍 **案例**

《南山集》案

发生于清圣祖康熙五十二年的文字狱，左都御史赵申乔举发翰林戴名世(人称戴南山)的作品《南山集》"狂妄不谨""语多狂悖"，而且康熙四十一年，戴南山在《南山集》的《与余生书》中引用了方孝标的《滇黔纪闻》的南明永历的年号。康熙五十二年二月，戴名世因此被斩，方苞免死，以白衣参加修撰工作，刘灏等人因《南山集》案牵连入狱。后遭雍正帝平反，特诏："凡此案牵连隶旗籍者，尽得释归。"

戴南山的死，一般认为与赵申乔和戴南山因科举而生的私怨有关，赵申乔之子赵熊诏高中状元，却被时人误会为作弊，原来的会试第一的戴名世殿试变成第二名榜眼，因此口出恶言，赵申乔不能容忍戴南山，因此上书皇帝说他"语多狂悖"，又说自己"与名世素无嫌怨，但法纪所关，何敢徇隐不言"。

清代统治者为了防止知识分子和汉人的反抗，便从他们的作品中摘取字句，罗织罪名，构成冤狱。清代文字狱贯穿于整个清代250年左右。自顺治皇帝统治时期开始，又经过康熙、雍正、乾隆这几个时期，历时140余年，即纵观有清一代，由以清初顺治，乾隆时期最甚。

清代的禁书种类繁多，不仅涉及思想、历史、政治以及民族问题的书籍被毁，而且大量涉及科学、技术、经济方面的书籍也被禁毁；不仅涉及明朝的书籍被毁，而且部分歌颂清朝功德的书籍也在禁毁之列，实在令人匪夷所思。

今天的学者们依照历史材料，仔细对比了康熙、雍正、乾隆三个朝代的文字狱，结果发现，虽然三朝的文字狱在程度、方式方面并不相同，但是在本质上却是一致的，皆是"热衷于皇权专制"的封建专制王朝的产物。

清代的文字狱泛滥有其特殊原因。清王朝以少数民族入中原，从汉族传统观念来看，叫"乾坤反覆，中原陆沉"，以儒家传统为正宗的汉族知识分子有着相当激烈的民族敌忾情绪。

文字狱给士人风气带来了恶劣的影响。龚自珍也曾说过，"避席畏闻文字狱，著书都为稻粱谋"，这是对清代文字狱后果的真实写照。文字狱败坏了官场的风气。清朝官员们大多以科举入仕，作为文人的他们可能会成为文字狱的牺牲品，但又是文字狱的制造者或是帮凶，一些官员还会以查出犯忌文字从而作为邀功的方式。所以，这种情况造成了社会的恐怖，使得很多知识分子不敢过问政治，从而禁锢了思想，严重阻碍了中国社会的前进发展，摧残了人才。

清朝时期的文字狱是空前绝后的，并且随着统治的稳固从而加深。到了乾隆时期，更是无以复加地强化着文字狱，中国的传统文化也因此变得扭曲变形。

在中国封建历史之中，并非每朝每代都会有残酷的文字狱，在汉代、唐代封建盛世之时，基本上也并没有规模较大的文字狱，虽然在宋代，苏东坡"乌台诗案"开文字狱的先河，但结果不过是贬官三级，流放于黄州而已。直到明代的万历皇帝之时，文字狱达到上刑乃至处死的境地。在明代万历时，"中国第一思想犯"李卓吾，只是"不以孔孟之是非为是非"，结果被冠以"敢倡乱道""妄言欺世"的罪名，并下诏狱，最后无奈自刎而死。到了清代，文字狱不仅会引发自身遭受酷刑，甚至家族人也会受到牵连。仅乾隆皇帝在位的六十年的生涯之中，就创造了130多起酷刑文字狱，甚至有人被株连九族，比此前中国历史上文字狱总和还多出一倍多。文字狱的发生，不仅导致了无数人的无辜死亡，而且成为中华民族的深重灾难，可谓是千古浩劫。

不过在当代，虽然文字工作者一般不会因为文字入刑，但是历史也提醒我们尤其是秘书行业的从业人员在文字行文的同时，要注意言辞。

本章小结

文字是秘书工作中重要的工具。本章主要讲了秘书文化与汉字的基本知识，包括汉字的起源、汉字的演变、书写载体、文献体例，重点强调了秘书和汉字知识的关联，而且秘书在汉字演变、书写载体甚至在文献体例的形成过程中起到了重要作用。

文字工作是神圣的，同时也是有一定风险的，是有文化的人所从事的工作，也是需要传播文化的工作。了解汉字文化，其实也在某种程度上进一步了解秘书中重要的文字工具。文字承载了我国几千年的优秀文化，利用好这个工具，则会给我们整个社会带来极大的发展。

总结 >

Aa 关键术语 ···

仓颉说　　　甲骨文　　　隶书　　　文献体例

章节链接 ···

本章是第三章内容的进一步拓展，也是本书的基础必备知识，同时和后面三章一起重点阐述了秘书文化几个主要的表现形式。

应用 >

批判性思考 ···

汉字是中华优秀传统文化的载体和结晶，要做好秘书必须了解汉字的纵向历史知识，文字有时还会给使用者带来风险。虽然封建社会已经远离我们，而且随着现代化办公设备的发展，我们已经很少用笔写字。但是未来是不是我们不用练习书法，不用了解语法甚至是语义错误，都靠计算机呢？

体验练习 ···

下面的字你认识吗？

猋	biāo	骉	biāo	麤	cū
毳	cuì	淼	miǎo	掱	pá
焱	yàn	垚	yáo	赑	bì

拓展 >

补充读物 ···

1. 裘锡圭. 文字学概要（修订本）[M]. 北京：商务印书馆，2013.

2. 林西莉. 给孩子的汉字王国[M]. 李之义，译. 北京：中信出版社，2016.

在线学习资源 ···

1. 汉字网，http：//www.hanziwang.com，2017-08-30。

2. 中文语言资源联盟，http：//www.chineseldc.org，2017-07-27。

第五章

秘书文化的制度载体：秘书体制

本章概述

　　本章首先从古代秘书的日常工作制度、选拔制度和考核制度等方面介绍了历代秘书体制的演变；其次分时期探讨了历代秘书机构设置与官职变迁，包括上古时期的秘书机构与官职、封建社会时期的秘书机构与官职和近现代的秘书机构与官职；最后介绍了幕僚及其属性、幕友及其属性、幕僚与幕友之比较、有代表性的幕府制度与佐治。

结构图

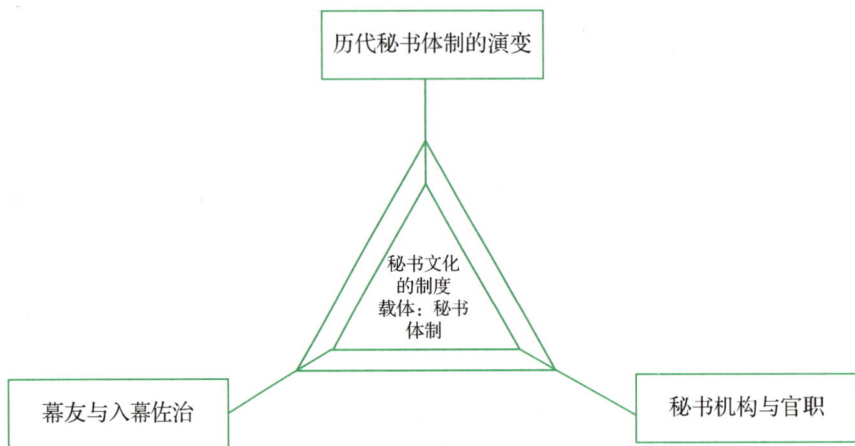

学习
目标

本章重点：

1. 秘书的日常工作制度。

2. 封建社会时期的秘书机构与官职。

3. 清代幕友盛行的原因。

4. 有代表性的幕府制度及佐治。

本章难点：

1. 科举制下的秘书选拔制度。

2. 历代秘书的考核制度。

3. 幕僚与幕友的比较。

学完本章，你应该能够做到：

1. 了解古代秘书的选拔与考核制度。

2. 熟悉古代秘书的日常工作制度。

3. 熟悉古代秘书机构与官职的变迁。

4. 弄清幕僚与幕友的区别。

5. 掌握有代表性的幕府制度与佐治。

读前
反思

　　在中国古代，什么样的人才能做秘书？都有哪些制度来约束他们？他们的工作业绩如何进行认定？古代秘书都有哪些机构与官职？幕友是如何产生的？有哪些有代表性的幕府制度呢？其佐治情形如何？在学习之前，你是如何看待这些问题的？

第一节
历代秘书体制的演变

◎ 学习目标

1. 了解古代秘书的选拔与考核制度。

2. 熟悉古代秘书的日常工作制度。

🔊 名人名言

道有因有循，有革有化。因而循之，与道神之。革而化之，与时宜之。

——扬雄

所谓的秘书体制，就是秘书及秘书工作所涉及的制度。秘书的服务性和秘书工作的综合性，决定了秘书在工作的过程中必须有一定的规范体制来制约。制度，是稳定有序地开展工作的保障，没有制度，秘书的"三办"就无章可循，这是实现秘书机构科学化、规范化的前提和基础。本节主要从秘书的日常工作制度、选拔制度和考核制度三方面进行探讨。

一、秘书的日常工作制度

秘书的日常工作制度是由秘书的工作性质和工作内容决定的。大约在公元前 21 世纪，我国进入奴隶社会时期。随着国家和私有制的出现，旨在更好地防范外来侵略和管理社会公共事务的国家机关也应运而生。从此，秘书机构得到有效建构，秘书的工作制度得到加强和完善。

秘书工作从产生开始，其规范性就要求必须以制度来加以保障。先秦时期，就有关于公文文体的要求。之后，经过历朝历代的完善，形成了一整套秘书工作制度。从古至今，秘书的日常工作范围广泛，内容多样，其日常工作制度也体现出纷繁复杂的特点。

(一)文书制度

公文的发文和收文方面都有严格的制度保障。其中包括公文的拟制、公文的文本规范、公文的签发等。

就公文的拟制而言，有公文草拟方面的，如《论语·宪问》载："子曰：为命，裨谌草创之，世叔讨论之，行人子羽修饰之，东里子产润色之。"其中记录了郑国文书制作经由草创、讨论、修饰、润色等环节；还有关于规范公文内容方面的，如一事一文制度等。

就公文文本规范而言，有始于西周的正副本文书制度——从王命文书到各类文书都有正副本，有的文书还要有几份副本，通常王命文书宣读后，将正本交给承办者，内史另抄副本藏于王室备查。有关于公文用纸、誊写、印刷和折叠制度等方面的规定，如东晋时期皇帝和大臣的公文，多用黄色纸以彰显身份高贵，基层官员多用白色纸书写公文；隋唐时更加明确，黄纸仅限于皇帝和皇室使用；唐朝开始，文书形式改卷轴式为折叠式，更有利于阅读、保管；宋代规定誊抄公文，如有抄错、增字或减字情况，在改动处加盖官印，以防止他人窜改。有文书避讳方面的规定，即涉及本朝皇帝名字、皇家宗庙号等相关文字，要用同音或同义的文字代替，以此彰显帝王至高无上的权威；秦始皇规定，公务文书、私人文书以及其他书面文字或语言中，均不得直呼其名字，而须避讳；宋代先后制定《庆元条法事类》《礼部韵略》来加以具体明确，只是高宗赵构的名讳就达五十多个；明清时期更是严格，甚至苛刻，因此酿成了很多文字冤案。

🔍 案例

朱元璋时代的文字狱

出身贫苦的朱元璋当了皇帝以后，忌讳就格外多了起来。除名讳外，许多词也是犯大忌的。朱元璋早年参加郭子兴的队伍，靠杀人放火起家，因此特别忌讳人家拐着弯骂他是"贼"。浙江府学教授林元亮，写上表叩谢圣恩，中有"作则垂宪"；福州府学训导林伯璟贺冬表，文中有"仪则天下"；常州府学正孟清，贺表中有"圣德做则"……由于朱元璋老家濠州，方言"贼"和"则"同音，怀疑是讽刺他做过贼，便将这些拍马屁的人全部杀死。他年轻时当过和尚，因此也忌讳别人提起他这段自认为不光彩的历史，臣民们的上表中不许有和"僧"音相近的字，所以那时候连"医生"都改成了"医士"。还有人上表中有"取法象魏"之句，"取法"念成"去发"，就被拉去砍了头。

朱元璋的忌讳太多，多得连老百姓取名，都不能用某些字，如"天、国、君、臣、圣"等，甚至"博士、大官、太医"也在禁止取名的范围之内。这么多的敏感词让大臣们不知所措。于是礼部官员斗胆恳求皇上，下一道表式，明确规定哪些字、词不能用，使臣民便于遵守。朱元璋便让翰林学士设计了一份谢恩表的格式，颁布全国。

从根本上说，这是朱元璋自卑心理产生的作用，总怀疑别人瞧不起他，即使打下了江山，坐上了皇帝宝座。况且，在古人的心目中，人的地位越高，权力越大，他的名讳越是碰不得。作为皇帝的朱元璋，全国百姓都是他的子民，其名讳自然是非避不可了。

就公文的签发而言，唐宋时期主管文书工作的官吏要在审定的文书上签字，一般字迹潦草，称为"花押""花书"，有的以符号代替；有便于阅读理解、加速公文办理的贴黄、引黄制度，也有明时的票拟制；还有文书用印制度、文书保密制度和文书驿传制度等。

这些制度的确立，都经历了由少到多、由简到繁的过程。可以看出，文书制度越来越规范，规定越来越繁复。

（二）参谋辅助制度

参谋辅助是秘书工作的重要内容，其表现就是，一方面，在领导决策前和决策中，通过收集、加工、整理各方面的信息，为领导决策提供参考意见，从而为领导制定正确的大政方针提供依据和保障；另一方面，在领导决策后，通过督促检查，及时发现并纠正决策的偏差，保证决策在组织中的顺利执行。

古代官员参谋作用的发挥主要有四种形式：提供信息，校正公文，规劝进谏、参与政务。尤其是劝谏制度，因为参谋言谏职能是我国秘书人员的传统职能之一，他们将参谋活动渗透到许多具体琐碎的秘书实务即办文、办会、办事之中。

周时由五史组成的太史寮，分工明确，具有拟制、处理公文，保管档案，组织会议，宣布政令，调查研究，了解民意，接受咨询等综合职能。最典型的就是采风观政制度，即作为行人一职的采诗官，除安排天子接见诸侯事宜之外，还要求每年阳春三月巡游各地，手摇木铎，站在交通要道上，征求真实地反映社情民意的民歌，以向天子提供社会信息，接受天子的问询。

唐代是我国封建社会的鼎盛时期，中央秘书机构由中书、门下、尚书三省，"中书出令，门下审议，尚书执行"，三省都发挥着参谋辅助的职能。尤其是门下省，通过封驳审议发挥着参谋作用，封驳范围非常广泛，《白居易集》卷四十八载："凡制敕有不便于时者，得封奏之，刑狱有不合于理者，得封奏之；天下冤滞无告者，得与御史纠理之；有司选补不当者，得以侍中裁退之。"从而避免了封建统治机器在决策和执行过程中的许多失误。到了中后期，翰林学士不但"掌四方表疏批答，应和文章"，而且"密与参决时政"，发挥着参与决策的重要作用。

🔍 **案例**

陆贽助德宗平叛

唐德宗时朱泚叛乱，翰林学士陆贽，随德宗避乱奉天。为争取民心，平定叛乱，他果断劝导德宗引过罪己，替德宗起草了著名的《奉天改元大赦制》，以德宗的口吻痛切自责"暗于经国之务，不知稼穑之艰难，不察征戍之劳苦……"结果，德宗接受了陆赟的建议从而获得民心，很快平定了朱泚之乱。

作为翰林学士的陆贽，其参谋作用的发挥，不仅在于能够引导德宗皇帝承担责任，反省自己，还在于能够将这种情绪淋漓尽致地表达出来，从而达到感动士卒、凝聚人心的效果。

清代的军机处富有拟制诏旨、处理奏折、参与政务、参审大案、奏补官员等多项职守。尤其是军机大臣，通过陪侍皇帝左右、随时回答皇帝咨询、查议皇帝交办重要政务、会商官员奏折、商讨军国大政，发挥其参谋辅助的职能。

二、秘书的选拔制度

(一)早期的秘书选拔——先秦至魏晋

我国的秘书工作产生于部落联盟的黄帝时期，此时的秘书人员主要承担会务和传达工作，通常由民众选举产生。夏代的史官秩宗和太史令、商代的史官、周代的左史和右史等秘书官员大多是由贵族世代相袭。尤其是商代的巫史，由于专门处理人和神灵及先祖之间的关系，需具有文字、军事、政治、天文以及占卜等多方面的知识和技能。

秦代是我国第一个统一的中央集权制封建王朝，其选用秘书的主要特点是世代相袭。当时以承办文书为主要业务的秘书被称为"史"，世代相袭。他们自幼就被送入专门的学校学习。秦律规定，非史之子不得进入这类学校，违者治罪；凡犯过罪的人也不能担任文书工作。

汉代时中央集权的统一封建王朝已趋于巩固，主要采用察举、征辟的方式选用秘书人员，着重考查其实际业务能力。被中央政府机构尚书台和御史府任用的秘书都须经过严格的考试。在这些部门工作的秘书，年龄须在17岁以上，能背诵书九千字以上，并考核大篆、小篆、刻符、虫书、摹印、署书、殳书、隶书八种字体。每年年底，先在郡一级考试，合格者由郡守移送京城，再经太史面试，取其中优秀者派至尚书台和御史府任尚书令史，掌写文书。尚书台对其中为朝廷起草公文的尚书侍郎的要求更高，除注重其文采外，更重视实际工作的锻炼。初入台时只能任尚书郎中，为见习官员，满一年后升为尚书郎，协助侍郎办理文书事务，三年后才能任尚书侍郎。

魏晋南北朝时，文章出现了文、笔之分。文即诗赋，须有情辞声韵；笔即公文，不须有韵，也不求文采，只需直言，着眼于叙事达意，施于实用。凡表、奏、书、檄等公文皆称笔，多为四字一句，有一定的格式要求。统治者选用秘书，要求其精于文书(公文)写作业务、卷面字迹美观。因此许多专写章、表、书、奏的著名人士和书法家被聘任为秘书，如著名书法家王羲之、王献之等各被聘为内史、中书令等秘书官。

(二)科举制下的秘书选拔——隋唐至明清

科举制是一种分科考试选拔人才的制度，其基本原则是通过考试，公开、公平地选拔人才。在我国，科举制从隋朝开始，一直到清末废止。它不仅将读书与当官紧密地联系在一起，使"学而优则仕"的观念深入人心，还为封建统治阶级提供了大量的人才，尤其使一大批秘书官吏通过这一较为严格与相对公平的选拔制度，进入各级政府中。这为秘书人才的选拔和秘书文化素养的提高提供了制度保障。从某种程度上说，中国封建时代秘书才俊辈出，是与科举制度分不开的。

科举制真正施行是在唐初，进士科和明经科是最主要的考试科目，不仅要求考生掌握五经、三礼、三传等儒家学说，还要求掌握策问和杂文的写作。初试合格后，通过礼部组织的省考，再经过吏部主持的释褐试，经身言书判的考察，合格者就能授予九品秘书官，派遣到地方官府任文吏。这样选拔出来的秘书官员，一般都具有较高的文化水准，他们工于书法，娴于辞令，文理兼长，《隋书·经籍志》载，"必求博闻强识，疏通知远之士""是故前言往行，无不识也；天文地理，无不察也；人事之纪，无不达也"。柳宗元在《送分宁独孤书记赴辟命序》中说到，秘书不光要熟悉古今史事，明白其变化的原委，同时还要为长官谋划，写各类文书，掌握庆贺吊丧的礼仪等。

唐代还选拔翰林学士作为皇帝的私人秘书，《授萧邺翰林学士制》载："至于参我密命，立于内廷，即必取其器识宏深，文翰遒丽；动能持正，静必居中；指温树而不言，付虚襟而无隐；此所以选翰林学士之意也。"其中高度概括了翰林学士的素质要求：第一必须有参政经验和深厚的文字功底；第二要清介自守，不结党营私，所谓"动能持正，静必居中"；第三要有强烈的保密意识，其中的四禁制之"漏泄"即作为皇帝的机要秘书翰林学士，比一般朝臣更早、更深、更全面地知悉机密事项，保密观念相应要更强。但并不是要求他们任何时候都三缄其口，而是"付襟而无隐"，即要求他们胸怀坦荡，在应对征询和建言献策时，要知无不言，言无不尽，不因为个人得失而保持缄默。

可以说，经科举制产生的秘书官员，几乎已经成了综合素养极高的全能型人才，其办事效率之高也由此可见。

宋代的科举考试在乡试、省试的基础上增加了殿试一级，其目的是为了让录取士子对皇帝感恩戴德，从而避免与考官之间结成亲密的朋党关系。其录取比例较唐代大大提高，最多时达到四五百人，其中绝大多数都是充任秘书，如北宋郑居中被任为给事中、王甫为左司谏等。鉴于不少科考录取者虽通晓经学但不熟悉公文拟写，朝廷倍感秘书人才的缺乏。王安石对科举制度进行了改革，考试内容由重文学诗赋转为重经义、策论。为此，宋哲宗时特设宏词科专门选拔朝廷所需的文字秘书，规定只有取得进士资格者才能报考，要求考生必须博览古今，熟悉经史，有很高的文学修养，在此基础上再考核其公文写作能力。南宋高宗时，改宏词科为博学鸿词科，并放宽报考条件，以扩大生源。但考试规则更加严格，考试内容的应用性更强，以制、诏、书、表、露布、檄、箴、铭、记、赞、颂、序 12 件为题。凡报考者，须依这 12 种文体各作应用公文 2 篇，于报名时递交礼部，由学士院中的学官审阅，合格者才准予考试。京城外的应试者若为现任官，须将作文交上司审阅，合格者才被允许离任赴京应试。考试时从 12 种文体中选取 6 种命题，答卷要求准确、通顺、简练。其应用性和实践性大大提高。

元代由于是少数民族入主中原，科举考试曾一度中断。鉴于"马上得天下易，马上治天下难"，元代统治者对秘书人员的选拔相当重视，秘书选拔制度也趋于成熟，不仅要求秘书有良好的道德品行、业务能力和实际经验，而且创立了逐级升补的办法，有效地保证了秘书人员的素质。朝廷严格规定，各官衙秘书须从"年深通晓刑名、练达公事、廉慎行止、不作过犯"的吏员中挑选，要求首论其道德品行，其次强调其业务能力，最后要求曾担任公职多年，有实际工作经验。根据这些条件挑选出来的秘书，还必须有身份清白、可靠的人担保具结，经监察官审查合格后方可任用。在职秘书中若有不合上述条件者，一律"罢官"。对于中央政府机构的秘书，除上述条件外，还包括凡国家政务中枢中书省的秘书须从枢密院、御史台的秘书中选用，而枢密院、御史台的秘书从六部的秘书中选用，六部的秘书则从诸路岁贡中选用。

明清时期，秘书选拔工作已经很完善，统治者通过科举考试，层层选拔最优秀的人才担任秘书工作：科举考试进士的前三名，即状元、榜眼、探花被授予翰林院修撰、编修之职，负责记录皇帝的起居，进讲经史，草拟朝廷册诰等公文。若升任翰林学士，则入内阁，为朝廷拟制公文。其余的进士再经过考试进入翰林院学习，三年期满成绩优秀者授编修、检讨，次一等的用为六科给事中、主事、中书舍人、行人等秘书官和其他官员；地方各官衙中的秘书官也多由进士、举人担任。清代的中央秘书机构军机处，其军机章京都是从各部的司员中挑选，条件有五个：品德良好，相貌端正；年富力强，精明干练；拟稿迅速，字迹端正；聪明敏锐，为人谨慎；不用高官子弟，以防泄密。堂堂军机处，以区区 36 人协助皇帝处理着庞大的封建王朝的军政事务，其队伍之精干、效率之高超，素质之优胜实为罕见。与此同时，民间一些地方也开办幕馆，招纳士人，进行培养，也有的是家传。这些私家培养出来的幕僚，大多文化水平高，知识面广，博学多才，且精于世故，熟悉吏务，办事干练，足智多谋，各级地方官员聘用他们为各类秘书，对地方政治起着重要作用。

（三）现当代的秘书选拔

中华人民共和国成立以来，我国秘书事业在党和政府的领导下取得了丰硕的成果。对于秘书人员的选拔，主要通过对几代领导人秘书思想的总结和提炼得出。这些领导人不仅自己亲身从事过秘书工作，对秘书工作有着深刻的见解，而且还有着独到的秘书用人理论。

第一，文章要写得好，而且已经写出好文章，并被当时社会认可，毛泽东对田家英的选择就是这样的。第二，要有坚定的政治立场，把握好政治方向。1929 年，邓小平主持起草了《中共中央秘书处工作报告大纲》，要求秘书人员忠诚为党的中心工作服务，为领导服务，防止"官僚化"和"秘书专政"。第三，能深入实际，做好调查研究。毛泽东曾多次要求身边的秘书深入基层调查研究，了解民情民意。习近平也提出了研究工作的"五字方针"，即深、实、细、准、效，他还把调研工作比喻为妇女的十月怀胎，要做大量的前期调查和研究，最后决策才"一朝分娩"。第四，要求德才兼备，以德为先。习近平对秘书提出了三"要"标准——一要"清"，二要"慎"，三要"勤"。所谓"种树者必贤培其根，种德者必养其心"。总之，中华人民共和国成立以来，对秘书选拔用四个字可以概括——德、能、勤、绩。

🔍 **案例**

毛泽东的秘书选拔标准

1962 年 3 月 25 日，毛泽东同志给时任中央总书记的邓小平等人写了一封信，全文如下：

小平、尚昆、冷西同志：

林克下放，我这里缺少一个替我看国际资料的人，也没有人帮助我读英文了。因此，请你们替我从新华社国际部编辑及翻译同志们中，找一位适当的人。年龄不要太大，以 25～28 岁、又有过翻译英语新闻一段经验的为宜，又是聪明、诚实、有朝气、有造就为理论干部可能的，又性格比较温和，说话不甚刺耳。英文程度，有中等水平即可。说明初来只是试用，如不行，仍回原职。他做林克的助手，林克要回来，他就下放，他回来，林克再下放，如此循环下去。还有，要能保守机密。

此外，我这里的两位秘书，文化、政治水平都低，不能很好地替我阅读内部文件，更不能向我提意见，需要一位有文化、政治水平较高的同志来帮助我。此人最好是在地方工作中有实际经验的。如能找到，也要讲明试用，不行另换他人。至于"收发"性质的秘书，有一个就够了，可以减去一人。

以上两事，请你们费心一办为盼。

毛泽东

三月二十五日

毛泽东作为中华人民共和国的领袖，早年也从事过秘书工作，他对秘书的选拔有着独特的视角，如他信中所说，一是年轻、有朝气，以"25～28岁为宜"，二是"能保守机密"，三是实行"试用"制度，四是"文化、政治水平较高"，五是"最好是在地方工作中有实际经验的"。

三、秘书的考核制度

中国封建社会中历代统治者为了督促秘书官吏守职、尽职，更好地为主官服务，都制定了对秘书官吏奖勤罚懒、奖优罚劣的考核制度。

秦始皇统一天下后建立起封建君主专制政体后，在"明主治吏，而后治民"思想的指导下，最早制定了对秘书官吏的考核标准。据云梦秦简中的《吏道》记载，秦朝对秘书官吏的原则要求是"凡为吏之道，必精洁正直，谨慎坚固，审悉无私，微密纠察，安静毋苛，审当赏罚"。为便于理解和执行，又将之分解为"五善"和"五失"，颁令秘书官吏遵守警惕。五善为"忠信敬上""清廉毋谤""举事审当""喜为善行""恭敬多让"。五失为"夸以世""资以大""擅制割""犯上弗知害""贱士而贵贝货"。凡能遵守"五善"而无一失的秘书官吏予以升迁、授爵，如有"犯上弗知害"之失者，处以死刑，有其他一失或多失者，分别处以罚款、降职、削爵，直至罢职、治罪。

汉朝已建立起对秘书官吏由各级主官负责定期考核的制度。朝廷规定：朝廷百司中的秘书官吏由主官每年考核一次，称为"常课"或"小考"；每三年大考核一次，称为"大课"。"常课"是根据秘书官吏一年中的德行、勤懒、是否忠顺朝廷、服从主官、忠于职守，做出书面鉴定，好的被评为"最"等，差的被评为"殿"等。"大课"是根据三次"常课"的评定等第予以综合，分出好、差等第予以赏罚。郡、国的秘书官吏则由郡守或国相考核评绩，"以纠怠慢也"。县衙中尉丞以下的秘书官吏由县长（或县令）考核，依据他们的表现、实绩做出评定、记录，这种记录称为"集簿"，据此分别赏罚。

魏晋南北朝时期，北魏孝文帝吸取汉族政权的经验，为了"令愚滞无妨于贤者，才能不雍于下位"，也建立起对秘书官吏的考核制度。根据九品中正制的原则，规定每三年考核一次，分为上上、中中、下下三等，上上者升官重用，中中者仍守原职，下下者降级或罢官。

隋朝统一全国后，制定了对秘书官吏的考核制度，由于隋朝短命而亡，这些制度由唐朝继承、发展，形成了一套健全完整的制度。唐太宗贞观年间，修订了考课法，颁布施行。规定四品以下的秘书官吏由吏部考功郎中与考功员外郎负责考核，后改为由给事中、中书舍人各一人任监考使，考功郎中考核京城百司中的秘书官吏，考功员外郎则考核京外各地的秘书官吏。德宗贞元年间，又改为由给事中考核京城百司的秘书官吏。至于州、县官衙中的秘书官吏，则由功曹参军事和司功负责考核，并接受吏部考功司的指导。

考核的标准包括德、行两方面。德主要是考评秘书官吏的道德品行、对君主的忠顺，其基本标准是"四善"。据《唐六典》卷二《吏部》记载，一曰德义有闻，二曰清慎明著，三曰公平可称，四曰恪勤匪懈，简称德、慎、公、勤。行主要包括才能、守职的勤懒和实绩，是针对各个职位的具体工作而规定的，有"二十七最"。根据"四善"和"二十七最"的标准，视各人所得"善""最"的多少进行考核，分为九等。

考核的程序是每年一小考，五年一大考。小考时先由本人写出一年中德、行表现，称"书考"，然后由主官当众宣读，大家评议，定出等级，张榜公布于官署门口三日，如有不当，本人可以申诉，别人也可以补正，供主官参考后最后划定等第。然后将考核结果报送吏部。大考则综合各次小考的等第，决定奖罚。凡四次小考总评为中中以上者，升官一级，总评为上下以上者则升官二级；凡总评中下以下者，则降官或扣发数月俸禄以示贬斥。可见，唐朝对各级秘书官吏的考核制度已相当完整，有效地调动了他们的积极性，起到了很好的督促作用。

宋朝对秘书官吏的考核，采取下对上层层汇报，上对下层层审核的制度。朝廷专门设立了审官院、考课院，主持对包括秘书官吏在内的全国官吏的考核。其考核标准参照唐朝，列为"四善四最"。规定每年考核一次，每一任为三年，考核三次。先由朝廷百司、地方官衙的主官对下属秘书官吏的德、绩予以记录，称为"历纸"，作为考核的依据，然后评定等第。最后将考核结果报送朝廷，由审官院、考课院进行审定（称"磨勘"），并据此予以奖或罚。

元朝由中书省主持对包括秘书官吏在内的全国官吏的考核，地方道、府、州、县的秘书官吏，每人都发给一份统一印制的表格，称"历子"，由本人填写姓名、出身、简历、功过、德能表现，即自我鉴定，然后交上级审查。规定朝廷百司的秘书官吏每30个月考核一次，地方官府内的秘书官吏每20个月考核一次，考核及格，即可升职，不及格者卸职。这种考核以年资为主要依据，使秘书官吏但求无过，不求进取，靠熬年资升迁。因此，元朝秘书官吏的素质普遍不佳。

明朝对秘书官吏的考核方法发展为考课和考察两种形式并用。考课即以传统的形式对秘书官吏的德、能诸方面进行考核。规定每三年一次，九年中考课三次，然后决定奖罚升降。考课时由主官对他们的表现进行评估，送上级审阅，再由吏部复核，鉴定其表现优劣。考课的评定分称职、平常、不称职三等。后来，凡九年三次考课后，还增加了由吏部等部门对秘书官吏进行书面考试，根据其文理是否粗晓、行移是否得当、书札是否不谬，再参照考课情况定出一、二、三等。考察则由吏部会同都察院派员对京城百司和地方官衙中的秘书官吏进行检查，看其是否犯有"八条"罪过。

清朝对秘书官吏的考核基本上承袭了明朝的制度，在具体做法上稍有改进——规定每三年考课一次，每逢子、卯、午、酉年举行。考课的措施称"四格八法"。"四格"

即"才""守""政""年"，凡才长、守廉、政勤、年轻者为第一等；凡才平、守平、政平、年中者为第二等；凡才缺、守贪、政怠、年老者为第三等。"八法"就是明朝的"八条"。考核后，第一等加官，第三等扣除一个月至两年的薪俸，以示警诫，称为"罚薪"。如果犯"八法"之"贪"这一条，凡贪十两银子以上者，处死刑。

第二节
秘书机构与官职

🎯 **学习目标**

了解秘书机构与官职的变迁。

📢 **名人名言**

官无虚名，职无度费。

——曾巩

一、上古时期的秘书机构与官职

我国秘书工作源远流长，可以追溯到黄帝时期。《汉书·古今人表》载：传说中创造文字的仓颉，是黄帝的史官，帮助黄帝记载国家大事。《尚书·尧典》载："帝曰：龙，朕疾谗说殄行，震惊朕师。命汝作纳言。夙夜出纳朕命，惟允!"史官和纳言就是最早的秘书官员。

夏朝是我国历史上第一个奴隶制国家政权，已经有了公务文书典制，朝廷也设置了管理典制的官员——太史令。《吕氏春秋》载，桀荒淫无道，太史令终古捧着国家的典制去哭谏，桀置之不理，终古绝望之下带着典制投奔了商汤。

据《夏小正》载，夏朝重要官职有司徒、司马、司空、司冠、太史令和秩宗，其中太史令是辅佐夏王处理国政的机要秘书长，其下还有左史、右史和遒人等从官。太史令辅佐君王处理国政，相当于中央秘书长；秩宗统巫史人员，主祭祀鬼神活动，是国君与鬼神沟通的媒介；其余各职均分掌有关秘书事务。

殷商时期的秘书工作较夏代有较大发展，秘书人员大增并有进一步分工。"殷人尚鬼""托鬼神以陈政事"，神权和王权紧密结合，巫史成为主要的秘书人员。以巫为首，下设祝、宗、卜、史等专职人员，负责占卜之事以及传达王命、保管文书等。此外，史官和内廷中的宰臣也有一部分从事秘书工作，起参谋助手作用。商朝末期，朝廷设置了我国历史上第一个中央秘书机构——太史寮，长官为太史，掌管国王的册命、祭典、天文历法和国家典籍等。各地方政权也相应地设立了秘书工作。

西周社会由尊神文化转变为尊礼文化，废殷制，立周礼，"设官分职"，秘书工作逐渐由巫转入史官之手。《周礼·天官·宰夫》云："六曰史，掌官书以赞治。"郑玄注："赞治，若今起草文书也。"周王室和地方诸侯都设立了以太史为首的秘书机构——太史寮，从此，秘书机构成为各级政府中的一个独立部门。太史寮有"五史"之设：太史（大史）、小史、内史、外史、御史，各有职掌，分工更细。

战国时，各诸侯国均设置秘书机构和秘书官员，如赵的御史、齐的掌书、秦的尚书、魏的主书、楚的左徒等，但秘书人员构成发生了较大变化：史官秘书虽然存在，但地位有所下降，有的（如内史）职能发生转变，不再执掌秘书工作，一大批士人被选拔出来充任中央和地方政府秘书之职。

二、封建社会时期的秘书机构与官职

秦始皇统一六国后，建立起系统较为严密、适应封建中央集权制的行政组织机构，设立了丞相府、太尉府、御史大夫府等。御史大夫府是主要的秘书机构，主官御史大夫"受公卿章奏，掌天下文书"，是皇帝的秘书长兼监察职责。其他两个部门辅佐皇帝办理军政事务，也兼行部分收阅公文、颁发诏命等秘书职能；此外，皇帝身边还有"于殿中主书"的尚书一职，但"其任尤轻"，上传下达，地位不高。汉承秦制，御史大夫府即为中央秘书机构。后改御史大夫为大司空。汉成帝即位后，为强化君权，起用尚书管领中枢秘书事务，设尚书署，主官由宦官充任。汉成帝时将尚书署升为尚书台（有时称省、阁），主官尚书令复由士人担任。汉末建安时期，魏王曹操在其属国"置秘书令，典尚书奏事"，这是我国历史上首次出现的名实相符的秘书官职，为我国秘书名称的定制开了先河。

秦汉时期，各郡县和王国、列侯等地方组织的秘书工作也得到加强。例如，郡县均设丞官，是地方机构中的秘书长；主簿、长史、书佐、记室令史等，都是各官府和地方机构中的秘书人员。此后历朝历代虽有变动，但多以此时期为基本模式。

魏晋南北朝时期，我国古代秘书工作在转折变化中发展。曹丕称帝后，改其父所置秘书令、秘书丞为中书监、中书令，中书省成为中央秘书机构。朝廷虽仍设秘书监，但已回归东汉旧制，只掌管图书典籍，不涉秘书事务。尚书省则辅助君王处理政务，执行丞相职能。两晋时增设门下省，职官为侍中，负责审核诏令、驳正缺失，也收发奏令，但秘书机要仍由以中书舍人为首的中书省执掌。此后，中书舍人职权日重，到梁陈之时，国家政务与机要都由中书省总管，秘书机构更加庞大，已形成较为完整的秘书工作系统。

隋唐至宋，我国秘书工作臻于成熟。隋虽二世而亡，但所立官职体制却对后世产生巨大影响。唐承隋制，朝政实行"中书出令、门下审议、尚书执行"的三省共同负责制。中书省是主要秘书机关，有参议朝政、撰拟决策之权；门下省传送诏令，有审核封驳中书省所制公文之权；尚书省统百官、掌六部，有行政执行之权，各省均设下属秘书官员。除"三省"外，唐代从太宗时起，还选任翰林院学士草拟诏诰，玄宗朝置"翰林待诏""翰林供奉"，中唐以后朝廷设"学士院"，以"知制诰"起草重要公文，时号"内相"，实即皇帝机要秘书。

宋代承唐制而有变异，虽有三省之设，但只有中书省能直接取旨，参与机密，另设枢密院掌军国机务，出纳密令，实质上已由"三省制"变为"二府制"。此外，还沿袭唐代，设翰林学士承旨、知制诰撰拟重要公文。与此同时，辽政权设大林牙院（相当于翰林院），由都林牙掌"文翰之事"；西夏设中书令、枢密使，主持秘书工作；金政权只设尚书省，主官尚书令总领政务与秘书事务。各政权都规定中枢要职须由本族人担任，汉官不能承掌重要的秘书工作。这一时期，除中央秘书机构较前代系统、完善外，各级官府的秘书机构也相应健全，秘书官职有司马、判官、主簿、主书、参军、录事、令史、孔目、掌书记等名目。

元朝则取消了门下省与尚书省，以中书省独揽行政，主要目的在于加强封建国家的统治效能。中书省下设六部，不仅主持中央政务，而且还在地方设有派出机构——行中书省，其下又设检校所、照磨所、承发司、架阁库等机构，负责文书的检查、校对、发送、立卷和档案工作。另设蒙古翰林院，作为皇帝的机要秘书处。

明初沿袭汉唐旧制，实行丞相制。洪武十三年，废除中书省，权分六部。洪武十五年，朱元璋仿宋阁殿制，建武英殿、文渊阁、文华殿、华盖殿、东阁诸大学士，以备顾问。明成祖迁都北京，仍沿殿阁之制，并以午门内之文渊阁为诸大学士值班之所。仁宗之后，诸大学士品位渐崇，专司票拟，权势益重。

清代内阁同明代相仿，亦是"赞理机务，表率百寮"的中枢机关。康熙十六年，为削减议政王大臣会议的权力，在宫内另设"南书房"任用亲信撰拟谕旨。雍正七年，因西北用兵设军机处，其职掌最初仅限军务，后来渐宽，直至"掌军国大政，以赞军务"，成为中央政府的主要秘书机构。在军机处里，皇帝选派数名亲信官僚，任命为"军机处行走""军机大臣上行走"，通称军机大臣，其中一人为首领，称"领班"或"首枢"。军机大臣每日面见皇帝，根据皇帝的命令，草拟诏旨，直接寄给有关部门。寄给地方官吏的称"寄"，交给在京各机构的叫"交片"。军机大臣完全听命于皇帝，军机处的设立使"国议"完全成为空名，皇帝的权力更为集中。

此外，明清两朝还设专职收掌文书的机关——通政使司，以掌受内外章疏敷奏封驳之事，便于四方陈情建言、申诉冤滞，或告不法等事。明时规定所有奏章文疏等，都要先交通政使司审阅，抄写副本，然后呈皇帝阅批，即为中央公文运转的总枢纽。清代仍沿此制度，以此掌收各省题本，校阅后送内阁。康熙之后，并都察院所属"登闻鼓厅"于通政使司，管理军民击鼓喊冤诉讼之事，实为清代的"信访"机关。明清两代在御前还设有专门为皇帝接递奏章、传宣谕旨的秘书班子，明称司礼监，清为奏事处。明司礼监官员由太监充任。明太祖曾严禁内臣干预朝政，故明初章奏都由皇帝批答。中期以后，皇帝惰于朝事，不勤政务，批答奏章的权力落入司礼监手中，掌印太监掌理内外奏章及御前勘合，秉笔太监掌章奏文书，照阁批朱，典簿太监掌典记奏章及诸出纳簿。臣僚章奏由司礼监交内阁票拟，内阁票拟后再交回司礼监，由秉笔太监"照阁批朱"，即为圣旨。清代的奏事处由御前大臣兼管，其下有内外之分。内奏事处由内监充任。奏事处遴选六部、内务府善书司员充任。奏事处专为皇帝接收奏折题本，所有进呈文书都经内奏事处转呈皇帝。外省官史呈请事件，由皇帝朱批原件发还，年终缴回朝廷，交奏事处存储。而京内衙门所递奏折，多不批示，有谕旨则由奏事太监口传于领折之人，各衙门奉旨后，需在月内将所奏事件、所奉谕旨摘录送奏事处互相查对，月终由大学士汇奏谕旨。后于奏事处存案。

三、近现代的秘书机构与官职

鸦片战争后，西方列强大量入侵我国。1861 年，清政府为办理洋务，成立了"总理各国事务衙门"，内设司务厅、清档房，分理文书、档案工作。1901 年，"总理各国事务衙门"改为外务部，内设日常办公的秘书机构有司务厅、翻译房、清档房、秘书股、机要股、电报处、文报局。1911 年，清廷成立责任内阁。责任内阁的秘书机构中，承宣厅负责宣布诏令、办理奏折、文移、保管图书档案等；制造局负责拟制诏令、进呈贺表等；收文处负责收受京外衙门投送内阁的公文。中央政府各部门也设立了秘书机构。这一时期，秘书机构分工更细，任务也更为具体，对外办文、办会、办事更多。

1911 年，辛亥革命结束了我国数千年的封建专制统治。孙中山先生为总统的南京临时政府总统府正式设置秘书处作为政府日常办事机构。总统府秘书处下设总务组、军事组、外交组、电务组、收发组等分支机构。总统府设秘书长一人，由临时大总统直接任命。秘书处在秘书长领导下工作。总统府还有揭事处，对前来投递呈件者，分事项予以批签，并予公布。中央各部也都设有承政厅或秘书处等秘书机构，各地方政府机构都设有秘书机构。

南京临时政府的秘书人员以秘书长为负责人，下有秘书处长、秘书、顾问、参事、书记长、书记员、文牍员、监印员、收发员、记录员、电务员、译员、编制员、调查员、录事、文书、司书及副官等。这些秘书人员虽有职责和层次之分，但辅助领导者及办理日常事务的基本职能是相同的。

北洋政府时期，总统府、内阁、国会均设有秘书机构。袁世凯准备复辟帝制时，曾一度改秘书厅为内史厅，将总统秘书改为内史，秘书长为内史监。总统府收文处也改为奏事处，并另设承宣厅、政事堂为办事机构。

国民党政府于1932年设立侍从室为蒋介石的亲信秘书机构，其职责是与中央国家机关密切联系，掌管机要，传达蒋介石的指令，随侍蒋介石的行动，提供跟踪辅助和服务。侍从室下设若干处，其中掌管机要秘书工作的处最为重要。它处于蒋介石与政府各机构之间的枢纽位置，负责与五院、政府各部、议会、国防最高委员会、国民党中央执行委员会等单位的沟通、联系。凡各省、市主管向蒋介石请示、汇报有关政务，都由侍从室的秘书负责人安排。1938年1月，侍从室以法律的形式被确定为蒋介石直接掌握的机要秘书机构，为蒋介石发号施令、控制全国军政要务服务，直到1945年抗日战争胜利后才被撤销。这一时期，政府及国民党党务组织、军队的各级领导机关，都配备了比较完备的秘书机构。

1921年，中国共产党成立。1923年，毛泽东任党中央秘书，负责起草文件、处理文件、会议记录和管理档案，成为中国共产党第一任秘书。1926年7月，中共中央设秘书处，负责党的文件处理、机要交通、文电管理等工作。1928年6月，党的第6次代表大会决定成立中央秘书厅（后改为中央秘书处），各省委也成立了秘书处。南昌起义后，党的革命委员会设有秘书厅，吴玉章兼任秘书长。在城市，党的地下省委机关设有秘书处，由秘书长领导，负责处理文书、档案等日常事务。秘书班子高度精干、保密。中央根据地建立后，秘书机构发展较快，其工作内容包括领导助理、综合承办、调查研究、人民来访、公文撰拟、会议组织、机关人事、机关教育、机关事务等18项业务。在长征途中，中央秘书处等机构被撤销，但保留了机要处。抗日战争时期，中国共产党及根据地政府的各级秘书机构得到健全。1937年，重设秘书处，下设秘书、文书等科。区以上的领导机构都设有秘书机构。1948年5月，中共中央在河北平山县恢复中央秘书处，后又建立中共中央办公厅，由杨尚昆任办公厅主任。此时，秘书工作大为加强，文电处理日趋完善、系统。

第三节
幕友与入幕佐治

🎯 **学习目标**

1. 正确认识幕友及幕友的属性。

2. 掌握幕僚与幕友的区别。

3. 了解有代表性的幕府制度和佐治。

📢 名人名言

宾主之义，全以公事为重。智者千虑，必有一失；愚者千虑，必有一得。

——汪辉祖

一、幕僚及其属性

在中国古代，"幕"的本意是帷幄的意思。传说中的有巢氏教会人们筑屋而居，人们就习惯居住在土木建成的房屋里。当战争爆发、行军远征时，官兵只有在野外搭建帐篷作为临时居所。这种帐篷，古代即称"帷幕"。军中指挥部即将帅所在的帐篷被称为幕府。所谓"运筹于帷幄之中，决胜于千里之外"，即源于此。幕府的称呼最早出现于战国。《史记·廉颇蔺相如列传》载："李牧者，赵之北边良将也，常居代雁门，备匈奴，以便宜置吏，市租皆输入莫府，为士卒费。"古代出征的将帅，军还则罢，理无常处，以幕帘为府署，所以叫幕府。"莫"通"幕"，幕府即军府。战国时的幕府仅指出征将帅办公的署衙。

"僚"在商周，略近于奴仆，"僚者，劳也"；到了秦汉，"僚"演变为僚属，如《三国志·魏书·王观传》载："治身清廉，帅以下俭，僚属承风，莫不自励"。这个"僚"有主官属员之意。所以，幕府中的僚属即为幕僚。幕僚通常是指古代地方军政大员幕府中的参谋、书记等，后泛指文武官署中的佐助人员。幕僚一般是具有官职的公务人员，其主要任务是听从主官差遣，为其谋事，筹划办理各项工作。幕僚称谓繁多，有"长史""参军""主簿""记室"等。秦汉以来幕府中大都设有"参谋""记室""参军"等，他们参赞军机，运筹帷幄，协助主帅或主官处理军政事务，是主帅或主官的智囊或助手。

汉朝时统帅率军出征，有权自行招聘、选任文职僚属，设置府署，帮助处理军政事务，称为"开府"。由于这类府署设于帷幕中，所以又叫"幕府"，而统帅左右的僚属，也因之被称为"幕僚""幕职"。幕僚种类繁多，有相当于近代参谋长、统帅司令部工作的"长史"；有参议军机，帮助指挥军事行动的"参军"；有类似近代副官、秘书，管理文书及各类档案的"主簿""记室"，等等。

南北朝时，战争频繁，各地都实行"军管"，地方长官由武官兼任，将军左右的僚属也就从单纯的军官转变为辅助将军"上马管军、下马管民"的文武兼任官职，且文职比重往往超过武职。这一习惯沿袭到唐宋时期，唐代地方最高行政机关州府衙门都设有"长史""参军""录事"等官职，号称"幕僚"；宋代各州也专设"幕职官"。此时，这些官职已经与军事行动无关，也不供职于狭义的幕府。

明清时期，狭义的幕僚仍指服务于军事机构的文职官员。例如，明代小说《初刻拍案惊奇》卷二十六《夺风情村妇捐躯　假天语幕僚断狱》中的"幕僚"，指四川省都指挥使司(一省最高军事长官及其指挥机构)下属的断事官(军事审判官),当时这位断事官正代理四川成都府汶川县县官的职位。

幕僚的主要特点是他们主要供职于与军事有关或由军事机关转化而来的政府机构;他们的职责主要是为长官提出建议、顾问咨询、帮助其处理文书和档案、管理文职行政事务;他们和长官的关系比较密切,同长官一起进退,即使不是由长官自行任命,至少其人事调动升迁要考虑长官的意见;尤为重要的是,他们具有政府官员的身份,享用政府发放的俸禄。即使是在清朝末年,为对抗太平天国而组建的非正规军——湘、淮、楚等军队系统中,其幕府中的幕僚也多由统帅奏调,或奏请特加委派"赞助军机"的官员。湘军及淮军的幕府中出了不少高官,仅淮军幕府里就出了十位督抚级官员。

二、幕友及其属性

提到幕友的起源,得追溯到春秋战国时期的养士之风。所养之士称食客、门客、宾客、舍人等。魏文侯、齐宣王、燕昭王等是公室养士的代表。战国四公子和吕不韦,养士多达数千人。孟尝君、春申君、信陵君"食客三千人",平原君"喜宾客,宾客盖至者数千人"①。此时的士常常来去自由,以游为主,主宾之间遵循着"合则留,不合则去"的原则。辩士齐貌辨本为孟尝君之父靖郭君门客,后游于稷下;田骈为稷下先生,后徙居薛邑;平原君门下聚集了虞卿、荀子、邹衍、公孙龙、孔穿等游士学者;信陵君居赵时,倾平原君客,平原君的食客不少跑到信陵君门下……士是主人的朋友、宾客,不是上下级的隶属关系。主人对士往往敬执宾主之礼,礼贤下士,平等待客。

明代中晚期,中央经常派大员督抚到地方巡视,因为工作需要,督抚多会奏请批准调来京中属员为其出谋划策,协助办理公务。之后就逐渐演变成后来的幕友,即由督抚私人聘请的助手。这样,衙门公务人员之外,又出现了另一种幕僚——幕友。

幕友至清代进入全盛期。在总督、巡抚等地方大员身边,常常幕宾如云,即使知府、知县上任,也多携带幕僚,少则五七人,多则十几人。其原因是多方面的。

从社会层面上看,一方面,随着地方官衙的事务日益繁重,清代府、县都仿照中央设吏、户、礼、兵、刑、工六房办事,原来的一些秘书人员便逐渐分转担任某一方面的具体工作。这样,官府幕僚相对减少,主官事务却相对增多,必须有自己信得过的人员来帮助。另一方面,清代法令苛繁,稍有违犯,便要重罚;且又多次兴起文字狱,若文书中不慎出现不当言辞,就会招致祸殃。所以上呈章奏,或行文下属,都需依据法令,字斟句酌,主官往往对繁细的法令并不熟悉,这些都必须依赖于高素质的秘书人员。但是清代科举制度日益腐败,以僵化的八股文为标准考选出来的秘书官员,

---

① (汉)司马迁:《史记》,北京,中华书局,1983。

大都缺乏阅历，不谙世事，难以胜任秘书工作。因此，主官只得聘用谙熟法令、精通文牍、老成世故的幕友来承担秘书工作。《钦颁州县事宜》载，州县官"刀笔簿书既未习于平日，刑名钱谷岂能谙于临时，全赖将伯助兹鞅掌。"

从主官的角度上看，一方面，由于清王朝的政治腐败，尤其是大量卖官鬻爵和科举制度的局限，有相当部分的主官昏聩无能，他们或是花钱捐官而得职位，或是倚仗身世背景而得官职，本身就不具备理政的能力，部分主官即使有理政能力，也常常陷身于官场的繁文缛节，为保持或晋升官职，多忙于巴结上司、应酬同僚，无力顾及政事。曾做过幕友的陈天锡说过，"清代刑钱建制，普及全国，其为迫于需要，显无可疑。何以有此需要，追本溯源，实由地方行政主官，尤其州县亲民之官，在科举盛行时代，皆以制艺帖括取士，士不经科举，即无从进身。当未仕之时，士之所务，类只制艺帖括，而于管理人民之政治多未究心。至于国家之法律，更无从探讨。一旦身膺民社，日与民人接触，即日与法律为缘，即未习于平时，自难应付于临事，由是非求助于夙有钻研之人不可，而刑钱幕宾遂成为饥渴之于食饮，寒暑之于裘葛，而不可离矣！"另一方面，"铁打的衙门流水的官"，由于主官基本上都是外地（外省）放任，对当地的风土人情、民俗民风不甚了解，有时连当地的话都听不懂，难免被本地的书吏蒙蔽甚至欺骗。因此，主官对书吏大都存有戒心，多不愿任用他们，总是另辟蹊径，根据自己的需要来延揽幕友。

从幕友的角度上看，清代幕友的来源非常广泛，既有学者、名流，以及取得功名的人，也有科场失意者、富有阅历的退休或被黜革的官员，还有民间专门培养的幕宾等。他们之所以愿意充任幕僚，一是为求得出路——由于清代官场昏暗，不少有才干之人难以正常施展才华；卖官鬻爵过多，不少取得功名之人仅是"候补"之官，出缺任职并非易事；科举考试的腐败，常使不少有真才实学者名落孙山，他们愿意投入地方大员门下为幕僚，以期得到保荐。还有些大官僚，让子弟到故友同僚的幕下，通过他人的推荐，作为升官的捷径，如李鸿章曾以翰林院编修的身份入曾国藩幕下，左宗棠任州同知后入湖南巡抚骆秉章幕下，周学熙以道员的身份入袁世凯幕下……二是出于生计——职业幕僚和落魄官员为生活所迫，投入各级官员门下，谋得一职以养家糊口。所以，此时入幕者众多。

清代官员，大多数出身科场，刑名钱谷非素习，对素无渊源的属吏，亦不易推心置腹，只能延致精通刀笔的专门人员，为自己效劳。作为佐助人员，幕友通常由长官私人聘请，分管刑名、钱谷、文案等事务。清地方官，办事以幕友为心腹。幕友亦称幕宾，俗称师爷，不属于政府编制，由地方官自行聘请，故有"友""宾"之称。清名幕颇多，浙江绍兴籍者尤多，故俗有"绍兴师爷"之称。"无绍不成衙"，绍兴人入幕为僚由来已久，明代已有不少越人学律作幕，并闻名于世。进入清朝后，大概是讲究乡谊和援引的关系，绍兴籍贯的师爷互相介绍，最后形成了一个地域性和专业性都极强的帮派；不少本非绍兴籍的刑名师爷，为了互通声气方便，也主动投名帖拜老师，列名于"绍兴帮"。

三、幕僚与幕友的比较

清代的幕友与之前的幕僚相比，两者有着极大的区别：首先，幕僚是古代的一种正式官衔，具有公职性质，而幕友是编外人员，不仅没有官员的身份，甚至没有所谓的功名，算不上绅士；其次，幕僚的薪水是由国家发放，而幕友是不能领取国家发放的薪俸的，他们的报酬是由聘请他们的官员从私人腰包里拿出来的；最后，幕僚与主人是君臣关系，而幕友与官员是雇佣关系。因此，古代有幕僚因刚正不阿而惨遭杀戮之事，却从未听说有幕友被杀。"合则留，不合则去"是幕友的基本原则。

由于幕友由主官私人聘用，酬劳由主官个人支付。因此，幕友只对主官负责，为主官服务。主官对幕友也往往给予很高的礼遇，以宾客相待，视为师友，所以幕友又叫幕宾、西席、幕客等。幕友没有任期，双方之间没有法定的依附关系，其人身是自由的，"合则留，不合则去"，李鸿章就因为与曾国藩意见不合拂袖而去。

幕友与主官之间大多关系密切，因为主官在聘请幕友时，完全根据自己的意愿决定，对所聘之人既不讲年龄，也不计功名。所以，主官对幕友的信任程度远远高于所属官吏，往往将政务甚至家事都托付其办理，使幕友不但具有参谋权，在一些交办事项中甚至还有决策权，如包世臣曾被朱珪派往辖区处理刑事案件，凡审理案件均由其裁决，不必向朱珪请示。所以，作为幕友，虽然本身不是官员，但他们"操三寸管，臆揣官事"，且所办的都是重要的官府公事。他们手中掌握了相当一部分官府的实际权力，名义上是"佐官以治"，实际上却很大程度上是在"代官出治"。

清代州县大小不同，事务繁简不同，因而各州县衙门所聘幕友亦不尽相同，有刑名（协理司法）、钱谷（协管税赋）、书启（负责通信）为各家所同之外，另有征比（具体办理赋税征收）、挂号（负责登记）、账房（管理簿记）、教读（教育子女）、阅卷（批阅呈词）、朱墨（掌管红黑两种毛笔誊录）笔。就州县衙门而论，并非席必有人，事实上常是一人兼数席，所以人数上往往是二三人至十余人不等，主要视其幕事繁简而定。汪辉祖也说："剧者需才十余人，简者或以二三人兼之。"一些中小缺分的州县，刑钱类多并为一席。

幕友虽有多席，但以刑、钱地位最高，亦最受主官礼遇。清代"无幕不成衙"的说法，一般专指刑、钱两幕席——他们能兼理诸席，而余席断难代治刑、钱，所以狭义之幕也就是指刑、钱两席。因幕友为法律专家，故州县官对幕友代拟之判决，颇为尊重。可谓"审判之名在官，审判之实在幕"。韩振在《幕友论》中说："自天子至庶人，未有不求助人者也。上者辅德，次辅事。外掌守令司道督抚之事，以代十七省出治者，幕友也。"

🔍 **案例**

引经决狱汪辉祖

浙江乌程县曾有继承一案，冯氏因本宗无可序继，自抚姑孙为后，比卒，同姓不宗之冯氏出而争继。汪辉祖以宋儒陈淳《北溪字义》"系重同宗同姓，不宗即与异姓无殊"绝其争端。江苏长洲县妇周张氏，家富但年十九岁而丧夫，遗腹子继郎十八岁时，突然病死。族人以继郎未娶为由，欲为张氏之夫选继子，而张氏欲为继郎立嗣。辗转讦讼，前令皆批房族公议，历十八年未结。汪辉祖认为，张氏欲为立嗣实近人情，因此准按周张氏意立嗣。

名幕汪辉祖能够获得广泛声誉，并非浪得虚名。他既拥有真才实学，以儒家经典审判疑难案件，又能够一身正气，为民判定曲直是非，不失为当时幕友的典范。

四、有代表性的幕府制度及佐治

（一）秦汉时期的幕府及佐治

秦汉时期，幕府制度正式形成。一府之中，既有走正庭门忙碌办事的掾属吏员，也有走东小门出谋划策的宾客幕友。以辟署制为核心的幕僚制与以游士宾客为重要表现形式的幕友制同时存在，双轨并行。

汉代可称"幕府"者均和握有军权的将军有关，包括边郡太守，因为秦汉郡的设立多在边地，其初设的军事意义远远大于其行政意义。后来郡的行政职能逐渐超过了军事职能，兵民合治，且主要任务为劝农桑、平狱讼、督赋税、选孝廉。此时，由于封建官僚体制草创，很多制度、法令尚不完备，中央和地方的行政长官很难独自完成各项任务，公卿郡守不得不开府自辟掾史、自主用人。因此，《册府元龟·幕府部总序》载："汉丞相三公开府，置掾史；司隶、刺史有从事史，佐京尹、守、相有掾史曹属，皆幕府之职也。"自主用人制度从军事系统广泛扩展于行政系统，形成了秦汉时期重要的选官制度——辟署制度。同时，这种自主用人制度还以另外一种方式存在着，即幕主出资聘用幕宾，一种官僚体系之外的幕友制。

辟署也称"辟除""辟召""辟举"等，是指中央公卿和地方政府长官自己辟用幕僚掾属的制度，西汉时期已出现，马端临的《文献通考》云："汉朝唯丞相命于天子，其御史大夫以下皆自置；及景帝惩吴楚之乱，杀其制度，罢御史大夫以下官；至武帝，又诏：凡王侯吏职秩二千石者，不得擅补。其州郡佐吏自别驾、长史以下，皆刺史、太守自辟，历代因而不革。"①东汉时，辟署的范围更加广泛，辟举活动更为活跃，除公府和州郡的长官及主要属员如丞相府的长史，州郡县的丞、尉由中央政府任命以外，其余掾属吏职都由各部门长官自行辟用。秦汉时期的辟署制，在辟主资格和辟署范围、辟署标准和辟举对象等方面有较为明确的规定，辟主和被辟者一般遵循自愿原则，并形成相对固定的隶属关系，辟署制度尽管存在一些弊端，但在封建国家机器运转的过程中起到重要作用。

章如愚说："汉有辟除之制，有尚书选部，自县令以上始赴尚书调选，其余郡县之属吏，至于公府之掾曹，各自辟于其长，其诸侯王国自内史以下，亦皆得以自除。"②辟举一旦成为事实，被辟者就成为国家的正式吏员，享受国家提供的俸禄，接受辟主的领导，双方就形成了相对固定的上下级隶属关系。辟主要对佐僚加以约束，一旦僚属不胜职任，或有违法行为，辟主要负连带责任。而属吏也要为辟主尽义务，如《后汉书·李恂传》载："太守颍川李鸿请署功曹，未及到，而州辟为从事。会鸿卒，恂不应州命，而送鸿丧还乡里。既葬，留起冢坟，持丧三年。"③

(二)晚唐时期的幕府制度及幕友佐治

源于隋朝，始于唐代的科举考试制度，为中小地主阶级知识分子打开了一条跻身官场、参与到国家政权中来的路子。但通过科考以后的士子，大多只能从最基层的官吏幕僚做起，真正要参与到国家核心政权中，尚有一定的距离；同时还有不在少数的落第士子，还得继续寻求晋升之路。尤其是中晚唐时期，由于藩镇势力大增，其主官向朝廷推荐人才的空间也越来越大。这样，大量文人开始涌入藩镇幕府，其中也不乏落第者。苏轼说："唐自中叶以后，方镇皆选列校以掌牙兵，是时四方豪杰，不能以科举自达者，皆争为之，往往积功以取旄钺。"④洪迈在《容斋续笔》卷一《唐藩镇幕府》亦言："唐世士人初登科或未仕者，多以从诸藩府辟置为重。"⑤尤其是"广明大乱之后，诸侯割据方面，竞延名士，以掌书檄。是时梁有敬翔，燕有马郁，华州有李巨川，荆南有郑准，凤翔有王超，钱塘有罗隐，魏博有李山甫，皆有文称，与袭吉齐名于时。"⑥像李巨川、罗隐、李山甫这些参加过多次科举而"不能以科举自达者"进入幕府的不乏其人。关于唐中晚期落第士人入幕现象在正史、杂记和墓志中均有记载，如《旧唐书》卷一九〇《唐彦谦传》载："(唐彦谦)咸通末应进士，才高负气，无所屈降，十余年不

① (元)马端临：《文献通考》(上下册)，北京，中华书局，1986。
② (宋)章如愚：《群书考索》(下册)，北京，书目文献出版社，1992。
③ (南朝宋)范晔：《后汉书》，1683 页，北京，中华书局，1965。
④ 《苏轼文集》第二十六卷，761 页，北京，中华书局，1986。
⑤ (宋)洪迈：《容斋续笔》第六十卷，204 页，长春，吉林摄影出版社，2003。
⑥ (宋)薛正居：《旧五代史》第六十卷，99 页，北京，学苑音像出版社，2004。

第……中和中，王重荣镇河中，辟为从事，累奏至河中节度副使。"《旧五代史》卷二〇《梁书·谢瞳传》载："谢瞳，字子明，福州人。唐咸通末举进士，因留长安，三岁不中第。广明初，黄巢陷长安，遂投迹于太祖，泊居门下，未尝一日不在左右。及太祖据同州，遂署右职。"《南部新书》丁部载："李山甫，咸通中不第，后流落河朔，为乐彦祯从事。"《唐摭言》卷十载："陈岳，吉州庐陵人也。少以辞赋贡于春官氏，凡十上竟抱至冤，晚年从豫章钟传。"《金石萃编》卷九《魏邈墓志》载："（唐魏邈）贞元初，以乡举射策，上省者五六，以贿援兼无，竟不登第，然当时称屈者众矣。其后为河阳节度使所辟，随逐戎幕。"《唐代墓志汇编》中的《卢践言墓志》载："（墓主）连举进士，不得志于有司，遂佐戎于东平府，从检校吏部尚书薛元赏。"《唐故左拾遗鲁国孔君墓志》载孔纾云："仁表与拾遗同岁，为东府乡荐，策试不中第，再罢去。明年，偕宴于东堂，博陵崔公尧出紫微直，观风甘棠下，表为支使，校芸阁书，拾遗始及第。"《故试大理评事裴君墓志》载："（裴某）射进士策不中，去过汴，韩司徒宏迎取为从事以闻。"韩愈的《唐河中府法曹张君墓碣铭》载："（张圆）举进士，再不第，事宣武节度使。"[1]此类记载虽比较零散，但也可以从中看出，落第士人在中晚唐时期入幕现象非常普遍。

🔍 **案例**

李商隐的幕府经历

李商隐，字义山，号玉溪生，又号樊南生，怀州河内（今河南沁阳）人。他虽以诗人的身份备受后人尊崇，但观其一生行藏可知，他最重要的身份是秘书。他只活到了45岁，历经晚唐的宪宗、穆宗、敬宗、文宗、武宗、宣宗六位皇帝，从17岁开始，先后辗转于令狐楚、崔戎、王茂元、郑亚等人幕中，东去郓州、徐州，西到泾原，南下桂州，北上太原，先后被授予巡官、掌书记等要职（巡官是当时中级秘书的称号；掌书记属高级秘书，掌管幕府的文字工作，判官协理府务等）。他的一生，以幕僚始，以幕僚终。其成功与失败也与他的幕僚生涯关系紧密。

李商隐是晚唐时期重要的文学家，但其一生的心力因幕僚生涯而更多倾注在公文上。他的公文大多以表状启牒的形式收录在《樊南文甲集》《樊南文乙集》中。他把枯燥乏味、程式化的公文以骈体文的形式写得文采飞扬、情理并至，使得公文的实用性和文学性交相辉映。其才情之高，是早已为世人所公认。但是，李商隐的一生却四处漂泊，除了与时代有联系之外，还与他的交往范围，以及与各种领导关系的处理有着极为密切的联系。

---

① （唐）韩愈：《韩昌黎文集校注》第六卷，429页，上海，上海古籍出版社，2014。

（三）明代的幕宾制度与佐治

关于明代幕宾的起源，王阳明在一封书信中言：凡荐贤于朝，与自己用人又自不同，自己用人，权度在我，故虽小人而有才者，亦可以器使。若以贤才荐之于朝，则评品一定，便如黑白，其间舍短录长之意，若非明言，谁复知之？[①]

此信写于弘治四年，表明至迟在弘治初年即有"自己用人"之例。

明代初年，各衙署都设有幕属官以辅佐长官之治。但这种幕职，长官不能自辟，必须由朝廷铨选，限制了地方长官与幕职之间关系的融洽。另一方面，"幕职均各佩方印，参与长官行事，使之有所忌惮，不敢逋荡。"后来，长官视幕职如仆隶，夺印自佩，"至使经历等衙门之吏，乃与本官相抗"[②]。因此，自明代中叶以后，虽有幕职，但地方有司并不倚重他们，反而自聘幕宾治事，或将具体事务付之胥吏。此外，新任的总督、巡抚或提学道巡历地方，均无配属的衙署办事人员，无不需要自己聘请佐治人员。于是，幕宾应运而生。

在朝廷，从内阁大学士、太监，到六科，均有聘幕之例，如夏言、严嵩、袁炜、高拱、徐阶、张居正、刘瑾等人门下都有数名幕客。在地方衙门，上自督师、经略、总督、巡抚，下至府、州、县各衙门，均聘幕宾，甚至武将、军卫也有聘幕宾者，如孙承宗、史可法等。此外，督学道巡历各府、州、县时，也聘请主文相公随行，帮助批阅生童试卷。自明代中期以后，府、州、县一类地方衙门聘请幕宾佐治，也形成一时风气。明人李乐记："近日友人作令，雇主文行者，十有四五。"[③]这种"主文"，显然已开清代钱谷、刑名师爷的先河，以弥补新上任者出身科举、不理会民事的缺陷。

（四）晚清时期的幕府及佐治

晚清时期，由于地方督抚权势的膨胀，以及洋务运动的开展，越来越需要广揽人才，此时，幕府的职能多、规模大。光曾国藩聘请的幕僚就达四百人之多，当时各处军官聚于曾文正之大营者不下二百人，幕府之外更有候补之官员，怀才之士子，凡法律、算学、天文、机器等专门家无不毕集，几于全国之人才精华汇集于此。[④]"已囊括世务，无所不该"[⑤]。在李鸿章幕中，有经办各种军事工业和民事工业者，编练习新式海陆军者，办理对外事务者，还有传统的办理文案、钱粮等各项事务者，功能完备。其他重臣，如李鸿章、张之洞、袁世凯莫不如此。

---

① （明）王守仁：《王阳明全集》第二十一卷，828 页，上海，上海古籍出版社，1992。
② （明）陈益祥：《陈履吉采芝堂文集》卷十三《木钺》，明万历四十一年刻本。
③ （明）李乐：《见闻杂记》第八卷，706 页，上海，上海古籍出版社，1986。
④ （清）容闳：《西学东渐记》，59 页，长沙，岳麓书社，1985。
⑤ 薛福成：《叙曾文公幕府宾》，65 页，上海，上海人民出版社，1987。

打破了幕僚不能选调官员的成例，幕府成了幕僚的进身之阶，使许多没有科名的人经幕主推荐踏入仕途。1860 年，清廷任命曾国藩为钦差大臣、两江总督。后又统辖苏、皖、赣、浙四省军务。于是大批保奏其幕僚出仕，其中不少人被破格重用，如李鸿章和沈葆桢由四品道员直升为二品巡抚，郭嵩焘和李瀚章则两年升三级而位至巡抚。"保案累牍，世职云起，浸浸乎有官多于民之势。"①先后追随曾国藩的四百多位幕僚中，大多受过其举荐。李鸿章也保荐了不少幕僚出任实缺，如举荐张树声、刘秉璋、潘鼎新、刘铭传为督抚，还有更多的人被提为各省提督，仅实授各省提督就多达 17 人，涉及 11 省区。可见，李鸿章幕府势力之大，影响之广。②

幕僚的成分更加复杂化。晚清幕府需处理的事务越来越纷繁复杂，且大多是前所未遇的新问题。为解决实际问题，各种身怀一技之长的人都被纳入幕府中，包括没有入仕的士绅、候补人员及地方官员、通达洋务的知识分子、现代工商业经营者、赴外国留学生，甚至还有外国人士。李鸿章"用外国人做顾问、教习、海军军官、舰长、仓库管理员、制造局帮办、军事教习，甚至他的外交谈判代表"，"那些承认李鸿章地位并且忠实为他服务的外国人都受他的尊重，并且薪金优厚"。③ "张氏幕中洋员应有 300人以上，在晚清的封疆大吏，张之洞幕府中洋员人数之多，技术、知识层次之高，无人其右者。"④

晚清幕府是在新的历史背景下产生的一种新的幕府形态，在面对困局时能够因时而变，致力于解决实际问题，稳定了清廷的统治，对近代中国社会转型产生了积极影响，但同时也开保举之风，使官吏的队伍越来越庞大，导致清廷冗官冗员、人浮于事、行政效率低下的弊端更加严重。

🔍 案例

左宗棠幕府生涯之败

左宗棠在湖南巡抚骆秉章幕府工作期间，虽是幕友身份，但实际掌理湖南全省军政近六年时间，将湖南的各种事务都处理得井井有条，使本来比较贫弱的湖南变为"东南保障，天下倚属"。可是他不仅被湖广总督官文弹劾为"劣幕"，而且此前一直对他极为关注的咸丰帝，不仅在上谕中有"劣幕把持"之语，而且下令查办左宗棠："左某如果有不法情事，即行就地正法。""良幕"是怎么突然变成了"劣幕"的呢？

据载，骆秉章是个涵养很深的人，年长左宗棠近二十岁，闲暇时常到幕友办公地

---

① 刘锦藻：《清朝续文献通考》，86 页，北京，商务印书馆，1955。

② 苑书义：《李鸿章传》，170 页，北京，人民出版社，2004。

③ (美)K.E. 福尔索姆：《朋友·客人·同事：晚清的幕府制度》，146 页，刘悦斌、刘兰芝，译，北京，中国社会科学出版社，2002。

④ 王姗萍、黎仁凯：《张之洞聘任洋员探析》，载《安徽史学》，2005(4)。

坐坐，碰到左宗棠向同事分派差事，他都是站在旁边静听，很少插话。有一天，左宗棠和另外几位幕友"慷慨论事"，对他的到来就像没有看到一样，骆秉章也不计较，在旁边很有兴趣地听了许久，临走都未发一言。还有一次，巡抚衙门的辕门发炮，骆秉章听到后，不知何故，忙询问发生了什么事情。旁边的人告诉他："左师爷发军报折也！"按例，发军报折是很隆重的一件事情，一般都要巡抚亲自主持。骆秉章都不知道发生了什么事情，说明他连折子都没有看过，左宗棠就发出去了。

左宗棠的身份是幕友，但其所作所为，说轻些是越俎代庖，说重些是越权干政。根据大清朝律例，幕友没有任何官场身份，也不能抛头露面，只能隐身在幕主身后出谋划策，处理文档。而左宗棠虽居湖南巡抚之幕府，实际上却是操持湖南全省政柄之人。他毫无顾忌地从幕后走上前台，实是秘书之大忌。

本章小结

秘书在中国是一个古老的职业，有着悠久的历史。古代的秘书工作非常严格规范，从日常的工作制度、秘书任职选拔到工作业绩考核，都有制度来约束。由于秘书职业的久远，上至政权中央秘书机构，下至各州县基层单位，秘书机构与官职名称都发生了很大的变化。幕僚和幕友两者既有联系又有区别，一直作为官府中并行的两种辅佐形式而存在。

总结 >

Aa 关键术语

秘书体制	日常的工作制度	秘书选拔制度
秘书考核制度	秘书机构	秘书官职
幕僚	幕友	幕府

章节链接

文化有四个层面——物质文化、制度文化、行为文化、精神文化，本章作为制度载体，与第四、第六、第七章同属秘书文化的内容，同时衔接第八章内容。

应用 ▷

✐ 批判性思考

1. 古代秘书日常的工作制度对现当代秘书工作有什么影响？
2. 古代对秘书人员的选拔和考核制度，给我们什么启示？
3. 幕僚和幕友有什么区别？

✐ 体验练习

汪辉祖，清代绍兴府萧山区人，著名幕客、文人。他11岁丧父，被两个母亲（一是生母，二是其父之妾）艰难抚养大。辉祖20岁时，岳父任江苏金山知县，招呼他去帮忙，这也是辉祖做幕友的开始。

辉祖做的是刑名幕友。早年在长洲县幕中，他遇到一老油子，叫李胡子，要传授他纳贿秘技，辉祖坚拒。恰好他回省乡试，别人代馆，听了李胡子的话，不久就事发被查办。

辉祖在幕中，不但清明廉洁，又常以宽厚之心、严谨之思断案，时有"事经汪君，必无冤狱"之誉。

汪辉祖作幕友的时间足有34年，在江苏9年，在浙江25年，共经历16个主人，直到56岁考中进士，到湖南宁远当县令，他才结束游幕生涯，也正好一试在幕中练就的仁心妙手。

思考：以汪辉祖为例，如何看待明清时期的绍兴师爷群体？

拓展 ▷

☕ 补充读物

1. 钟小安. 中国秘书简史[M]. 重庆：重庆大学出版社，2010.
2. 李欣. 中国秘书发展史[M]. 北京：高等教育出版社，1993.
3. 聂中东. 中国秘书史[M]. 郑州：中州古籍出版社，2000.
4. 陆瑜芳. 秘书学概论[M]. 上海：复旦大学出版社，2001.
5. 史玉峤. 秘书学概论[M]. 大连：大连理工大学出版社，2013.

🖥 在线学习资源

电视剧《绍兴师爷》，http：//tv.2345.com/detail/128.html，2017-05-12。

第六章

秘书文化的精神载体：秘书职业道德

本章概述

　　秘书职业道德是秘书工作的基本守则，是秘书文化的精神载体。本章通过文化与道德的辩证关系分析文化因素在形成秘书职业道德中所发挥的重要作用，提出通过秘书文化建设提升秘书职业道德修养、营造秘书职业发展的良好环境的工作思路，构建中国特色社会主义秘书职业道德体系等。

结构图

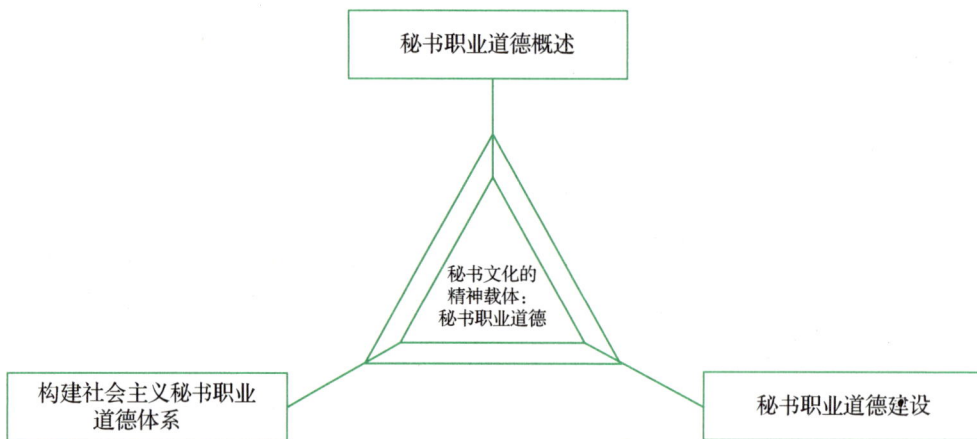

本章重点：

1. 社会主义职业道德的含义。

2. 秘书职业道德的内容。

3. 秘书文化与秘书职业道德的关系。

本章难点：

1. 秘书职业道德的内容。

2. 秘书职业道德应继承哪些文化精髓。

3. 文化因素对秘书职业道德建设的影响有哪些。

学完本章，你应该能够做到：

1. 掌握秘书职业道德的含义和内容。

2. 理解如何开展秘书职业道德建设。

3. 掌握在建设秘书职业道德的过程中如何弘扬秘书文化。

　　秘书在日常工作中，如果上级的要求与秘书职业道德产生冲突，应该如何取舍？

　　某贸易公司的总经理初某在公司董事会上立下军令状，年底要完成1000万元的利润，完不成他就主动辞职。快到年底了，由于金融危机的出现，公司还差几百万元的利润。初某冥思苦想了几天，决定利用今年最后一批进口货物的机会，采用高值低报的手法，偷逃几百万元的关税。他让秘书小张经办这件事。尽管总经理没有明说，但是她知道这么做的目的。一开始小张有些犹豫：如果不按总经理说的去做，那么他肯定不会放过自己；如果按他说的去做，那么肯定会有风险，但自己也会拿到一大笔奖金。思来想去，她决定还是按总经理的意思去做。按总经理的意思去做，做了也不一定有事，即使有事，天塌下来也有总经理顶着。后来，初某的违法行为被人告发，小张也受到牵连，被追究了法律责任。

第一节
秘书职业道德概述

学习目标

1. 了解什么是道德及职业道德。
2. 掌握秘书职业道德的含义及现状。

名人名言

真理的发现或道德责任的完成都会引起我们的欢欣。

——贝奈戴托·克罗齐

一、道德与职业道德

（一）道德

道德是调节人与人之间、人与社会之间以及人与自然之间的关系的特殊行为规范的总和。一种道德的性质、内容，是由社会生产方式、经济关系决定的。道德依靠社会舆论和人们的信念、传统、习惯以及教育的力量来调节，它的作用在于通过确立和执行一定的行为规范，保持人的行为与社会秩序和自然秩序合理、稳定、协调地发展。

（二）职业道德

职业道德是同人们的职业活动紧密相关的，是符合职业特点所要求的道德准则、道德情操与道德品质的总和。它既是从业人员在职业活动中的行为标准和要求，又是从业人员对社会所承担的道德责任与义务。

我国传统职业道德的精华主要有公忠体国的社会责任感，恪尽职守的敬业精神，自强不息、勇于革新的拼搏精神，以礼待人的和谐精神，诚实守信的做人准则，见利思义、以义取利的价值取向。西方发达国家职业道德的精华主要有社会责任至上、敬业、诚信、创新。

职业道德是社会道德体系的重要组成部分，既具有社会道德的一般作用，又具有自身的特殊作用，具体表现在以下几方面。

1. 调节职业利益关系，维护社会生产和生活秩序

职业道德的基本职能是调节职能。一方面，它可以调节从业人员内部的关系，即运用职业道德规范约束职业内部人员的行为，促进职业内部人员的团结与合作。例如，职业道德规范要求各行各业的从业人员都要团结、互助、爱岗、敬业，齐心协力地为发展本行业、本职业服务。另一方面，职业道德又可以调节从业人员和服务对象之间的关系。例如，职业道德规定了制造产品的工人怎样对用户负责，营销人员怎样对顾客负责，医生怎样对病人负责，教师怎样对学生负责等。

2. 有利于人格的完善，促进职业生涯的发展

职业道德具有特定的职业岗位责任规范，指导人们明确岗位目标，履行岗位职责，完成岗位任务，培养职业道德品质，进而使从业者形成崇高的人格，使他们在职业生涯中全面发展。

3. 促进本行业的发展

行业的发展有赖于较高的经济效益，而较高的经济效益有赖于从业人员较高的素质。职业素质主要包括知识、能力、责任心三方面，其中责任心是最重要的。而职业道德水平高的从业人员，其责任心普遍较高，因此，职业道德能促进本行业的发展。

4. 有助于提高全社会的道德水平

职业道德是整个社会道德的主要内容。职业道德一方面涉及一个从业者如何对待职业，如何对待工作，同时也是一个从业人员生活态度、价值观念的表现。另一方面，职业道德也是一个职业集体，甚至一个行业全体人员的行为表现。如果每个行业、每个职业集体都具备良好的职业道德，这对整个社会道德水平的提高将发挥重要作用。

(三)社会主义职业道德

社会主义职业道德是社会主义社会各行各业劳动者在职业活动中必须共同遵守的基本行为准则。它是判断人们职业行为优劣的具体标准，也是社会主义道德在职业生活中的反映。

《中共中央关于加强社会主义精神文明建设若干问题的决议》规定了我们今天各行各业都应共同遵守的职业道德的五项基本规范，即"爱岗敬业、诚实守信、办事公道、服务群众、奉献社会"。其中，为人民服务是社会主义职业道德的核心规范，它是贯穿全社会共同的职业道德的基本精神。社会主义职业道德的基本原则是集体主义。因为集体主义贯穿社会主义职业道德规范的始终，是正确处理国家、集体、个人关系的最根本的准则，也是衡量个人职业行为和职业品质的基本准则，是社会主义社会的客观要求，是社会主义职业活动获得成功的保证。

二、秘书职业道德

(一)秘书职业道德的含义

秘书职业道德是秘书人员在职业活动中形成的比较稳定的道德观念、行为规范和道德品质的总和，是秘书工作中各种关系的行为准则，是社会对秘书职业行为的基本要求。秘书职业道德是秘书工作的根基，同时也引导着秘书工作的发展方向。良好的职业道德是秘书人员从事快节奏、高效率工作的动力，是现代秘书自我完善的必要条件，也是秘书职业活动与评价的指南。

(二)秘书职业道德的内容

1. 秘书职业价值观

我国传统秘书在具体职业行为中常常表现为甘为幕后、甘当无名英雄，把辅佐对象的事业当作自己的事业。"鞠躬尽瘁死而后已"就是他们的真实写照。儒家"重义轻利"的观念，形成了"见利思义""先义后利"的道德准则。

中国共产党把全心全意为人民服务作为根本宗旨，党领导下的秘书事业始终将人民群众的利益放在第一位，摒弃了传统"官本位"思想对秘书职业的不良影响，从理论和实践上提升了秘书职业的价值和精神内涵。

2. 秘书职业道德规范

爱岗敬业、忠于职守。热爱秘书职业，忠于秘书工作岗位，自觉履行秘书的各项职责，认真辅助领导做好各项工作，有强烈的事业心和责任感，不擅权越位，不掺杂私念，不渎职。

服从指挥、做好助手。坚决服从领导指挥，严格执行领导指示，体现领导意图，围绕领导活动的目标来调节自己的行为，绝不阳奉阴违，干扰领导工作。同时，在服从领导的前提下，秘书要充分发挥主观能动性，出主意，提建议，帮助领导完善决策，纠正偏差，从而更好地实现领导意图。

廉洁奉公、遵纪守法。廉洁奉公是高尚的道德情操在职业活动中的重要体现，是秘书人员应有的思想道德品质和行为准则，它要求秘书人员在职业活动中要坚持原则，不利用职务之便假借领导名义以权谋私；遵纪守法即秘书人员要遵守职业纪律和与职业活动相关的法律、法规，将权力装进制度的笼子，不唯上、不畏权。

政治可靠、严守机密。秘书人员要有坚定的理想信念，做一个领导和人民群众信得过、靠得住的人，工作中要有保密观念，严守工作秘密。

谦虚谨慎、办事公道。秘书人员要摆正自己的位置，既不高估自己，也不轻视别人，力除那种"门难进、脸难看、话难听、事难办"的衙门作风。说话做事严谨、慎重，深思熟虑，安排周密。在工作中要善于协调矛盾，搞好合作，对领导、群众都要一视同仁，平等相待，努力维护和树立领导和组织的良好形象。

三、秘书职业道德的现状

由于秘书工作的特殊性，人们十分重视秘书职业道德。各级各类组织要加强秘书职业道德建设，秘书人员要努力提高自身修养，提升职业道德水平。秘书学作为一门独立学科建立之后，在秘书职业道德培养方面形成了系统的理论体系，取得了一定的成绩，同时也存在一些问题。

(一)秘书职业道德水平不断提高

国家机关单位在秘书人员的选拔任命上对职业道德有明确要求。1980年5月下发的《中共中央办公厅关于中央领导同志机要秘书工作的暂行规定》："必须挑选成分好，政治历史清白，社会关系单纯，政治上绝对可靠，作风正派，身体健康，具有一定工作经验和一定政治、文化水平的党员干部担任。"因此，对秘书人员职业道德制定了如下标准：忠诚守信、甘居幕后、廉洁自律、谦和谨慎、严守机密。

在学校教育中，思想政治教育和公民道德教育一直处于核心地位，特别是在以职业化人才培养为目标的专业教学中，职业道德教育已经成为核心课程，"具有较高的职业道德素养"作为培养目标已经被正式写入秘书学人才培养方案。在秘书工作的各类企事业单位，职业道德教育始终处于提升职业素养、培育组织文化的重要地位，将其作为树立职业道德观念，激发劳动者对所从事职业的荣誉感和使命感，增强社会责任感的重要手段。

在实际工作中，德才兼备的秘书往往成为未来的领导者，如党的第一次全国代表大会的兼职秘书就是毛泽东同志，后来他在党的三届一次全会上被推选为中央执行委员会秘书。处在优秀的领导干部身边的秘书，耳濡目染，进步很快。国家体育总局原局长伍绍祖曾短暂地当过国家副主席王震的秘书，他这样形容自己的转变与成长："有机会当秘书，对自己的学习、成长是很有利的，要利用这个难得的机会充实自己，使自己在思想上、政治上、知识上成熟起来。"

(二)秘书职业道德存在一些问题

目前，秘书人员在我国已经成为仅次于农民、产业工人和商业销售人员的第四大职业群体。秘书职业化水平也在不断提高，秘书职业已经由规模化发展进入内涵建设时期。但从实际情况和社会的普遍反映来看，秘书职业道德整体水平仍与秘书职业发展水平和社会对秘书职业道德的期望存在一定的差距。

1. 理想信念缺失

理想信念是照亮前路的灯、把准航向的舵，只有坚定执着地追求理想，在顽强奋斗、艰苦奋斗、不懈奋斗的过程中，才能不迷失方向、不松懈斗志。秘书人员在领导身边工作，虽然不是"位高权重"，往往也被看作年轻有为、风光无限。个别秘书人员在领导权力的庇护下，思想和行为缺乏有效的监督，迷失了自我，放弃了自己的理想信念，出现了理想庸俗化的倾向，如贪图享乐、追名逐利。如果这种倾向蔓延开来，就会腐蚀人们的精神、意志和信念，污染社会风气，破坏秘书形象。

2. 责任意识缺乏

责任意识是一种自觉意识，是清楚明了地知道什么是责任，并自觉、认真地把责任转化到行动中去的心理特征。习近平说过："看一个领导干部，很重要的是看有没有责任感，有没有担当精神。①"对于秘书人员来说，责任意识是对工作、对领导负责的态度，以及将这种态度贯穿于执行领导决策和日常工作中的主观能动性。有些秘书人员思想懈怠，缺乏工作热情，怕苦怕累，事业心和责任感不足，被动应付，玩忽职守，不敢说真话，不能及时准确为领导提供信息，甚至传递虚假信息造成组织决策失误，指挥失控，管理失调，引起组织混乱状况的出现；也有些秘书人员心术不正，巴结上司，投其所好，夸大事实，报喜不报忧等，给组织造成一定程度上的混乱和损失，这些都是责任意识缺乏的具体表现。

3. 权力意识错位

有些秘书人员在工作中缺乏为人民服务的意识，错误地将领导的权力当作自己的权力，过分表现自己，处处显示自己是领导的"替身"和"代言人"，蔑视群众，甚至有些秘书人员利用监管缺失的漏洞，越俎代庖、擅作主张、我行我素，打着领导的旗号发号施令、欺上瞒下，更有甚者假借领导的名义笼络关系，结党营私，谋取私利。

4. 腐败现象滋生

腐败是权力的异化，更是社会的毒瘤。有些秘书人员在工作中摆不正自己的位置，权欲恶性膨胀，为权而腐败；个别秘书人员盲目遵从领导的权威，在领导腐败时，不但不提醒并予以制止，还接受领导的腐败指令，与其同流合污，给组织带来巨大损失，给社会带来恶劣影响。

---

① 习近平在 2010 年出席中央党校秋季学期开学典礼时的讲话。

第二节
秘书职业道德建设

学习目标

1. 了解秘书文化与秘书职业道德的关系。
2. 掌握秘书职业道德建设的文化机理。

名人名言

国无德不兴，人无德不立。

——习近平

秘书职业道德建设的水平与其所在的社会环境密切相关，其中文化环境对秘书职业道德的影响尤为重要。研究秘书职业道德建设的文化机理，对了解秘书职业道德的形成与发展、秘书职业道德体系的构建都具有十分重要的意义。

一、秘书文化与秘书职业道德

（一）文化与道德的辩证关系

马克思主义经典理论认为，文化是一种深深熔铸在民族生命力、创造力、凝聚力中的力量，对民族精神的培育和健全人格的塑造、促进人的全面发展具有特殊的、不可替代的作用[1]。

文化本身包含人们活动的对象性结果，其中就包括道德、文化和道德的互动性关系，表现为文化包含和孕育着道德，道德充实和发扬着文化，文化的发展同时也制约着道德的进步。社会的文化程度显示出社会的道德水平，社会的道德水平反映出社会的文化程度。同时，作为上层建筑的文化和道德，都随着社会经济形态的变化而变化。

（二）秘书文化是秘书职业道德的土壤

一般来说，首先，文化能够造就人的道德心理和道德人格。一个人接受先进文化

---

[1] 《马克思恩格斯全集》第二卷，北京，人民出版社，1957。

教育，他的人格可能更加高尚，也更容易脱离低级趣味。其次，一种社会形态形成什么样的道德原则和道德规范，往往受到文化背景和文化环境的制约。最后，文化能够改造人们的习性和气质，促进道德进步和完善。文化通过塑造和改变人的习性和气质完善道德人格。我国文化常说的"文以载道"就是这个道理，也就是文化赋予社会以道德的原则和形式。研究秘书职业道德，就必须要了解各种文化因素对塑造秘书职业道德直接或间接的影响。

我国的秘书职业道德，伴随着秘书职业的发展，孕育在以儒家文化为代表的传统文化和以社会主义文化为代表的社会文化之中，借鉴、吸收西方秘书文化之长，最终成长为中国特色社会主义秘书职业道德。

（三）秘书职业道德是秘书文化的精神载体

秘书职业道德是秘书文化行为制度层面的重要规范，是秘书文化的精神载体。秘书职业道德能够确保社会主义秘书文化体现社会主义价值观念，规范秘书工作者的行为，促进其接受秘书文化的熏陶。

秘书职业道德促使秘书工作者在实践中逐渐养成与秘书文化要求相一致的职业品质、思维方式、行为方式和生存方式，进而成为秘书文化的遵循者、倡导者、实践者与推动者。

职业文化是职业活动中精神与物质的总和，秘书文化的价值判断需要遵循一定的标准，而最能体现秘书文化精神与物质衡量性的就是社会主义秘书职业道德在秘书工作中的践行情况，它是审视秘书文化的重要尺度。

二、秘书职业道德建设的文化机理

（一）传统文化对秘书职业道德的影响

中华文明源远流长，恰似江河之水，又似生命之流，凝聚着一个古老民族的智慧和力量，是构建社会主义秘书道德体系重要的思想渊源。

1. 儒家文化对秘书职业道德的影响

孔子说："仁者爱人。"仁爱思想是儒家文化中人文精神的核心，是对他人的关爱和宽容，是对人民群众的深厚感情。中国古代幕僚文化中"先天下之忧而忧，后天下之乐而乐"的民本思想，更体现出知识分子的社会责任感和使命感。仁爱思想和民本思想奠定了中国特色秘书职业道德的基础——为人民服务。秘书工作的出发点和落脚点都应当是为人民服务。只有明白了这个道理，秘书在具体工作中才不至于走偏，才能避免成为领导的附庸和工具。

在传统文化中，义利观占有极其重要的地位，儒家正统派理论是一种道义论，孔子坚持"见利思义"，坚决反对见利忘义和唯利是图，同时，儒家将"慎独"思想作为个人修行的最高境界，讲究个人道德水平的修养，看重个人品行的操守。义利观和慎独思想促使秘书人员在职业活动中养成严于律己的职业责任感，形成自我道德约束的思维方式和行为习惯。

2. 官僚文化对秘书职业道德的影响

官僚文化对秘书职业道德最突出的影响就是秘书强烈的"为官"意识。这种意识导致秘书不仅为官员服务，更把秘书职业作为仕途的捷径，把做官作为人生的目标。这种思想反映在实际工作中就是将秘书纳入官职体系，作为官员的后备军，或者直接赋予秘书较大的权力。官本位的秘书思想容易导致秘书独立人格的丧失和以权谋私现象的出现。

官僚文化对秘书职业道德的另一种冲击是不正常的"官场文化"，这是中国几千年封建国家体制的遗毒。这种遗毒主要表现在个别秘书更加看重"官位"和"官威"，将本来"为公"的事业看作"助官""为官"的权力游戏，助长不正之风，甚至演化成权力斗争和贪污腐败的始作俑者。

(二)社会主义文化对秘书职业道德的影响

在当代中国，社会主流意识形态是中国共产党领导下的社会主义文化。具有时代特色的秘书职业道德，正是在社会主义文化的熏陶和指引下，才能保持正确的发展方向。

1. 坚持正确的政治方向

马克思认为，秘书"要有出色的政治工作能力，并对一切政治问题有经常的了解①"，1929 年邓小平主持起草的《中共中央秘书处的组织及其工作报告大纲》中明确规定秘书处的工作路线是"一切工作政治化，一切工作集体化，一切工作科学化，一切工作带督促性，一切工作要有中心"，提出了秘书人员要忠诚地为政治服务、为党的中心服务的要求，充分反映了党的秘书工作从创建开始，就坚持了坚定正确的政治方向。1952 年毛泽东为中央办公厅的同志们题词："一面工作，一面学习，注意业务，又注意政治。"以此号召秘书工作者工作与学习相结合、政治与业务相结合、理论与实践相结合。

2. 坚持实事求是的工作作风

实事求是是毛泽东一贯倡导的思想，更是党的优良传统和思想路线，也是做好秘书工作的基础。毛泽东一再要求身边的秘书说实话，讲实情，办实事。毛泽东在大革命时期率先对湖南农民运动进行调查研究，为全党做出了表率，从此毛泽东提出的"没有调查就没有发言权"不仅成为党的领导者的座右铭，也成为党的秘书工作者的座右

---

① 王忠华：《马克思与他的四个女秘书》，30~31 页，载《福建党史月刊》，2008(1)。

铭。毛泽东要求秘书做调查研究"应本着实事求是原则，有则有，无则无，多则多，少则少，力避主观夸大，但也不要故意缩小"①；向领导汇报要实事求是，"情报要真实，不要扯谎"。领导决策之前，秘书人员要围绕决策收集、加工、整理有关信息，并将它们提供给领导。只有当提供的信息真实、准确时，它们才能在领导制定决策中起到参考作用；在传达上级决策、领导指示的时候，秘书人员不能根据个人好恶对领导的指示进行二次加工，随意揣测，更不能编造谎言，拨弄是非，制造矛盾。否则，轻则影响领导威信，影响领导之间、上下级之间的关系，重则会使本单位的事业遭受重大损失。

3. 认真做好保密工作

邓颖超同志为《秘书工作》撰文时，指出"由于秘书人员接触和掌握大量核心机密，他们应当有坚强的保密观念，坚决保守机密不受损害"。我党有良好的保密工作传统，毛泽东曾写过"保守党的机密，慎之又慎"的名句，党中央不断地发出通知要求各级机关、部门，特别是秘书工作部门要注意保密工作，从文件书写、传递到文件保管等方面都有严格的规定。周恩来在国内革命战争、抗日战争、解放战争和中华人民共和国成立后一直亲自抓保密工作，有时还亲自保存机密文件。

三、国外秘书文化对秘书职业道德的影响

（一）秘书是领导的助手

国际职业秘书组织是以欧美等发达国家为主的跨国秘书组织，它要求秘书成为不需上级敦促即能主动负责、积极进取、干练果断、能在授权范围做正确决定的经理助手。苏联学者认为秘书是一项普通的职业，主要是为机关提供帮助性、事务性和信息性的服务。日本学者认为秘书是帮助与处理各种事务的工作人员，是"全能运动员"。美国学者认为一个精干而可靠的秘书，不仅是经理和工作人员之间的桥梁，而且还应当是经理的左右手。

（二）形成完善的法制保障

国外对秘书人员的职业行为有明确的制度要求。德国规定，文官要对全体国民服务，要以公平、公正的态度执行职务。日本规定，文官不得接受捐款及其他利益，违者处 3 年以下有期徒刑或 10 万日元以下的罚金。许多国家要求文官奉公守法，服从上级命令，尽忠职守，保守秘密，同时还要审慎廉洁，不得贪污受贿，不得利用职权谋

---

① 毛泽东：《建国以来毛泽东文稿》(第四册)，233 页，北京，中央文献出版社，1990。

取私利等。这些规定有的是成文的法律，有的是严格的制度，都表明了秘书活动始终是在一定的法制保障之下的。

(三)强化学校道德教育和职业道德考试

发达国家很注重发挥学校在培养秘书道德素养方面的作用。例如，美国设立了各种培养秘书的学校，设有秘书专业的高等学校达 1300 多所，日本的一些专科学校和短期大学也设置了秘书专业，系统地进行包括道德教育在内的秘书教育。国外大都建立了秘书职业考试制度。在美国，由秘书协会设立全国性秘书专业证书考试。在英国，"特许秘书和行政人员公会"(ICSA)的专业资格证书已成为秘书谋求职位时必不可少的证件。英国剑桥秘书证书考试指定教材关于秘书的道德素质有以下要求：可靠性、创造性、守时性、谨慎性、忠于职业、责任感、良好的适应性并乐于助人等。

四、组织文化对秘书职业道德的影响

"组织文化"是一个组织在长期实践中形成并为组织成员普遍遵守与佑奉的共同价值观念，是客观存在的社会文化，更是具象化的社会文化。这里讲的"组织"是一个狭义的概念，特指一个单位或部门。组织对内外关系的变化十分敏感，为了组织的利益，秘书必须能够适时做出相应的、必要的调整，因此组织文化具有变异性的特征。

道德建设若能以"组织文化"建设为突破口，就能使思想工作变为管理工作的有机组成部分。组织文化建设能够从组织的现实活动中培养其成员的统一价值观、道德规范、生活方式与情感定势。组织文化的这种实践性特点使它优于单纯的道德教育活动，使组织成员更易接受、理解。重视组织文化建设，鼓励秘书工作者多干实事，多创造较好的小环境，必将引起社会大气候的巨大变化，促进秘书职业道德建设整体水平的提高和秘书文化的进步。

第三节
构建社会主义秘书职业道德体系

🎯 **学习目标**

1. 了解完善秘书职业道德规范的主要途径。
2. 掌握提高秘书职业道德修养的正确方法。

名人名言

因为我们是为人民服务的，所以，我们如果有缺点，就不怕别人批评指出。不管是什么人，谁向我们指出都行。只要你说得对，我们就改正。你说的办法对人民有好处，我们就照你的办。

——毛泽东

当前，秘书职业道德水平不断提高，中国特色社会主义秘书职业道德体系正在逐步完善，但秘书在实际工作中仍存在职业道德缺失、职业道德教育不足等情况，职业道德建设水平与社会期望之间仍存在一定的差距。要彻底解决秘书职业道德存在的问题，需要了解形成秘书职业道德的文化机理，充分认识秘书职业道德建设中的主要矛盾，通过加强秘书自身道德修养和增强职业道德管理体系及优化职业道德发展环境等多方面入手，全面构建中国特色社会主义秘书职业道德体系。

秘书职业道德体系由以下几部分组成：职业价值观、职业文化、职业道德规范。构建中国特色和时代特色社会主义秘书职业道德体系，应树立为人民服务的职业价值观，繁荣与弘扬社会主义秘书文化，提高秘书职业道德修养，完善秘书职业道德规范。

一、树立为人民服务的职业价值观

(一)秘书职业是劳动职业的一部分

秘书工作者应当以马克思主义理论为指导，彻底改变较为陈旧的秘书观，明确规范秘书工作的职业特性，将秘书工作与领导工作严格区分，进而规范秘书工作的职业地位和秘书的职业角色定位，让领导、秘书乃至全社会成员都能清楚地认识到秘书仅仅是社会中的一个普通职业，秘书是社会的公仆，而非特殊权力阶层，更不是社会的主人。秘书工作是一种由社会分工派生出来的、服务全社会的普通职业。只有在这样的文化机制下，秘书工作才能走向规范，并有效防止秘书道德失范，防止腐败在秘书工作领域滋生。

(二)秘书的权力来自人民

从管理学角度来看，秘书的权力是领导权力的延伸。秘书的辅助工作实质上是领导一部分职责的让渡，与职责让渡相配套的是职权的让渡，"秘书活动的存在直接导致了秘书分享了本来属于领导者的权力"①。正是秘书职权的来源使秘书工作呈现潜隐性这一特征，并使得作为一名秘书首要的职业道德是忠于职守、不越权、不越位。

领导干部的权力是人民赋予的，协助领导工作的秘书人员，其权力也必然代表了人民的利益，必须要接受人民群众的监督。秘书腐败的根源之一就是监督缺位下权力的滥用。一些秘书人员迷信于领导权力，狐假虎威，在领导权威的庇护下大搞权力寻租，或干脆与领导同流合污共同犯罪，这些现象从本质上来说就是对权力的盲目崇拜和对权力来源的误解。秘书人员只有明白其权力的根源在于人民群众，只有在群众监督下行使的权力才有效，才能从根本上解决秘书腐败的问题。

(三)秘书以为人民服务为宗旨

秘书服务的三个目标是：为领导服务、为各部门服务、为人民服务。为领导服务和为各部门服务的最终的目标就是为人民服务。

为人民服务是中国特色社会主义核心价值观的体现。人民群众是社会物质财富的创造者，也是社会精神财富的创造者，还是社会制度变革的决定力量。各行各业只要是为社会创造经济价值和社会效益工作的，从本质上说都是为人民群众生产和生活的改善做出了贡献，也就是为人民服务。秘书工作也不例外，服务于领导，就是要协助领导更好地完成管理工作，提高决策的科学性；服务于各部门，就是帮助各部门将领导的决策毫无偏差地贯彻到具体的工作中去，将基层反映的问题和建议畅通无阻地反馈到领导层。从本质上来说就是要让组织运作更好地创造经济效益和社会效益，使得组织、社会和个人的共同利益得到提升，这才是秘书为人民服务的内涵所在。

综上所述，秘书来自人民，秘书职业是社会职业分工的一部分，秘书的权力来自人民，秘书必须以为人民服务为宗旨。只有明确了为人民服务的价值观，才能真正意识到秘书职业的价值，坚守秘书职业道德才真正有意义。

二、繁荣与弘扬社会主义秘书文化

历史文化和社会文化造就了秘书职业道德的思想内核，秘书职业道德体系的不断完善又促进了秘书文化的形成和发展，秘书文化和秘书职业道德之间一直保持着包含与被包含、作用与反作用的辩证关系。只有将秘书职业道德统一于秘书文化发展之中，并置于秘书文化的核心地位，才能从根本上构建完整的秘书职业道德体系。

---

① 朱庆好：《秘书腐败的权力来源及其控制》，171～174 页，载《理论探讨》，2006(3)。

(一)以社会主义文化为核心

我们正处于一个思想解放、观念碰撞、文化交融的时代，面对这样纷繁复杂的情况，以社会主义核心价值体系引领中国特色社会主义文化建设，具有重要的现实意义。中国共产党十八届三中全会指出："紧紧围绕建设社会主义核心价值体系、社会主义文化强国，深化文化体制改革，加快完善文化管理体制和文化生产经营机制，建立健全现代公共文化服务体系、现代文化市场体系，推动社会主义文化大发展大繁荣"①。社会主义核心价值体系是兴国之魂，决定着中国特色社会主义的发展方向，也必然决定着中国特色社会主义文化的发展方向。

秘书文化是社会主义文化的重要组成部分，必须以社会主义核心价值观为指导，从秘书行业的发展要求出发，立足当代中国现实，面向现代化，面向世界，面向未来，多途径构建和谐文化视野下的秘书文化。

(二)继承传统文化的精髓

中华传统文化是中华民族屹立于世界民族之林的基石，是中国现代文化的重要源流。在新的历史条件下，继承和发扬传统文化中的为官之道、为政之道、为民之道的思想，对于提高秘书工作者自身素质和推进社会的政治文明、精神文明建设，具有重要意义。

将中华传统文化的精髓进一步发扬光大，尤其是以"天下为己任"的强烈时代责任感、使命感和毫不犹豫的献身精神，以及诚意、正心、修身的内省品质，都应成为秘书工作者必须具备的人文素养。只有真正担负起文化"托命者"的历史重任，自觉坚守职业道德，才能将秘书文化发扬光大。

(三)学习、借鉴外国秘书文化

对待外国秘书文化，要注重吸收、借鉴其平等性、职业化、规范化、科学性等诸多先进之处，促进中国秘书文化的多元化发展，从而推动中国特色社会主义秘书职业资格体系的构建，推进中国特色社会主义秘书学理论体系的建立，提升中国特色社会主义秘书职业化的发展水平。

秘书文化应当牢固树立社会主义文化的核心地位，继承传统文化中的优秀成分。在此基础上，学习外国秘书文化的先进理念，既实行拿来主义，又反对民族虚无主义，兼容并包，博采众长，这才是建设中国特色社会主义秘书文化的应有之义，才是推动中国特色社会主义秘书职业化发展的必由之路。

---

① 《中国共产党十八届三中全会公报》，新华网，2017-08-12。

三、提高秘书职业道德修养

道德从本质上讲是一种自主、自觉、自愿的行为活动，它是基于道德行为主体对客观存在的道德规律的深刻理解和责任感而产生的，是基于行为主体发展自我、完善自我的内在需要而产生的，是行为主体在道德活动中积极能动性的表现。提高秘书职业道德修养，加强秘书职业道德建设，需要从提高秘书自身道德修养和完善职业道德管理体系及优化职业道德发展环境等多方面入手，采取综合措施，才能取得事半功倍的效果。

（一）加强知识理论学习

对于秘书人员来说，要牢固树立终身学习的理念，从前人的经验教训里获取精神财富。秘书人员要通过刻苦学习，掌握科学的理论体系，吸取人类先进的思想文化。比如，通过学习马克思主义理论，培养一个人正确的世界观，确保道德修养朝着正确的方向进行，掌握基本的道德知识。通过学习有关理论书籍，了解什么是道德，人类有哪些道德标准、道德规范、道德原则与道德理解。通过学习不断积累，逐步实现用科学的道德理论指导道德修养实践，以达到较高的道德修养境界。

（二）树立坚定的理想信念

秘书虽不是什么官，却是各级领导的参谋和助手，拥有很大的"隐性权力"，可谓不是官的"官"，不是领导的"领导"。事实证明，他们是当前不法分子进攻的重点对象。秘书人员必须牢固树立正确的世界观、人生观和价值观，始终保持一身正气和坚定的政治立场，自觉抵制金钱至上等腐朽思想的侵蚀和影响，做到大是大非面前不糊涂，政策法规面前不出格。

曾子曰："吾日三省吾身。"古人尚且如此，作为在领导身边工作、经常与权力接触的秘书，时时自省其身毫不为过。要经常反省自己的理想信念、宗旨观念有无偏离，精神境界、从政道德有无滑坡，言行举止有无过失。自省是抗腐蚀拒诱惑的"清醒剂"和"抗菌素"，反省自我可以时刻避免铸成大错，及时总结经验教训，坚定理想信念，在面对腐蚀和诱惑时能够保持清醒的头脑，始终做到清正廉洁。

（三）独立思考、直言敢谏

受各种因素的影响，领导有时候也会做出错误的决策。作为秘书如果发现问题不及时提醒，机械地执行领导的决策，就有可能造成难以挽回的损失。秘书人员不但要善于按领导的意见和意图办事，还应有自己的见解，并且敢于讲出自己的见解，要敢讲真话，反映真实情况。不要在领导面前唯唯诺诺，明知不对也说对。

秘书辅助领导，因"旁观者清"，比较容易保持清醒的头脑。因此，对领导工作中出现的疏漏和失误及时提醒，是十分有益和必要的。在领导身边近身辅助，一定要勤于思考，要敢于在适当时机提出不同的意见，这既是在领导与秘书的主辅配合中秘书通过自己的谏诤把握领导工作或生活的正确方向，更是减少因领导的失误而给工作带来损失。出于私心而迎合领导甚至为领导以权谋私、出谋划策，必将有害于事业，有害于领导和群众，也会有害于自己。

（四）知行统一

道德修养的一个重要特点就在于知行统一，讲道德的目的在于实践和应用。道德修养不能搞"闭门思过"，只有在实践中学习和锻炼才能收到实效。但这绝不意味着参加实践就是在进行道德修养，工作实践并不能代替修养。秘书人员只有在实践中自觉地进行自我修养，把道德修养和工作实践结合起来，不断以新的道德水平和道德觉悟参与实践，工作才能达到更高的水平。

理论和实践相结合是提高秘书职业道德修养应遵循的基本原则，也是提高秘书职业道德修养的根本途径。这就要求每个秘书人员身体力行，把职业道德修养贯穿到实际工作和日常生活中去，努力使自己成为一个具有高尚道德品质的合格秘书。提高道德修养需要理论的学习和知识的积累。但如果脱离实践，仅仅停留在"闭门修养"上，是无法实现自我完善的目标的。如果只从理论上去探讨，停留在"知"的层面上，不在实践中加以提高，言行不一，说一套做一套，理论与实践严重脱节，是永远无法实现道德修养的提高的。所以，必须知行统一，通过实践磨炼，逐步提高道德修养。

四、完善秘书职业道德规范

一直以来，国家十分重视和加强精神文明建设，提出"两个文明一起抓，两手都要硬"的思想，陆续出台了《中共中央关于加强社会主义精神文明建设若干重要问题的决议》和《公民道德建设实施纲要》等重要文件，对职业道德建设提出了具体要求，也给秘书职业道德建设指明了方向。

（一）积极推进秘书职业立法

当前，我国还没有专门针对秘书群体的职业道德的法律文件，未能实现秘书职业道德的规范化与制度化，也没有建立秘书队伍的职业道德的监督及惩处体系。在"依法治国"的大政方针的背景下，强化秘书的法律法规制度建设，构建秘书岗位的职业道德监管体系已是亟待解决的课题。

在秘书队伍职业道德建设进程中，只有做到有法必依，违法必究，道德建设与法制建设紧密结合，才能让秘书队伍的职业道德建设进入良性发展的轨道，从法律及监管的层面真正促进秘书队伍的职业道德建设，提高秘书群体的职业道德修养。

(二)深化秘书权力结构改革

缺乏有效的监管是导致秘书职业道德缺失的重要原因之一，秘书权力过分集中又是产生腐败问题的总病根。加强对权力的制约和监督，重在推进权力结构改革。只有积极、稳妥地推进权力结构改革，科学配置权力，构建以权力制约权力的机制，才能从根源上杜绝秘书失德与腐败问题的出现。

任何人行使权力都必须为人民服务、对人民负责并自觉接受人民监督。只有让权力在阳光下运行，构建以权利制约权力的机制，才能真正做到对秘书权力的监督无死角，甚至能增强秘书工作的使命感和积极性。一般来说，人们会对社会舆论和内心信念所肯定的行为感到满足和光荣，进而促使这些行为的产生；反之，人们会对自己的不道德行为感到羞耻和愧疚，进而想办法改正。广泛的群众监督，可以强化秘书人员的公仆意识，加固他们抵制腐败的思想防线，有效促进秘书人员道德觉悟的提高。

(三)构建现代秘书制度

以社会主义思想和人文精神为基础，科学构建中国特色职业化秘书制度，建立并逐步完善秘书工作的职位分级分类机制、竞争机制、激励机制和监督机制，建立并逐步完善职业化秘书工作的录用制度、职务晋升制度、考核制度、奖惩制度、培训制度、交流制度、回避制度、辞职辞退制度、退休退职制度和申诉控告制度等，实现秘书工作制度化、秘书制度文化化，使秘书普遍得到尊重，合法权益得到保障，秘书的劳动价值得以实现，彻底消除造成秘书心态失衡的消极因素。

(四)完善道德评价机制

道德评价是依据一定的道德标准对个体或群体的道德行为做出善与恶、道德与不道德的价值判断，以达到褒善贬恶、扬善抑恶的目的。道德评价可以提高秘书识别善恶的能力，增强改恶从善的自觉性，进而促进社会风气的不断改善。在社会生活中，它对人们道德品质的形成、社会道德风气的改善、人际关系的协调等具有重要作用。

一方面，在秘书职业准入机制，特别是秘书职业资格鉴定中加强对职业道德的评价，规范评价标准，完善评价方式，提高秘书职业的道德门槛；另一方面，重视对秘书日常行为的道德评价，及时把关于行为主体活动的道德价值判断反馈给行为主体和其他社会成员，促使秘书通过内心信念自觉地对照、检查自己的行为。

广大秘书工作者和秘书学者在长期的实践和研究基础上，吸收了我国传统的职业道德和西方发达国家职业道德的精华，秉承了社会主义职业道德"爱岗敬业、诚实守信、办事公道、服务群众、奉献社会"的基本规范，确立了中国特色和时代特色社会主义秘书职业道德规范。社会主义秘书职业道德既不是缥缈的理论杜撰，也不是某种刻意追求，而是当代中国秘书道德自身的逻辑生成。它不仅表现了当代中国秘书伦理的基本精神和道德理性，而且指明了现代社会秘书职业道德的发展方向。

本章小结

社会主义职业道德的五项基本规范：爱岗敬业、诚实守信、办事公道、服务群众、奉献社会。

秘书职业道德规范的主要内容：爱岗敬业、忠于职守，服从指挥、做好助手，廉洁奉公、遵纪守法，政治可靠、严守机密，谦虚谨慎、办事公道。

秘书职业道德从儒家文化中汲取的精华包括仁爱思想、义利观、慎独思想。

秘书职业道德需要摒弃的文化糟粕有官本位思想。

社会主义文化对秘书职业道德的影响：坚持正确的政治方向，坚持实事求是的工作作风，认真做好保密工作。

外国秘书文化对秘书职业道德的影响：秘书是领导的助手，形成完善的法制保障，强化学校道德教育和职业道德考试。

提高秘书道德修养的方法：加强知识理论学习，树立坚定的理想信念，独立思考、直言敢谏，知行统一。

总结 >

Aa 关键术语

职业道德	社会主义职业道德	组织文化
道德评价机制	官僚文化	责任意识

章节链接

本章与第四、第五、第七章共同构成秘书文化的精神、物质、制度和行为载体。第十、第十一章是本章内容的延伸。

应用>

批判性思考

习近平在十八届中央纪委三次全会上指出："对党尽忠不是对领导干部个人尽忠，党内不能搞人身依附关系。干部都是党的干部，不是哪个人的家臣……党内决不能搞封建依附那一套，决不能搞小山头、小圈子、小团伙那一套，决不能搞门客、门宦、门附那一套，搞这种东西总有一天会出事！"

请你思考一下，秘书与领导之间存在的人身依附现象，对组织和个人造成的危害有哪些？如何利用秘书文化建设和职业道德建设避免这种人身依附关系的产生？

体验练习

假设你是一名领导干部，需要招聘一个秘书，请将你对秘书的要求罗列出来。

拓展>

补充读物

1. 习近平. 秘书工作的风范——与地县办公室干部谈心[J]. 秘书工作，2014(4).

2. 成晓军. 晚清第一智库：曾国藩幕僚[M]. 北京：东方出版社，2013.

3. 官箴书集成编纂委员会. 官箴书集成（第五册）[M]. 合肥：黄山书社，1997.

在线学习资源

电视剧《绍兴师爷》，http：//tv. 2345. com/detail/128. html，2017-05-12。

第七章

秘书文化的行为载体：秘书职业守则与行为规范

本章概述

本章主要介绍秘书职业守则与行为规范。首先介绍秘书职业守则，包括刚正不阿与秉笔直书、学识广博与忠于职守、奉廉保密与敬业爱岗。其次介绍秘书行为规范，包括秘书工作规范、语言规范、举止规范。

结构图

本章重点：

1. 认真做到刚正不阿与秉笔直书。

2. 理解学识广博是如何修炼的。

3. 掌握奉廉保密的基本原则。

4. 熟悉秘书工作规范。

5. 熟悉秘书语言规范。

本章难点：

1. 学识广博是如何修炼的。

2. 奉廉保密的基本原则。

3. 秘书工作规范。

4. 秘书语言规范。

学完本章，你应该能够做到：

1. 理解学识广博的修炼方案。

2. 学会奉廉保密。

3. 熟悉秘书工作流程与规范。

4. 学会运用秘书语言规范。

　　秘书，在一些人眼中是一种有歧义的职业。有人认为秘书无学，更有人认为秘书是一个有着贬义色彩的词汇，特别是"女秘书"。然而高级秘书是一种极有价值的职业，仅中华人民共和国成立以来就涌现出无数优秀的秘书。行政部门的秘书发挥着重要作用；企业中的秘书出谋划策、协调大小事宜，起着举足轻重的作用。即将成为一名职业秘书的你，想要成为一名怎样的秘书呢？对自己的职业守则和行为规范有着怎样的要求呢？

第一节
秘书职业守则

学习目标

掌握社会主义道德体系下的秘书职业守则。

名人名言

实际上，每一个阶级，甚至每一个行业，都有各自的道德。

——恩格斯

我国的秘书职业有其社会性和历史性，处于社会主义道德体系之下，具有社会主义秘书文化的特征。秘书职业守则和行为规范是秘书职业道德的外在表现形式。秘书职业守则用以规范秘书的人格形成，促进秘书形成良好的世界观、人生观、价值观。古往今来涌现出许多优秀的秘书，他们都具备以下特点：刚正不阿与秉笔直书、学识广博与忠于职守、奉廉保密与敬业爱岗。

一、刚正不阿与秉笔直书

在我国秘书工作数千年的演进过程中，继承和弘扬优秀的传统文化，能够帮助秘书人员提高修养，弘扬正气，坚守职业操守，树立良好形象。刚正不阿与秉笔直书的秘书职业文化是自古以来优秀的传统秘书文化，也是今天秘书工作应该遵循的职业守则之一。

自西周初年起，秘书官吏在记录君臣言行、朝廷政事时，产生了"书法不隐"的规则，核心是"君举必书"和"秉笔直书"。"君举必书"是指凡天子、诸侯的言行都得直录，"秉笔直书"是指凡事都得如实记载。这种"书法"使史官起草的文件和记录的大事在一定程度上保持了事件原貌，具有真实性和可靠性。同时，客观上对天子、诸侯的言行起到了一定的制约作用，使他们遵循礼治，"非礼勿动"，以维护统治秩序。依据"秉笔直书""君举必书"的规则，史官逐渐形成了刚正不阿、威武不屈的职业文化。①

秘书人员作为领导的参谋助手，应始终保持端正的态度，平等待人，要有强烈的

---

① 杨剑宇：《继承优秀的传统秘书文化》，载《秘书》，2012(9)。

求知欲和虚怀若谷的态度及刻苦钻研的精神，潜心学习新知识，研究新情况，不断地总结，提高自己分析问题、解决问题的能力。决不能因自己的地位特殊而盛气凌人，甚至对下蛮横骄纵；决不能自以为是，好为人师，拿领导的话去教训别人，借领导的权威对别人指手画脚。这一切都是十分错误、有害的。高尔基说："智慧是宝石，如果用谦虚镶边，就会更加灿烂夺目。"实事求是应是所有秘书的座右铭，对己对人，秘书都应一是一，二是二，不弄虚作假，不睁眼说瞎话，不媚上欺下，不文过饰非，特别是在与个人利害有关时、在威胁利诱面前，不做违心事，不说违心话。一个合格正直的秘书，必须做到说老实话，办老实事，当老实人，忠诚坦白，光明磊落。

秘书部门工作人员要想做到诚信，就要树立正确的权力观、名利观、政绩观，通过勤勤恳恳的工作，创造出扎扎实实的业绩。在工作中要树立求真务实的工作作风，讲实话、报实情、办实事、求实效，不隐瞒自己的真实观点，不为私欲做有损党和人民利益的事情，真正把时间和精力放在抓好各项工作的落实上。在日常生活中，要做到人前人后一个样，台上台下一个样，领导在与不在一个样，言出必行，行出必果，老老实实做人，踏踏实实做事，做一个堂堂正正、光明磊落的人。

🔍 **案例**

太史董狐　秉笔直书

董狐，春秋时晋国史官，相当于今日的秘书干部。晋灵公十四年（公元前607年）晋卿赵盾因避灵公杀害而出走，但尚未逃出国境，其族人赵穿（赵盾的弟弟）在桃园攻打灵公并将其杀死。之后，赵盾回来又拥立晋成公继续执政。董狐就此在史简上写道："赵盾弑其君。"并在朝堂上展示。赵盾说："不对。"董狐说："你是正卿，逃亡不出境，回来不讨贼，不是你是谁？"赵盾说："可否改写？"董狐毅然回答："是是非非，号为信史。吾头可断，此简不可改也！"也就是说，宁可掉脑袋，也不做虚假文章。

董狐此举，获得人们很高的赞誉。

孔子称董狐是"古之良史"。

黄庭坚题诗赞曰："董狐笔长直。"

文天祥将其列为人间正气的典范，说："在齐太史简，在晋董狐笔。"

董狐作为一个秘书官，不怕压力，不畏权贵，敢于真实地反映客观事实，这种高风亮节是永远值得称道的。

董狐面对自己的领导、顶头上司时，他的文品为什么这么"直"，这么"实"，言语又这么"硬"？这源于他的人品。俗话说："无私才能无畏。"文品正是人品的化身，胸中有正义，才能不失做人的胆略和气节。实事求是历来是我国秘书工作者的优良传统。

继承和发扬这一优良传统，遵守刚正不阿和秉笔直书的职业守则对当下的秘书工作有着重要的指导意义。

二、学识广博与忠于职守

(一)学识广博

2015年"五一"期间，央视推出系列节目《大国工匠》，讲述了八位行业顶级技工用双手匠心筑梦的故事。大国工匠们在平凡的岗位上，追求职业技能的完美和极致，靠着传承和钻研，凭着专注和坚守，成为顶级技工和一个领域不可或缺的人才，他们身上体现的是工匠精神。这对追求"短、平、快"(投资少、周期短、见效快)的即时利益的人们不啻为一针清醒剂。一名优秀的秘书就需要具备这种工匠精神，更需要不断提高自身学识。

1. 不断提高自身修养

秘书人员要想成为领导的得力助手，就要努力提高自身修养，使自己具备工作所需的多种知识和能力。韩国大成产业株式会社会长金英大说："沈夫人曾跟随丈夫去加拿大住了两年。在这两年中，找秘书的事可是把我折腾得够呛。我先是招了一个会英语的秘书，结果他汉语学得很不好，所以对业务有很大影响。后来又招了一个懂汉语的秘书，怎奈她又对品茶一窍不通，当起秘书来还是有诸多不便。最后没办法，只有再找一个懂点茶道的大学生来当兼职秘书。这时我才发觉，原来沈夫人一直一个人在做着三四个人的活儿。所以从那之后，我的生活、工作都越来越依赖沈夫人。"①可见她在领导心目中占有不可取代的重要地位。

秘书要成为领导的"百科全书"，就要注意知识的积累，不求精深但求广博，努力使自己成为"杂家""通才"。秘书知识包括基础知识、专业知识和辅助知识。秘书知识面越宽阔，越有助于工作的创新突破。秘书能否成为办公室工作的能手，很大程度上取决于他对这些知识的掌握程度。

2. 不断提高职业技能

工匠们总在不断追求进步，不断完善产品设计、生产流程。他们会严格检测每一件产品，确保没有任何瑕疵。工匠的目标就是打造本行业的优质产品。

学习工匠精神，秘书就要追求职业技能的极致。秘书人员要耐心、专注、坚持，不断提升工作和服务水平。专注就是注意力全部集中到工作上，与所处理的事务融为一体，不被其他外物吸引，特别是在遇到挫折和诱惑的时候。再大的学问，也不如聚

---

① 全圣姬：《沈夫人致后辈书》，关启锐，译，北京，现代教育出版社，2009。

精会神来得有用①，秘书工作认真、专注，努力付出，一定会获得进步和成功。正如成功学强调的，简单的事情重复做，你就是专家；重复的事情用心做，你就是赢家。

秘书要努力提高平凡、琐碎的工作的附加值。秘书只要热爱自己的工作，对每一项事务都抱着精益求精的态度，就能增加工作的附加值。接待客人时，给客人沏一杯茶，在将茶水递给客人时面带微笑，让客人感到亲切，对公司产生好感，这就是秘书创造的附加值。工作的附加值就是自身的竞争力。如果秘书提高了每一项工作的附加值，那么领导就会对他刮目相看。相反，如果秘书认为自己的工作只是"打杂"，那么领导有可能让他永远"打杂"。

总之，工匠是把每一件事都做到极致的人。秘书辅助领导实施管理，各项事务既平凡、琐碎又影响全局，工作成效很难完全量化考核。因此，秘书学习工匠精神，追求职业修养的极致就显得格外重要。

3. 不断校正职业态度

在工匠身上最值得秘书学习的是热爱工作的职业精神，而不是具体工艺。工匠不仅仅把工作当作赚钱的手段，而是具有一种对工作执着、对所做的事情和生产的产品精益求精、精雕细琢的精神。他们追求的是从精致到完美，而不是"差不多"。工匠的精神状态是平静、安适、充实、愉悦、幸福的，他们活在当下，强在内心；打工者的精神状态却是焦躁、忧郁、惶恐的，他们永远都在为看不清的明天奔忙，外表强悍，内心空虚。

由于秘书工作面广、量大、重复琐碎，工作业绩有一定的隐匿性，时间久了，秘书就容易产生失落、压抑的负面心理，对工作失去热情，甚至怠慢、应付。学习工匠精神，秘书人员就要努力培养自己的职业品德，提升自身的精神境界，赋予工作信仰和生命。

做好秘书工作，关键在于如何看待自己的工作，如何从平凡、琐碎的事务中获得乐趣和成就感。《沈夫人致后辈书》的作者全圣姬说："想要在工作中得到乐趣，就要学会从自己所从事的工作中体会到成就感，哪怕是一些细微的事情。""这种成就感能够不断地激励他们对于今后的工作全力以赴。""为会长打扫桌子，给客人倒咖啡，倾听员工们的唠叨，每天早晨学外语，看着公司越发展越壮大，每当这时候，我便会感到很充实。正是这种成就感，给予了我无限的活力和动力。"②可见，职业精神、职业态度决定秘书工作的质量。

① 李丽、李忠义、宋雁超：《工匠精神与秘书职业极致之美》，载《秘书之友》，2016(1)。
② 全圣姬：《沈夫人致后辈书》，关启锐，译，北京，现代教育出版社，2009。

🔍 **案例**

文书巨匠　实录《史记》

在我国历史文化的殿堂中，司马迁同他的《史记》像一颗璀璨的明珠熠熠生辉、光耀千秋。司马迁继其父司马谈之后做了汉武帝的第二任太史令，负责记载帝王生活起居、朝廷大事和收集、保管档案史料。司马迁之所以能写出这部不朽巨作，除了他具有勤奋刻苦的学习精神和超高的历史文化使命感外，他早年跟随汉武帝出巡各地，游历考察了全国大部分地区的风土人情、名胜古迹及先贤故里，偏远的西域边境也留下了他的足迹，也是一个重要原因。这种经历，一方面使他有机会广泛接触各阶层民众，了解民众的疾苦、愿望和情感，学习吸收民间的丰富语言，掌握地方的民俗和经济情况，收集档案史料，瞻仰先圣的遗迹；另一方面，作为汉武帝的史官，他掌握着大量的历史档案资料，从历代档案史书中吸收了丰富的养料。这些为他撰写《史记》奠定了坚实的基础。

司马迁"年十岁则诵古文"，既受教于其父司马谈，又求教于董仲舒、孔安国等人。他通读"六经"、诸子百家、秦汉诸家著述，积累了丰富的书本理论知识。他"二十而南游江、淮"，考察古代、近代遗闻轶事，增长了大量的实践知识。他"奉使西征巴蜀"，随从汉武帝出巡，"尝侧下大夫之列，陪奉外廷末议"，增长了许多从政知识。他掌管汉代百年来的档案图籍，了解自汉兴以来的政治、军事、外交、经济、文化等各方面情况。他仰观天象、俯察地理，积累了丰富的天文、律历和地理知识。这为他撰写《史记》奠定了丰厚的知识基础。

司马迁深知，要写好《史记》，必须扎扎实实地积累、整理、研究档案、图书等史料。他担任太史令之后，并没有立即动手写《史记》，而是用了五年时间"䌷史记石室金匮之书"。太史府收藏着汉代以来的各科文书资料及档案，是他整理、研究、撰写文稿之地。同时，他还到未央宫保存秦王朝历史档案文书的石渠阁、保存图籍秘书的天禄阁、保存功臣画像的麒麟阁去查阅各种档案、图书、画像等资料；到由御使中丞掌管的兰台去查阅监察等现行文书、档案和图书。除此之外，他还在随从汉武帝出巡的过程中，了解当地政治、经济、文化、军事等情况。这些既为他撰写《史记》打下了基础，也反映了他勤奋刻苦的学风和实事求是的治学精神。

司马迁为了把《史记》写成一部信史，始终坚持"实录""考信"的原则和方法。"实录"是司马迁坚持的一个重要原则。他一反以孔子为代表的儒家"为尊者讳""为贤者讳"的曲笔传统，秉笔直书、直抒胸臆。他对历史人物乃至当朝的帝王将相、文臣武士的功过、是非、善恶都如实记录并加以褒贬。这在封建时代是极为罕见的。"考信"是司马迁鉴别历史事实、去伪存真的重要方法。他"好学深思、心知其意"，运用史料和事例十分审慎，信则入卷，疑则存疑，伪则弃之。司马迁"考信"的标准和根据是历史事实。他说："夫学者载籍极博，然犹考信于'六艺'，《诗》《书》虽缺，然虞、夏之文可知也。"就是把"六艺"作为史料、作为考信古代历史的根据来看待的。正因为司马迁坚持了"实录""考信"的原则和方法，所以《史记》才得以成为烁古耀今的不朽信史。

阅读《史记》，我们可以感受到司马迁有着强烈、鲜明的个人爱憎，但是他能做到不被个人的爱憎惑乱，他正视现实、承认现实，如实地写出他所掌握的事实的真相。即使他不理解，即使要写的东西与他的感情有矛盾，他也要强制自己如实地把它写出来，让读者自己进行分析评价。司马迁蹲过监狱，受过官刑，对于封建社会的酷吏峻法深有体味，且深恶痛绝。由此连带而来的是他对先秦法家人物的反感，如商鞅和晁错。司马迁尽管从感情上厌恶他们的为人，但是对于他们所做事情的本身，却保持了秉笔直书，也丝毫不掩盖他们的功绩。司马迁对李广是极为敬佩的，但在其列传里也没有掩盖李广的缺点。司马迁同情项羽，但也详细地写出了他必然失败的命运；反感刘邦，却也写出了他必然成功的条件。这种尊重事实、不因个人爱憎歪曲历史真相的求实态度，体现了司马迁的公正和客观。

司马迁这种深入调查、一丝不苟、秉笔直书的求实精神，对今天的秘书工作者有着十分重要的启示意义。同时他吃苦耐劳、执着探索的精神也是值得学习的。司马迁广泛地搜集和详尽地占有材料，同时，他还广泛地进行采访和实地考察，搜集大量的第一手材料，有许多材料是他采访、考察所得，亲见亲闻，只要有可能，他就把自己从实地考察中得来的第一手材料和亲身感受写到《史记》中去。渊博的文史知识，恢宏的文化视野，勤奋求实的学风，是司马迁撰写出《史记》这一不朽巨著的基础。

(二)忠于职守

秘书是为行政机关、企事业单位、团体或个人提供辅助管理、综合服务的人员。[①]秘书作为组织机构或领导个人的参谋助手，发挥着沟通内外、联系上下、协调左右的重要作用。秘书工作的主要特征是服务：服务领导，服务基层，服务人民。具体体现在以下几方面。

1. 要在参与全局性工作中提高宏观思考问题的能力

秘书由于职责的关系，经常会参与一些全局性工作，因此，必须站在领导的角度思考问题，不断提高宏观思考问题的能力。一是要注重提高自己的理论素质，理论素质是一个人素质的核心和灵魂。写文章写到一定程度，就是理论功底问题，是哲学问题。如果文章缺乏思想，是很难给人以启发的。作为秘书，如果没有较为扎实的理论功底，那么写出的文章很有可能会因为"浅"而通不过，提出的建议可能因为"小"而不

---

① 陈合宜：《秘书学》，广州，暨南大学出版社，2001。

被领导采纳。上级的文电、领导的讲话都是着眼于全局提出来的，理论性、指导性都很强。秘书要经常学习和思考，学习写文章的技巧，学习思维方法，对报刊的社论、评论员文章、理论研究文章等，也要耐下心来细嚼慢咽，这样不断地坚持，在潜移默化中就提高了理论素质。二是要注重站在领导的角度思考问题。秘书必须站在全局的角度思考问题，否则就很容易局限于具体工作，因缺乏深度和高度而达不到领导的要求。要敢于换位思考，敢于站在领导的位置上思考、分析和把握问题，努力达到超前思维、同步思维和跟踪思维的要求。三是要注重全面了解、熟悉情况。不了解全局，就站不到全局的高度，看问题的层次就上不去。秘书了解情况有许多得天独厚的条件：文件资料多，可以及时了解全局的情况，熟悉上级的指示精神，掌握机关和单位开展工作的情况；与领导接触多，可以及时了解领导思考什么，关注什么；参加会议多，可以及时了解领导的决策意图和工作思路。充分利用这些便利条件，对情况就有了较为全面的了解，也为完成领导交办的任务奠定了较为扎实的基础。

2. 要在参与起草各类综合性材料中提高综合归纳的能力

在秘书承办的材料中，有领导讲话、情况报告、纪要等文体，这些材料的写作都需要较强的综合归纳的能力。提高综合归纳的能力，没有多少捷径可走，关键是多学、多想、多练。多学，就是向领导学，向有经验的同志学，向书本学。例如，召开办公会研究一个重大问题时，主要领导往往会在会议结束时做总结性讲话，这个讲话一般都是主要领导在集中其他领导智慧的基础上形成的。在做记录时，秘书就要认真揣摩领导是怎么把握主次、怎么分清轻重缓急、怎么进行概括的，从中学会正确的归纳方法。再如，在起草会议纪要时，如果是自己先拿到初稿的，领导在把关时会对综合归纳不够精确的地方进行一些修改，这时秘书要进行反复比较，从中分析领导是怎样进行归纳的，这样长期坚持下去，能力就会有很大提高。多想，就是进行抽象思维，善于通过事物的现象认识和把握本质，并从大量的个别事物中找出它们的规律。这样写出来的材料才能体现综合性，做到有高度、有深度。多练，就是勇于自施压力，勤学苦练，通过多写、多练，逐步提高综合归纳的能力。在工作中，对每次的锻炼机会都要认真对待，无论起草讲话、报告，还是调查报告、会议纪要，都要力求写一次有一次的进步。

3. 要在执行突击性任务中提高快速反应能力

秘书工作节奏快，有时起草一个讲话，从接受任务到完成任务，只有一两天的时间，如果按部就班地去做，没有紧张快干的作风，想快速高效地完成是不可能的。一是要超前计划。凡事预则立，不预则废。树立超前的思想观念，当天的事要当天完成，绝不能慢慢吞吞、按部就班，以致造成工作积压。对下一步可能担负的工作任务、可能出现的情况要预先考虑，早谋划，早动手，这样一旦接受任务就能很快进入状态，赢得工作的主动权。二是要有吃苦精神。时间要求急、工作任务重、加班加点多是秘书工作的一个突出特点。做好秘书工作，需要付出大量辛苦的汗水和心血，不怕吃苦受累，没有任劳任怨、忘我工作的精神是不行的。特别是在遇到会议活动时，秘书经常要通宵达旦地"连轴干"，甚至吃住都在办公室，连续加班加点，否则就很难在规定的时间内优质高效地完成任务。三是要占有大量资料。秘书经常会遇到一些急活，有的难度很大，没有一定的资料积累和知识储备，想在最短的时间内完成任务是不可能的，更别说拿出精品了。因此，秘书一定要注意积累资料，一旦需要就能信手拈来。

4. 要在承办日常工作中提高严谨、细致办事的能力

机关工作无小事，秘书工作更是如此。有些工作虽然是日常性的，但如果工作不细致，一旦出现失误，轻则影响相互关系，重则贻误工作，影响领导威信，损害单位建设。因此，秘书要树立严谨、细致的作风。一是提高办事质量。承办领导交办的事情时，要正确领会意图，抓紧办理，落实后及时汇报，做到件件有着落，事事有回音。工作中，要多请示，多汇报，不可自作主张、随意答复。二是熟悉办文程序。比如，代单位起草的文件信函，必须经主要领导审阅并按规定程序签署以后，方可发出；组织传阅文件，必须严格按规定范围、时间和顺序进行，有效控制文件的去向和传阅进度，尤其要掌握好特急和绝密文件的传阅；查阅常委会议记录，须经书记或副书记批准，等等，这些都是秘书在工作中必须遵循的基本程序。三是遵守保密纪律。秘书保管的文件密级程度高、数量多，稍有不慎，就有可能出现泄密。对文件要及时分类归档，尤其对绝密文件的管理，要认真登记，专柜专放。在承办日常工作中，秘书会接触大量的核心机密，不能向任何无关人员泄露，平时要坚持做到不该问的不问，不该说的不说，做到守口如瓶。

三、奉廉保密与敬业爱岗

（一）奉廉保密

1. 廉洁奉公，遵纪守法

廉洁奉公是秘书人员履行职业行为的重要保证，要求秘书人员在职业活动中坚守原则，不利用职务之便假借领导名义以权谋私，不搞利益交换、权钱交易。严格地说，秘书的职务权力非常有限，但由于秘书是工作在领导身边的人员，是离权力较近的群体，"实权"不大但"用权"方便，可以通过领导来处理一些自己无权处理的事情。处在市场经济时代，接近权力中心的秘书人员也面临着各种利益的诱惑。秘书人员一定要有正确的人生观、价值观和金钱观，正确看待金钱和物质利益，不为各种名利所动，真正做到"富贵不能淫，贫贱不能移""宁公而贫，不私而富"，一心一意守岗敬业，勤奋工作，甘当无名英雄。

习近平在《秘书工作的风范——与地县办公室干部谈心》一文中指出，"公正廉洁，两袖清风"是对"办公室干部，特别是领导秘书的最基本要求"，强调要注意生活小节、努力做到"五不"。办公室（厅）不是世外桃源，秘书没有天然免疫力。由于工作的特殊性，秘书常被人们称为二号首长，若沾沾自喜、失去警觉，不注重主观世界的改造、加强自身道德修养，势必会成为不法分子或心术不正者进攻的目标。从成克杰案到陈良宇案、刘志军案，无一例外地印证了这一点。因此，党委办公室（厅）除了从顶层设计上不断完善制度规范，打造秘书人员不想贪、不愿贪、不敢贪的制度"笼子"，还要注重建立健全教育管理、督促检查的"常""长"机制，进一步筑牢秘书人员拒腐防变的道德防线。

一要自觉增强自律意识。秘书人员要正确定位，积极履职，明白自己只是协助领导干部处理公务的工作助手，虽岗位特殊，责任却特别重大，不能认为"机关牌子大、领导靠山硬"而有所倚仗、有恃无恐，更不允许滥用领导和办公室的名义谋取个人私利；要积极主动落实习近平在2014年参加十二届全国人大二次会议安徽代表团审议时提出的"三严三实"要求，慎微、慎独、慎初、慎交友，守得住清贫、耐得住寂寞、顶得住诱惑，守得住法律底线、守得住道德底线、守得住职业操守，进一步培养高尚的精神境界、高尚的人格魅力、高尚的品格素质。

二要严格遵守制度规范。习近平在《秘书工作的风范——与地县办公室干部谈心》中说："作为领导的秘书，只是工作的需要，并没有政治上的特权。"秘书人员一定要严格遵守各项制度规范，认真履行岗位职责，自觉接受领导干部的领导，积极参加党的组织生活并完成组织交给的各项任务，高标准地当好领导的参谋助手，习近平强调要做到"不自负、不自诩、不自以为是"。要严格遵守政治纪律、组织纪律、保密纪律、工作纪律和廉政纪律，严格遵守对党员、公务人员的各项制度规范，不得以领导的名义传达个人意见，或在传达领导意见时夹带个人意见；不得打着领导的旗号，干预有关人事安排、案件审理、工程建设、政府采购、项目审批等；不得借领导的名义，收受礼品、礼金、购物卡等；不得向亲友和其他人员泄露党和国家机密、内部消息；不得利用工作中知悉的未公开信息谋取私利。

2. 严守秘密，开拓创新

由于秘书常在领导身边，接触机密文件多，参加重要会议多，是机要工作者，因而保密是秘书人员的一项重要职业道德。秘书人员必须提高警惕，严守党和国家的机密，严防国内外敌特分子窃密，也不得泄露或出卖本单位的经济情报。秘书人员还应该做到不泄露领导尚未决定的关系到群众利益的事，如工资调整、人事调动、干部的奖惩任免等；也不得议论别人的隐私，以免影响情绪，制造矛盾，破坏团结。严守机密，还包括不看、不听、不记自己不该知道的机密。有些机密有时间性，在过保密时间公布之后，有修养的秘书也不应该说自己已知道。炫耀自己知道机密也是失职和政治修养不高的表现。秘书必须认真执行《中华人民共和国保守国家秘密法》，把保密作为秘书的一项重要的职业道德和纪律来对待。

创新能力是领导决策科学化对秘书素质的必然要求。之前说"时间就是金钱，效率就是生命"[①]，现在是"信息就是金钱，决策就是生命"[②]。在 21 世纪，谁拥有更高的智慧和创新能力，谁就能做出更好的决策。如果说 20 世纪我国各级领导层的决策还存在很大的经验成分，那么到 21 世纪，必将由经验决策转变为科学决策，这是科学技术和社会发展的必然趋势。秘书作为辅助领导工作的特殊职业，在领导决策活动中的地位和作用越来越重要，领导对秘书的辅助要求越来越高，不仅要求秘书提供信息，办文、办事，而且要求秘书参与政务，出谋献策，充分发挥参谋作用。而参谋作用发挥得如何，在很大程度上取决于秘书的创新能力。没有创新的意识，没有创新的胆略，没有创新的思维，是不可能为领导决策提出有价值的建议的。

🔍 案例

严于律己　缄默守则

保密，不管是现代还是古代，都被看作秘书人员最重要的职业素质和工作原则。孔光是汉成帝时的领尚书事，掌管机密工作，凡是涉及与皇帝之间对话内容的草稿一律销毁，防止机密泄露。如果他推荐别人做官，也不会让对方知道，以免结党营私。孔光对家人也只字不提朝中政事。家人对皇宫里很好奇，问他："长乐宫温室殿前种的都是些什么树啊？"孔光先是皱眉，然后沉默不语，最后顾左右而言他。他的保密意识如此强，处理方式既不伤感情，又让对方明白这是机密。

对于保密问题，我党历来高度重视。毛泽东同志就曾亲笔为军委机要处题词："保守党的机密，慎之又慎"。1951 年，他在中央政治局的一次会议上又讲道："必须十分保密，九分不行，九分九也不行，非十分不可。"回顾历史可以看到，在"守口如瓶"方面，老一辈革命家为后人树立了榜样。

在我国首次核试验前夕，周恩来同志主持召开重要会议。会议期间，张爱萍副总参谋长站起来向总理告假，要提前离会。就在张爱萍刚准备离开时，周总理突然从沙发上站了起来，堵住了张爱萍的去路，关切地说："爱萍，你带核试验的文件了吗？"在得到张爱萍没有带的回答后，他仍指指张爱萍的口袋，说再搜一搜，看有没有纸条。张爱萍将自己几个衣兜仔细掏了一遍，什么也没有。周总理这才如释重负："保密无小

---

① 改革开放初期，深圳蛇口工业区创始人袁庚提出"时间就是金钱，效率就是生命"，这句口号曾在 1984 年被邓小平同志首肯，是描述改革开放最有代表性、最能反映特区成立早期深圳精神的观念。

② 张少初：《企业竞争中的信息》，载《中小企业管理与科技(上旬刊)》，2010(4)。

事啊！你邓大姐是老党员、中央委员，她都不知道我们要搞核试验，我从不对她讲。"

秘书工作者地位特殊，责任重大，既是重要的涉密人员，又是重要的保密力量，也是窃密者瞄准的重要目标。所以，必须强化保密就是保安全、保大局、保胜利的意识，以百倍的警惕和时不我待的精神做好保密工作。要看到，我们所面临的保密工作形势严峻复杂，特别是在社会信息化日益发达的今天，境内外敌对势力窃取我国经济、政治、军事、科技等秘密的间谍活动猖獗。对待保密工作，一定要有清醒的认识，不能有丝毫的麻痹与松懈，要严之又严，慎之又慎，不断增强"守口如瓶、防意如城"的紧迫感和自觉性。

（二）敬业爱岗

秘书工作岗位重要、责任重大、任务特殊，这就决定了秘书人员必须忠于职守、来不得丝毫懈怠、懒惰、草率、疏忽，更不能失职、渎职。否则，会给工作造成无法估量的损失。具体说来有以下内容。

1. 乐业爱岗

"乐业而工作有恒"[①]，秘书人员只有对所从事的职业充满热爱、充满荣誉感，才能拥有勤奋的工作态度和高昂、充沛、持久的工作热情。因此，正确认识秘书这一职业的特点和需要，端正对本职工作的态度和认识，把忠于职守，出色地做好秘书工作，始终当作领导和人民的重托去考虑，增强职业的荣誉感和时代责任感，以一种"不需扬鞭自奋蹄"的工作态度，为创造一流的服务默默无闻地顽强拼搏。

2. 敬业定志

敬业是忠于职守的前提，定志是忠于职守的基础。只有安心定志，才能做到忠于职守、不懈怠、不失职。秘书人员要像雷锋同志那样，做一个人民需要的"螺丝钉"，拧在哪里就在哪里发光，干一行，爱一行，干好一行。

3. 高度负责

秘书人员不仅要树立甘于吃苦、乐于奉献、任劳任怨、埋头苦干的精神，而且要有高度负责的精神。对于领导交办的事情，要尽力办好，并且件件有回音，让领导放心；对于领导下达的指示，要原原本本地传达和执行，不打任何折扣；办文要准，严密认真；办事要细，不压不推；办会要周，有条不紊。总之，对所承担的每一项工作都要小心谨慎，细致踏实，一丝不苟，认真去办，办不完不放下，并力求避免出现差错。无论什么原因，都不能出现工作失误。

4. 积极主动

秘书人员要学会从被动中求主动。要做到这一点，首先要多思善谋。围绕领导的

---

① 刘田喜：《秘书人员职业道德的现实要求》，载《秘书工作》，1997(2)。

活动，开动脑筋，大胆工作，多给领导出主意、提建议，帮助领导把各项工作抓出成效。其次要勤奋。既要手勤、嘴勤、腿勤，更要勤于动脑，经常思考领导要干什么，想干什么，自己应该提前做好什么，把服务工作的原则性、灵活性和超前性有机地结合起来，积极主动地做好服务工作。

5. 雷厉风行

对领导交办的事情、分配的任务不拖拖拉拉，办得快，办得好，一鼓作气，圆满完成。做到"今日事，今日毕"，不唱"明日歌"。

第二节
秘书行为规范

🎯 学习目标

掌握秘书工作规范、语言规范和举止规范。

🔊 名人名言

有什么办法使这种仅有书本知识的人变成名副其实的知识分子呢？唯一的办法就是使他们参加到实际工作中去，变为实际工作者，使从事理论工作的人去研究重要的实际问题。

——毛泽东

一、秘书工作规范

一个职业的规则具有普遍性，是制定出来供大家共同遵守的成文或不成文的行为规范。《师卦》有言，"师出以律，否臧凶。"《师卦》是《易经》第七卦，"师"，即军队；"律"，即纪律、法度；"臧"，即强大。这句话的意思是，出师征战必须要有严明的纪律，如果军纪不良，再强大的军队也有失败的危险。

大致说来，秘书在工作中应该坚持"四不变"，即坚守法纪道德的底线不能变，恪守忠诚可靠的秉性不能变，遵循实事求是的指导思想不能变，坚持"书、办、谋、管"的职责权限不能变。

（一）坚守法纪道德的底线不能变

《秘书工作》序言中有这样的描述，我国秘书工作有着自己特点和传统，其中最突出的，如准确、迅速、保密的工作原则，严格而自觉的组织纪律，甘做无名英雄的职业素养。① 秘书作为领导的左右手，接近权力的中心，经受的考验和诱惑远远多于常人。要时刻保持清醒的头脑、发扬廉洁自律的品质和谦虚谨慎的工作作风。要时刻牢记党纪国法的严肃性、权威性，法纪面前人人平等，切不能存在"二号首长"的思想和任何侥幸心理，在党纪国法、大是大非前没有丝毫的"变通"可言。

🔍 **案例**

廉洁奉公　德有"四善"

贞观年间，唐太宗要求秘书官吏德行兼备。德包括秘书官吏的道德品行、对君主的忠顺；行包括其才能、守职的勤懒和实绩。德的基本标准称"四善"，即德义有闻、清慎明著、公平可称、恪勤匪懈，简称德、慎、公、勤。行的标准依据业务不同，分为 27 类，称"二十七最"，其中针对秘书官吏的标准有"献可替否，拾遗补阙，为近侍之最"，即要求皇帝身边的亲信秘书官要献计献策，参议朝政得失，防止失误，起参谋、咨询作用，做到者即为最好的参谋式秘书官吏；"承昌敷奏，吐纳明敏，为宣纳之最"，即能及时、准确地收发、传递奏章、诏书，不出差错，这是最好的从事公文收发事务的秘书官员；"祥录典正，词理并举，为文史之最"，即记注朝廷大事详细、正确，起草公文说理深刻，文辞优美者，是最好的文字秘书官员。

唐德宗朝翰林学士陆贽是一位著名的古代秘书，廉洁奉公。陆贽刚出道时，曾与寿州刺史张镒结为忘年之交，陆贽回家探亲拜访张镒，临别时，张镒"遗贽钱百余万"，陆贽坚决婉谢，"唯受新茶一串而已"。陆贽东归洛阳，寓居嵩山半乐寺，因是皇帝的大红人，不少人在陆母丧事时趁机对他大献殷勤，然而"藩镇赙赠及别陈饷遗"，陆贽"一无所取"。

纵观历代秘书，凡符合职业规范和道德要求的皆能有所成就，流芳百世，而缺乏职业操守的最终都会身败名裂，遗恨千古。职业道德规范是秘书职业发展的安全线，要牢记在心，谨慎遵守。

习近平在谈论秘书工作风范时指出，作为秘书特别是领导秘书，最基本的要求是，一要"清"，公正廉洁，两袖清风，二要"慎"，周密考虑，谨言慎行。② 秘书岗位是党政机关、企事业单位很多有志青年向往的，是一个非常锻炼人的岗位。但在诱惑和利益面前，要恪守做人底线，树立为人民服务的职业操守，永远不能变。

---

① 李欣：《秘书工作》，北京，高等教育出版社，1985。
② 习近平：《秘书工作的风范——与地县办公室干部谈心》，载《秘书工作》，2014(4)。

(二)恪守忠诚可靠的秉性不能变

各行各业都对从事本职业的人员有着规定，如军人要以服从命令为天职，医生要以救死扶伤为天职，教师要以教书育人为天职……这些归根结底都要求两个字——操守。那秘书的操守又是什么？从制度层面讲，秘书的基本操守是遵纪守法，这也是秘书工作的底线；从道德层面讲，秘书的基本操守就是忠诚可靠、谨言慎行，这是衡量一个秘书是否合格的基本准则。对于每个秘书工作者而言，一要忠于理想信念，二要忠于职业岗位，三要忠于服务对象。秘书和领导一样，都是以全心全意为人民服务为宗旨。首先，要忠于国家和人民，忠于国家利益。其次，秘书作为一种比较特殊的岗位，承担着沟通内外、联系上下、协调左右的桥梁纽带作用，接触形形色色的人和事，更应时刻坚守做人做事的原则，忠于自己的职业岗位。最后，忠诚可靠是一种优良美德，也是秘书应秉承的人生准则。秘书随着领导的产生而产生，是领导的"影子"和"管家"，本质上具有从属性和辅助性的特点。因此，要对事业忠诚，对领导忠诚，不能朝三暮四，成为"变色龙"。

"政者，正也"，只有立身正，才能站得直，底气足。有一个故事讲得好，鸟兽间爆发了战争，蝙蝠一直在投入鸟类还是投入兽类犹豫不决。当猛兽和飞禽殊死搏斗时，蝙蝠躲得老远，觉得鸟类占了上风就跑到鸟类这边，觉得走兽占了上风就跑到兽类这边。最终，飞禽走兽都看到了蝙蝠的真面目，蝙蝠从此只能躲在山洞中，等黑夜才敢出现。趋炎附势、择利而投、见风使舵，这些行为是广大秘书工作人员要坚决摒弃的。

忠诚是秘书重要的品质之一。忠诚，首先是忠于祖国、党和人民，其次是忠于自己的领导和岗位。当然，这种忠诚是在崇高的理想信念和明辨是非的前提之下。邓小平一生起起落落，而作为其秘书的张宝忠却从一而终，荣辱与共，不论外界如何评论，张宝忠始终坚信邓小平是光明磊落、为党为人民的。这种忠守不仅出于对领导道德、品格的信任，更是来自对党崇高理想信念的坚定。

需要指出的是，忠诚不是愚忠，倘若发现领导有不端行为，秘书人员不仅不能与其同流合污，而且应当旗帜鲜明地予以提醒和制止，乃至向有关部门举报。忠诚也不见得是"士为知己者死"，看不清历史发展大势，甚至走上人民利益的对立面，只是教条性地忠于主人，把自己定位于奴仆，这种做法是万万不行的。

(三)遵循实事求是的指导思想不能变

马克思主义认识论认为，社会存在决定社会意识，这告诉我们一切要从实际出发，使主观符合客观。邓小平指出，"实事求是"四个大字是毛泽东哲学思想的精髓。在中国新民主主义革命和建设社会主义的历史中，有太多主观冒进、急于求变而付出惨重代价的例子。正所谓，橘生淮南则为橘，生于淮北则为枳，一切事物只有遵循客观规律，才有生命力。

🔍 **案例**

案例一　脱离实际　损失惨重

1933 年，蒋介石发动对工农红军的第五次"围剿"。从 9 月到 10 月，国民党反动势力调动近一百万军队，采取"堡垒主义"战术对红军中央根据地开展"围剿"。王明"左"倾思想严重泛滥，不顾客观实际，用阵地战代替游击战和运动战，正面抗击国民党反动军，导致红军损伤惨重，苦战一年依然无法取胜。最终，中央政权及红军主力在 1934 年 10 月被迫撤离根据地。

王明等人不顾敌我实力的巨大悬殊，用阵地战代替运动战和游击战，主张"寸土必争，御敌于国门之外"，让红军遭受重创。这就是典型的生搬硬套苏俄经验，脱离实际的教条主义行为。1937 年，毛泽东发表了《实践论》和《矛盾论》，重点解决党内的思想路线问题。毛泽东指出，当前在党内存在两种错误思想，一个是教条主义，另一个是经验主义。其中，《实践论》从马克思主义唯物论和辩证法的高度，深入阐述了认识的根本源于实践，批评了从"本本"出发、从主观出发的错误行径，坚决反对不顾客观实际而照搬照抄他国教条的做法，指出了真理的标准只能源于社会实践。由此可见，脱离实际的变通行为如同无本之木、无源之水，必然无法行通。

案例二　实事求是　"一国两制"

十一届三中全会后，台湾问题是中国共产党面临的一个重大问题。1979 年 12 月，邓小平会见日本客人谈到台湾问题时指出："我们提出了解决台湾问题，实现祖国统一的目标。实现这个目标，要从现实情况出发。对台湾，我们的条件是很简单的，那就是，台湾的制度不变，生活方式不变，台湾与外国的民间关系不变，包括外国在台湾的投资、民间交往照旧。台湾作为一个地方政府，可以有自己的自卫力量，军事力量。条件只有一个，那就是，台湾要作为中国不可分的一部分。它作为中国的一个地方政府，拥有充分的自治权。"

"一国两制"是以邓小平为核心的党的第二代中央领导集体创造性地提出的伟大构想，堪称世界政治历史上的一大奇迹。在和平与发展的大背景下，"一国两制"是和平解决国家统一的理想途径，体现了高超的政治智慧，体现了政治文明的进步。这一构想率先在香港和澳门的问题上得以实现，这也充分证明了这一伟大创举并不是凭空臆想，而是在充分考虑大陆和港澳台地区政治、经济、文化的现实情况差异、总结历史经验智慧的基础上提出的，这也是对马克思科学社会主义基本理论变通处理、对国家领土统一方式变通处理的光辉案例。

上述两个案例一正一反充分说明了实事求是的重要性。秘书工作也是如此，只有坚持一切从实际出发，符合现实情况和客观规律，才符合秘书工作的规范。

(四)坚持"书、办、谋、管"的职责权限不能变

秘书在工作中要具有变通意识，但并不代表可以肆意妄为。对于秘书而言，首先要明确自己的工作内容是什么，职责权限是什么，明确什么可以变通处理，什么必须严格按规则行事。严华曾用"书、办、谋、管"①四个字形容当今秘书工作的主要内容，那么在"书、办、谋、管"中应当坚守哪些准则呢？

一是捉刀代笔，不下妄言。"书"是秘书工作中一项基本职能，主要包含日常文书文字的处理，在此过程中秘书要遵循领导原意，而不能随意曲解和添油加醋。

二是明确职责，按规矩办事。秘书工作的特点是事无巨细，千头万绪，秘书要办的事情有很多，特殊情况下讲求一定的灵活性是应该的，但是，要清晰明确自身职责，遵守制度、规章和流程，严格按规矩办事。对秘书工作者而言，变通不是没有原则的随意通融。在原则性问题上，毫无情谊和变通可言。

三是谏言献策，谋而不断。秘书有参谋职能，要把参谋作用寓于日常工作之中。但值得注意的是，秘书可以提出富有创意的各种参谋建议，但是不能直接将"参谋"变成"执行"。

四是辅助决策，要经授权。秘书是辅助领导或个人实施管理和处理日常事务的人员。这在本质上体现了秘书工作的辅助性特点。在经领导授权的情况下，秘书可以直接处理常规事务，具有"有限的权力"。但是，已经决策的要经领导许可后才能"变"。

二、秘书语言规范

经济基础决定上层建筑，经济的发展促使我们的思想也随之发生变化。语言是思维的物质形式，思想的变化体现在我们平时的交际中。不同的语言形式表示不同的交际目的，反映不同的会话含义，传递不同的语用信息。现代社会科学技术的飞速发展使地球成了地球村，作为交际工具的语言的功能则大大增强。中国古代的"说客"以口才去打动诸侯实现自己的抱负，因此有"一言可以兴邦"之说。可见，语言交际的重要作用。

作为一名秘书，在企事业单位中要协助领导综合处理各方面的情况，如接待客户、办文、办事、处理信息、协调各方面等，除了具备过硬的政治素质、文化素养、职业

---

① 严华：《高级秘书与行政助理(第二辑)》，广州，暨南大学出版社，2012。

素养之外，还要具备良好的语言交际能力。我们可以通过一个人的言谈举止判定一个人的知识结构与文化涵养。秘书的语言交际能力会影响工作效率，甚至会影响一个企业的形象。因此，语言智慧是秘书交际能力的重要体现。

口语能力的提高是一个循序渐进的过程，不是一蹴而就的。具体来讲，主要从以下几方面入手。

(一)语言简洁精练

商务秘书的工作对象不仅有领导，还有和本公司有利益关系的集团人物。商场如战场，时间非常宝贵，这就要求秘书的口头沟通务必简洁精练，要厘清思路，语言连贯，重点突出，恰如其分地表达自己的观点和见解，用语言去感染别人。

(二)叙述形象生动

沟通时，叙述形象生动是非常重要的语言技巧。生动形象的语言能够使自己的语言富有感染力，以激发对象倾听的兴趣；生动形象的语言能够把抽象的道理具体化，把无形的东西转变为有形的东西，更易于被理解。

(三)表达含蓄委婉

秘书在对外交流时，应采取温和的语气、柔美的言辞以及令人易于接受的、含蓄委婉的表达方式，避免不良的情感刺激和尴尬场面出现。委婉技巧的使用常常可以保持交际过程中融洽和高雅的氛围。

(四)注重逻辑结构

只有表达正确才能使他人正确理解主旨，所以秘书既要重视语言问题，又要注重逻辑结构。实践证明，思维越缜密，驾驭语言的能力就越强。

三、秘书举止规范

秘书工作事无巨细，烦琐冗杂。在众多事务中，秘书工作人员的举止行为，礼仪规范也是极为重要的内容之一。在辅助领导决策的过程中，秘书的行为举止起着塑造领导和组织形象的作用。在日常管理工作中，秘书的举止礼仪又是沟通的桥梁、信息的渠道。恰当的举止礼仪，展现了秘书这一岗位的特殊性质，也展现了从业人员的职业风采。

对秘书的行为举止也有具体的规范要求，如站立规范、行走规范、就座规范、回头规范、下蹲规范、见面规范、握手规范、介绍规范等，这些具体的行为要求都可归结到秘书礼仪中，本章不做具体阐述。

秘书的举止规范并不能等同于社会的一般礼仪，作为以全面处理信息和事务的方式辅助领导进行决策的秘书工作者，应在理论上充分认识行为举止在工作中的地位，并在实践中充分发挥它的作用。

本章小结

秘书职业守则包括刚正不阿与秉笔直书、学识广博与忠于职守、奉廉保密与敬业爱岗；秘书行为规范包括秘书工作规范、语言规范、举止规范。秘书人员只有在日常生活中不断提醒自己，多和优秀的秘书前辈沟通交流，多读书，了解更多优秀秘书的自我修炼方式，才能更快更好地成为一名优秀的秘书。

总结>

Aa 关键术语

刚正不阿　　秉笔直书　　学识广博　　忠于职守　　奉廉保密
敬业爱岗　　实事求是

章节链接

本章与第六章衔接，秘书职业道德和秘书职业守则之间有着密不可分的关系，秘书行为规范与秘书思想亦有关联之处。

应用>

批判性思考

1. 秘书的知识广博对秘书的职业发展有多大影响？
2. 秘书是幕后工作者，其举止规范有哪些必须要遵守？
3. 秘书文字处理工作居多，语言表达能力的关键之处体现在哪些地方？

体验练习

尝试以一个学期为周期，分别体验作为专业课老师的秘书、作为学校行政领导的秘书、作为企业的秘书在工作规范、行为举止、语言表达等方面分别有什么不同。

拓展＞

补充读物

1. 黄晓阳．二号首长[M]．重庆：重庆出版社，2011.

2. 勾影．秘书守则[M]．北京：朝华出版社，2010.

3. 张岩松．人际沟通与社交礼仪[M]．北京：清华大学出版社，2013.

4. 翟文明．社交与礼仪知识全知道[M]．北京：中国华侨出版社，2010.

5. 李元授．交际礼仪学[M]．武昌：华中科技大学出版社，2004.

6. 杰奎琳·惠特摩尔．优雅的力量：让你脱颖而出的 4 种特质修炼[M]．高艳芳，译．北京：机械工业出版社，2013.

7. 陈合宜：秘书学（增订本）[M]．广州：暨南大学出版社，2001.

8. 华洁芸．现代秘书实务[M]．北京：首都师范大学出版社，2007.

9. 陈嫦盛．秘书沟通[M]．深圳：海天出版社，2007.

10. 李欣．秘书工作[M]．北京：高等教育出版社，1985.

在线学习资源

1. 习近平：《秘书工作的风范——与地县办公室干部谈心》，http：//theory. people. com. cn/n/2014/1016/c389908-25846569. html，2017-05-11。

2.《秘书职业道德与行为规范》，http：//wenku. baidu. com/view/1b107b1b6bd97f192279e91f. html？from＝rec&pos＝1，2017-05-10。

第八章

秘书文化与秘书素养和智能养成

本章概述

　　本章主要介绍秘书文化与秘书素养和智能养成的相关知识，首先强调了做好秘书工作应具备良好政治素养的重要意义及其核心内容和培养途径；其次介绍了秘书知识结构及秘书与博学的相关内容；最后介绍了秘书能力结构和秘书应具备的基本技能。

结构图

本章重点：

1. 秘书政治素养的重要意义。

2. 秘书知识结构的内容。

3. 秘书能力的层次结构。

4. 秘书的八大基本技能。

本章难点：

1. 秘书政治素养的培养。

2. 秘书知识结构的内容。

3. 秘书的八大基本技能。

学完本章，你应该能够做到：

1. 掌握秘书政治素养的重要意义。

2. 了解秘书政治素养的培养途径。

3. 掌握秘书知识结构的内容。

4. 了解秘书博学的现实需要和途径。

5. 掌握秘书的能力结构和基本技能。

　　在日常工作中，我们经常有一种感觉，许多围绕在领导身边的秘书大多上通下达、左右逢源、博古通今，具备"开口能说、提笔能写、俯身能干"的优良品质，那么秘书这样的"金刚之身"是如何练就的呢？有没有捷径和规律可循呢？

　　俗话说："冰冻三尺，非一日之寒"，本章将引导大家逐步掌握，作为一名秘书培养优良政治素养的重要意义和途径，以及秘书工作者智能素养的养成。

　　期待对即将踏入秘书职业的你有所帮助，你准备好了吗？

第一节
秘书政治素养

🎯 **学习目标**

1. 掌握秘书具备良好政治素养的重要意义。

2. 掌握秘书应该具备的政治素养的核心内容及其培养途径。

🔊 **名人名言**

没有正确的政治观点，就等于没有灵魂。

——毛泽东

近几年，在国家信息公开和大力反腐的高压态势下，因部分高级官员落马受牵涉的秘书违法违纪现象屡见不鲜，使得原本从事幕后服务工作的机关单位高级秘书工作者，也被揭开神秘的面纱走入大众视野，成为新闻舆论及人们茶余饭后的焦点话题。对此，社会不得不对这一部分特殊群体高度关注。既不是法盲，也不是文盲，他们既不接触具体的经济事务，也没有掌握置人生死的大权。是什么原因使他们走上了违法犯罪的道路呢？究其根源，主要是他们身处特殊的地位，拥有特殊的关系，并且自身的政治素养不过硬造成的。因此可以说，政治素养是机关单位秘书工作者必备的首要条件，是新时期机关单位秘书人员的基础和灵魂。

一、秘书政治素养的重要意义

政治素养，即政治品质，是人们在社会生活中处理各种政治关系的行为习惯，是一定阶级或社会政治观念和原则转化为人们的内心信念和意志，并在其言行中表现出来的稳定特征和一贯倾向。对秘书工作而言，是指机关单位秘书工作者在政治方面表现出来的素养，是其所必须具备的政治观点和政治立场等方面的基本条件，它在秘书工作中起着极其重要的作用。

正如"德"是"才"的统帅一样，政治素养在秘书工作者的素养体系中居于核心的地位，起着精神支柱的作用，是秘书工作者各项素养的政治保证，也是秘书工作者素养高低的主要标志。用唐太宗李世民的话来说，叫作"有道则人推而为主，无道则人弃而不用"。

习近平强调党员干部要做到"三严三实"，即严以修身、严以用权、严以律己，谋事要实、创业要实、做人要实，也是这个道理。机关单位秘书工作者只有具备了良好的政治素养，才能更好地服务工作，才能提高工作的原则性、预见性、系统性和创造性，从而保证各项工作沿着正确的方向健康发展，与时俱进，不断取得新的成绩。

🔍 **案例**

克鲁普斯卡娅的秘书生涯

克鲁普斯卡娅是 19 世纪后期至 20 世纪中期俄国苏联时代一个光彩夺目的名字。她早在青年时代就投身革命运动，积极向工人宣传马克思主义。结识列宁后，她参加列宁发起的"工人阶级解放斗争协会"的创办工作，曾经被捕、坐牢、流放。在流放地，克鲁普斯卡娅与列宁结婚，之后两度侨居国外。1917 年春，和列宁一起回国后，她在布尔什维克中央书记处工作，并参与建立社会主义青年联盟，参加十月社会主义革命。

克鲁普斯卡娅在其革命生涯中担任过多个重要岗位的秘书。在极其复杂、艰险的革命斗争环境中，她工作有条不紊，出色地履行了秘书职责，显示出非凡的组织能力、协调能力和细致缜密的工作风格。

一、《火星报》和《曙光》杂志秘书

1901 年 4 月初，克鲁普斯卡娅来到德国慕尼黑，担任《火星报》和《曙光》杂志编辑部秘书，负责编辑部的通信联络工作。《火星报》是列宁早期主办的党报——俄国第一份全国性的马克思主义秘密报纸。《曙光》亦是俄国马克思主义政治刊物，1901 年 4 月，由《火星报》编辑部在德国斯图加特开始出版。这些报刊被秘密运往俄国散发、翻印。在 1903 年俄国社会民主工党第二次代表大会上，《火星报》被确认为党的领导机构之一和党的机关报。

根据列宁的计划，要扩大党的影响，保持报纸在各地的正常供给和传播，就必须建立党的地方代办员网。因此，首先应该组织好秘密的通信工作，也就是要保证《火星报》编辑部能同俄国境内志同道合的同志们经常互通情报。根据这一要求，克鲁普斯卡娅首先给之前在革命工作中她所了解的同志们写信。她还试图通过舒申斯克村（她曾被流放在此地）的同志和原彼得堡"工人阶级解放斗争协会"的成员建立通信联系。在同国内进行秘密通信的过程中，她十分谨慎，并时刻提醒通信员注意保密。为了防止信息泄露，信件都是用"化学药水"写成的。通信地址、秘密接头地点、邮寄的书籍、姓名等都要译成密码。写这种信件程序复杂，需要专门的技术和艰辛的劳动。克鲁普斯卡娅是书写这种秘密信件的"专家"。

二、俄国社会民主工党国外局和中央委员会秘书

1905 年 4 月 27 日，克鲁普斯卡娅被任命为俄国社会民主工党国外局秘书，还任中央机关报——《无产者报》秘书。1905 年 11 月初，列宁返回彼得堡直接领导革命斗争。克鲁普斯卡娅在国内担任党中央委员会秘书。俄国革命过去不久，沙皇政府对革命者进行报复和血腥镇压。那段时间，列宁不得不"短途流亡"，侨居邻国芬兰；而克鲁普斯卡娅每天乘第一班火车去彼得堡，午夜过后才回来。她在彼得堡时还要采取各种防范措施，因为很小的疏忽也会带来被捕的危险。她经常会见党中央委员会和彼得堡委员会的委员，从他们那里获取情报，向他们转达列宁的建议和委托。回家时，她给列宁带来党的文件、当天的报纸，并把有关情况详细地向列宁汇报。

后来，由于《无产者报》被转移到当时俄国政治侨民聚居的中心巴黎出版，列宁、克鲁普斯卡娅和她的母亲于 1908 年 12 月从日内瓦来到巴黎。对他们来说，这是侨居生活中最艰苦的一个时期。克鲁普斯卡娅回忆说："厨房变成了我们的会客室，一切诚挚的谈话都在这里进行，经常有很多客人来，有时挤得水泄不通……"克鲁普斯卡娅总是有计划地工作，不浪费一分钟的时间。与她一起工作的同志都不知不觉地被她认真的态度和一丝不苟的精神感染，也都养成了珍惜时间的好习惯。有人曾讲道："克鲁普斯卡娅工作认真严谨，对人对己要求严格。这些特点同独特的同情心、沉默寡言但极其温柔的性格在她身上巧妙地结合在一起了。"

三、再任党中央委员会秘书

1912 年，克鲁普斯卡娅再次被任命为俄国社会民主工党中央委员会秘书。1913 年 9 月，她参加俄国社会民主工党中央委员会和有党工作者参加的波罗宁会议，被选为大会秘书，并做了财政情况报告。

1914 年 8 月，布尔什维克决定召开党的例行代表大会。克鲁普斯卡娅作为中央委员会的秘书，就召开代表大会一事同地方委员会进行了广泛的通信。她对如何克服困难、组织各省代表大会筹备委员会等事宜提出了建议，同时对上述筹备委员会的职责做了说明。克鲁普斯卡娅还告诉他们什么样的小组有权发代表证书，怎样办理代表证书，怎样把代表转送到国外等。事无巨细，克鲁普斯卡娅都做了周密的安排。

从 1915 年夏天到 1917 年 3 月，克鲁普斯卡娅担任瑞士外侨基金局秘书，除帮助侨民找工作外，还帮助他们联系治病。同时她还负责同设在拉绍德封、洛桑、达沃斯、日内瓦以及其他城市的外侨基金局取得联系。

1917 年 3 月 2 日，列宁和克鲁普斯卡娅得知俄国二月革命取得胜利的消息。当天他们就向日内瓦、伯尔尼、达沃斯和斯德哥尔摩等地的布尔什维克发出了信件和电报，通报这个令人振奋的消息。

秘书工作直接服务于领导，间接服务于基层和群众，因此秘书是连接上下级、连接领导和群众的纽带。克鲁普斯卡娅是苏联杰出的教育家、无产阶级政治活动家，也

是列宁的夫人和亲密战友。在革命生涯中，她先后担任党报、党的重要机关以及党的最高领导机关的秘书，做出了突出贡献，被誉为"苏联第一夫人"。克鲁普斯卡娅的秘书生涯，应该会给从事这一工作的人们留下许多启示。

(一)政治素养是秘书一切素养的核心

一个人的政治素养，是通过一个人的世界观、人生观和价值观来体现的。通常说一个人的政治素养好，也就是说，这个人具有正确的世界观、人生观和价值观。政治素养在诸多素养中起着决定和主导作用，有力地决定和影响着其他素养的形成和发展[①]。

秘书工作者的政治素养与道德素养始终相辅相成，密不可分。"德才兼备"的"德"，实际上也包括了对秘书工作者在政治上和道德上的要求。秘书工作者如果没有正确的思想观点，没有马克思主义世界观和方法论，没有坚定的政治立场和全心全意为人民服务的宗旨，很难设想他会毫不利己、专门利人，很难设想他会有正确的荣辱观、美丑观、善恶观，很难设想他会襟怀坦白，言行一致地去完成各项工作。政治素养与道德素养的关系，在构建和谐社会的新时期显得尤为明显。从秘书工作岗位走上党和国家领导人岗位的邓小平等人，他们之所以成为大家风范、一代伟人，就是因为他们有着"不为民解忧，何以言公仆"的崇高政治素养。

政治素养是能力素养的统帅，对能力素养起着主导作用。政治素养高，有科学的世界观和一定的理论素养，有全心全意为人民服务的精神，秘书的才能必然能够充分运用于本单位、本岗位的工作当中，也必然能够发挥出更大的效益。反观那些擅权谋私、灯红酒绿、日益腐化堕落的少数秘书工作人员，他们之所以会变为当今社会道德中的渣滓，就是因为他们一步一步放松了对自己世界观、人生观的改造，置为人民服务于脑后，抛弃了政治素养，也丢弃了道德素养。有"才"而无"德"，计较个人得失，打个人的小算盘，这样的秘书人员迟早会终结自己的秘书工作生涯。

(二)政治素养在秘书工作中的重要作用

政治素养就其对秘书工作自身的作用而言，一方面是统帅并决定其多方面的素养，另一方面反映着其综合素养的高低；而就其外部作用而言，主要是在秘书机关和秘书工作者的工作中发挥着极其重要的作用。

政治素养是秘书工作者的行为和规范。机关单位秘书人员的工作在一定程度上不是单独靠一个人的力量就能够顺利完成的，工作的落实是在与相关工作者之间形成的良好的工作环境中实现的。这就不仅要求机关单位秘书工作者要有较高的政治素养，

---

① 吕定禄：《政治素质：党政机关秘书工作者的基础和灵魂》，载《湖南科技学院学报》，2008(9)。

而且要求所属各单位、各部门的秘书工作者也应具备相应的素养。

政治素养第一条，即政治理论水平和政治态度、立场，这是政治素养形成的关键因素。在秘书工作人员的政治素养形成的过程中，机关单位秘书工作者的引导和垂范是极其重要的。在日常的秘书工作中，机关单位的秘书工作者必须引导所属或相关部门的同事共同去完成某一项任务。因此，假设机关单位秘书工作者都有较高的政治素养，都能自觉地学习、宣传和贯彻党的路线、方针和政策；假设机关单位秘书工作者一贯严于律己、作风端正，那么他们在协调所属或相关机关秘书工作及相关业务时，就会起到引领和垂范作用，令人信服。

政治素养对秘书完成各项工作起着促进和保证作用。因为一个机关单位的秘书工作者如果缺乏马克思主义理论素养，就会对马克思主义的立场、观点和方法知之不多，把握不够，对于上级的方针、政策只会照本宣科，不会领会其精神实质；在具体工作中很难处理好原则性与灵活性、继承性与创新性的关系；使本部门、本岗位的工作很容易脱离实际，犯主观主义和经验主义的错误。

二、秘书政治素养的核心内容

机关单位秘书工作者的工作水平、业务素养、工作效能，直接关系到机关或部门的形象，关系到单位的正常运转和日常工作的整体质量及实际效果。因此，当务之急是在加强机关单位秘书工作人员队伍建设的同时，全面提升其政治素养。提高机关单位秘书工作者的政治素养，必须首先要清楚秘书政治素养所包含的核心内容：坚定的政治理想信念、过硬的政策理论水平和务实的工作作风。

(一)坚定的政治理想信念

所谓坚定的政治理想信念，就是坚定地以马克思主义中国化的政治文化理念引领秘书工作的实践。要求机关单位秘书工作者树立正确的世界观，培养正确而坚定的政治态度、政治立场，全面理解并牢牢把握党的基本路线不动摇，深入推进"五大发展理念"。

政治理想信念在政治素养体系中起着关键作用。有无较高的政治理想信念，有无正确的政治立场、政治态度，不仅直接决定政策水平的高低，而且是有无政治远见的基础性条件，同时，也关系到思想作风、工作作风有无理论基础，有无内在动力的问题。因此，政治理想信念是政治素养的基础。

当代中国正处于大变革、大转型、大发展时期。无论变革、转型，还是发展、稳定，都会遇到很多问题。这些问题的解决来自实现中国梦的实践中、来自全面建成小康社会的实践中、来自加强党的建设的实践中。秘书人员必须深入学习马克思列宁主义、毛泽东思想、邓小平理论、"三个代表"重要思想和科学发展观，深入学习贯彻习近平总书记系列重要讲话精神，深刻领会其科学内涵、精神实质、根本要求，坚定道路自信、理论自信、制度自信和文化自信。

🔍 案例

坚定的理想信念

理想信念是马克思主义政党团结奋斗的精神旗帜，是中国共产党人的安身立命之本，是中国共产党人的命脉和灵魂，也是党的保密工作优良传统的本源。革命战争年代，无数革命先烈在极其严酷恶劣的环境下，怀着对党绝对忠诚和革命事业必胜的理想信念，宁可牺牲生命，也要保守党的秘密。这些英雄壮举体现了共产党人的高贵品德，闪耀着党的保密工作优良传统的光辉。

1928 年 4 月，共产党员张宝泉不幸被捕，敌人知道他是中共中央机关地下交通科负责人，掌握着中央在上海地下党组织和主要负责人住址等绝密信息，对他施以酷刑。最后一次审讯时，将他暴打 200 军棍，打得他全身皮开肉绽，可他硬是咬紧牙关，始终不吐一字，最后敌人向他连开 7 枪，残忍地将他杀害。年仅 27 岁的张宝泉就这样为保守党的秘密献出了宝贵的生命。在我们党的革命斗争历史中，还有许许多多像张宝泉一样的共产党员。

习近平指出，理想信念是共产党人精神上的"钙"，理想信念坚定，骨头就硬，没有理想信念，或理想信念不坚定，精神上就会"缺钙"，就会得"软骨病"。理想信念动摇是最危险的动摇，理想信念滑坡是最危险的滑坡。在新的形势下，保守党和国家秘密，仍然需要像张宝泉这样理想信念坚定、对党无限忠诚的涉密人员和保密干部。

(二)过硬的政策理论水平

所谓过硬的政策理论水平，主要是指机关单位秘书工作者具备准确把握党和国家政策的能力，能够准确理解并执行党和国家政策，能够依据党和国家政策，结合秘书岗位的实际情况，正确区分和处理不同性质的矛盾，分清各项事物的轻重缓急，有效地利用和实施各项政策，做好秘书工作。

首先要吃透政策精神。吃透政策精神是正确执行政策的前提。为了正确执行上级政策，要学会运用马克思主义的基本原则和基本方法，认真学习党和国家的各项方针政策，充分把握政策的精神实质。只有及时了解和掌握国家政策，才能确立贯彻执行的正确方案。吃透政策精神要求机关单位秘书工作者切忌急于求成，浅尝辄止；切忌未做深入领会即抓落实；切忌那种像"传声筒"一样把上级的政策精神机械地往下传达。

其次要坚持政策原则。执行政策，既要坚定不移，又要求实创新。既要从全局出发，坚定不移地贯彻执行，维护政策的权威性和严肃性，又要根据具体的时间、地点、条件等实际情况，在一定范围内，灵活地创新政策实施的时机、方式、途径和内容，一切从实际出发，理论联系实际。执行政策应把握好原则性与灵活性相结合的原则，执行与创新相结合的原则。能否实事求是地执行政策，是衡量机关单位秘书工作者政治素养和工作能力的一个重要标尺。

(三)务实的工作作风

所谓务实的工作作风，是秘书工作者精神面貌、思想品质、道德和文化修养及工作、生活方式的集中反映，是世界观的全面体现，也是秘书政治素养的重要内容。

1. 坚持求真务实

求真务实，理论联系实际，不唯上，不唯书。实事求是，是我们党的思想路线，也是我们党一贯倡导的优良作风，也是各级各部门尤其是机关单位秘书工作者必须身体力行的思想作风和工作作风。

2. 践行群众路线

密切联系群众的作风，是我们党在长期实践中形成的三大作风之一，是中国共产党区别于其他政党的一个显著标志，也是秘书工作者必备的政治素养。

3. 批评与自我批评

秘书工作者的活动同其他事物一样，也同样存在着矛盾和斗争，存在着积极与消极、正确与错误、利与弊、功与过的矛盾，当然，这些矛盾一般属于非对抗性的矛盾。为了正确解决这些矛盾，秘书工作者必须敢于、善于运用批评与自我批评的武器。

4. 为民务实，廉洁勤政

秘书工作者要具备廉政勤政的工作作风，做人民满意的公仆。廉洁，就是要为政清廉，廉洁奉公；勤政，就是要勤勤恳恳工作，踏踏实实做事，忠于职守，默默奉献。做到廉洁勤政是取信于民，增强人民群众的向心力、凝聚力的关键。廉洁勤政的思想基础是为民务实的公仆意识，是全心全意为人民服务的工作作风。

🔍 **案例**

莫做"差不多"干部

胡适先生早年在《差不多先生传》中塑造了一个"差不多先生"，他经常说："凡事只要差不多就好了。何必太认真呢？"

在我们的干部队伍当中，抱有这种"差不多"心态的并不少见。这种干部在学习和工作上只求过得去、不求过得硬，满足于"不是最好，但也不是最差"的中间状态。比如，对党的理论和路线方针政策，"差不多"干部也学习，但往往只限于勾勾画画、抄抄写写，自认为浅学深学差不多，结果对精神实质知之不细、知之不深。又如，在下基层走访调研时，"差不多"干部往往是走马观花，蜻蜓点水，身入而心未入，习惯坐着车子转、隔着玻璃看，只看"门面"和"窗口"，不看"角落"和"后院"。再如，对群众反映的热点难点问题，"差不多"干部也回应办理，但不去深究问题的成因和解决的办法，往往在打打电话、问问情况、层层转交后就没有了下文，问题依然存在。凡此种种，不一而足。

试想一下，如果每一名干部都以"差不多"的心态对待学习和工作，那么，当许许多多的"差不多"累加起来后，就会差很多、差太多，最后就会差之千里。即使政策再好、规划再好、部署再好，也都有可能成为镜中花、水中月。

三、秘书政治素养的培养途径

秘书政治素养的培养和提高是一项长期艰巨的任务，必须要根据秘书的工作性质和特点，有针对性地、循序渐进地进行教育和培养。

(一)树典型学先进，坚定理想信念

秘书工作的政治性很强，因此良好的政治素养是秘书工作者必须具备的素质。树立秘书工作典型，政治上必须坚定执着。只有具备这样的理想信念和政治品质，才能挡住诱惑，守住节操，战胜邪恶，超越自我。有了正确的政治方向、坚定的政治立场、严明的政治纪律、较强的政治敏锐性和政治鉴别力，才能从讲政治的高度思考和解决秘书工作中的新情况、新问题。没有坚定的理想信念，就像大厦失去了支柱、大楼动摇了基石，必然导致政治上的变质。

秘书工作者要通过学习老一辈革命家的先进事迹，提高自身修养，不断坚定自己的理想信念。"理想是指路明灯""信念是定海神针"。邓小平同志指出："过去我们党无论怎样弱小，无论遇到什么困难，一直有强大的战斗力，因为我们有马克思主义和共产主义的信念。"周恩来同志是当代共产党人自我修养的典范。1943年，他在重庆十八集团军办事处参加整风学习时，严格剖析自己的长处和不足，写下了有名的《我的修养要则》。

秘书工作者接触的信息较多，特别是会接触到一些常人接触不到的机密信息，如果缺乏政治意识，就会泄密，给工作带来意想不到的损失和危害。这种政治素养表现在日常工作中，就是要扎扎实实做事，堂堂正正做人；说老实话，办老实事，做老实

人；为人光明磊落，人前人后一样，言论行动一致；不该说的坚决不说，不该做的坚决不做；办事讲原则，行事讲规矩，做事讲程序。

(二)读经典学讲话，提升理论水平

培养和提高政治素养的首要途径，依然是学习、学习、再学习。要学习马克思列宁主义、毛泽东思想、邓小平理论、"三个代表"重要思想、科学发展观和习近平总书记系列重要讲话精神。学习是一种投资，也是一种储备；学习是一项工作任务，也是一项艰苦劳动；学习是立身做人的基础，也是奋发进取的动力；学习是升华思想境界的重要手段，也是人生不懈追求的永恒课题。

"胸藏文墨虚若谷，腹有诗书气自华"。秘书人员要强化学习意识，丰富知识涵养。当今时代，社会飞速发展，科技日新月异，不学习就会落后，就会被动。北宋政治家、文学家欧阳修认为："立身以立学为先。"作为一名秘书工作者，必须与时俱进，用最新的理论成果武装头脑，用最新的知识丰富头脑，全面提高自身的理论素养。

科学的理论修养是良好的政治素养的根本，秘书工作者要充分认识到加强理论修养的重要性。加强政治理论修养，是一个长期积累、逐步提高的过程，不是一日之功，不是靠读了几本马列著作就能立即起作用的，而是必须持之以恒、坚持不懈。只有具备宽阔的视野和良好的知识素养，才能站得高、看得远、想得深、谋得全，使自己在复杂多变的环境中把握局势、驾驭矛盾、应对自如。

要联系实际学习，学以致用。离开实践的理论是空洞的理论，离开理论的实践是盲目的实践。只有联系秘书工作实际学理论、用理论，这样的实践才正确，才能明确方向，这样的理论才深刻，才有说服力。要把学习马克思主义理论与现实的深化改革结合起来，与自身的工作、思想实践结合起来，从而不断提高自己的理论水平、政策水平和工作水平。

(三)重培训转观念，改进工作作风

通过培训提升秘书政治素养的意义在于，秘书工作者便于从繁忙的事务工作中解脱出来，集中精力学习马克思主义科学理论。课堂授课、大课讨论、小课交流等形式，考试、考核等环节，有助于增强学习效果，使其政治理论素养迅速得到提高。秘书工作者应善于把握各种学习和培训的机会，树立"活到老、学到老"终身学习的理念，不断提高自身理论和业务素养。

工作作风是秘书世界观、人生观、价值观的外在表现。解决秘书工作作风中存在的问题，必须坚持以党的十八大精神为指导，大力弘扬求真务实的精神，奋发有为，开拓进取，紧紧围绕"创新、协调、绿色、开放、共享"五大发展理念中的重大问题、群众生产生活中的紧迫问题，察实情、说实话、办实事、求实效，不搞形式主义，不

做表面文章。牢固树立马克思主义的世界观、人生观、价值观和正确的权力观、地位观和利益观。

加强秘书人员作风建设，强化宗旨意识、群众观念，使秘书人员始终坚持与人民群众同呼吸、共命运，并通过心系群众、服务人民的实际行动，不断增强同人民群众的血肉联系。牢记"两个务必"，自觉发扬艰苦奋斗、勤俭节约的精神，严格执行中央"八项规定"，带头抵制腐朽没落的思想观念和生活方式的侵蚀。自觉遵守党的纪律和国家的法律法规，严格执行廉洁从政的各项制度。注重思想道德修养，培养健康的生活情趣，保持高尚的精神追求，遵守社会公德、职业道德、家庭美德，抵制歪风邪气，弘扬社会正能量。

🔍 **案例**

守纪律、讲规矩的楷模——周恩来①

我是1955年到周总理身边工作的，1965年起担任邓颖超大姐的秘书，在他们身边一共工作了37年。这37年间，我和他们朝夕相处，亲身感受到周总理和邓大姐在执行党的纪律、遵守党的规矩方面的表率风范。

"邓颖超同志是我的爱人，党中央委员，但这件事同她的工作没关系，我也没有对她说。"

周总理平时和邓大姐聊天，从国家大事、书画戏剧到熟人朋友，无话不谈。但从不谈机密事件，尤其是那些周理认为邓大姐不该知道的事情。

记得1964年中国第一颗原子弹爆炸成功前一天，正赶上我值班，周总理把我叫到办公室，递给我一篇刚刚审阅完的新闻稿说："赵炜，这是一条十分重要的新闻稿，你把稿子马上送到新华社吴冷西同志那里，要亲自交到他手上，等他看完后你直接把稿子送到外交部。"等我要走时，周总理又嘱咐一句："这件事一定要严格保密，没有见报前，不能向外透露一个字。"我记得很清楚，我赶到时，吴冷西同志已到家吃午饭了，他接过稿子立即看，他看完后我拿着稿子直奔外交部。

同时，为了严防泄密，周总理向主管项目的负责同志交代，对于这次试验，参加的全体技术工程人员要注意绝对保守国家机密，试验的种种情况不能告诉其他任何人，包括自己的亲属和朋友。这是纪律。周总理还说："邓颖超同志是我的爱人，党中央委员，但这件事同她的工作没关系，我也没有对她说。"这位同志回到试验现场后，向大家传达了周总理的讲话内容，要求大家严守保密纪律。由于周总理有言在先，反复强调要严守党的保密纪律，并且以身作则，所以，在原子弹爆炸前，没有任何消息泄露

---

①　赵炜：《守纪律讲规矩的楷模——周恩来》，载《秘书工作》，2016(3)。

出去。

后来，我和邓大姐聊起这件事，说周总理的纪律观念真强，并且总是能够带头遵守。邓大姐说："那算什么，当年南昌起义时生离死别，他走前都没跟我露一个字。"

"作为党员，恩来同志和我始终遵守着党的教导：不应该说的事，不要说；不应该问的事，不要问；不应该看的文件，不要看，这是党的利益的需要。"

确实像邓大姐所说的那样，周总理和邓大姐在相处中常常互相提醒，在任何情况下都严格遵守党的纪律和规矩。即使在"文化大革命"中，党的纪律和各项规章制度遭到严重破坏的情况下，他们仍然毫不动摇地坚守原则。

有一次，周总理出去开会，一天一夜没回来。在周总理回来之前，街上的大字报和所传的小道消息里，已经透露了有关会议的内容。邓大姐对传言有些怀疑，所以周总理回来后，就问他有没有这件事。周总理听后马上反问："你怎么知道的？听谁说的？"看到周总理这么认真地追问，邓大姐就开玩笑地说："你参加会议，你有你的渠道，我有我的渠道，我联系群众，我也有我的'义务情报员'。"听邓大姐这么一说，周总理就没再追问下去。大家可以想象，在那个混乱的年代，没有什么机密可言。但是，就像邓大姐所说："恩来同志仍然是守口如瓶，滴水不漏。"

邓大姐曾对我说过："恩来同志在得癌症以后，有一次我们在一起交谈，他对我说：'我肚子里还装着很多话没有说。'我回答他：'我肚子里也装着很多话没有说。'"当时，周总理和邓大姐都知道，最后的分别不久就会残酷无情地到来。然而，按照党的纪律，不允许说的话，不允许讲的事，他们仍然没有说，永远埋藏在各自的心底了。

"文化大革命"结束后，有很多人来看望邓大姐，谈到一些事情。邓大姐很吃惊："不知道啊。"对方也很吃惊，问邓大姐："周总理知道的事，你怎么能不知道呢？"邓大姐说："不要以为恩来同志知道的事情我都知道，不该我知道的事情，他是从来不说的。"

我曾经问过邓大姐，为什么你们能做得这么好？她说："作为党员，恩来同志和我始终遵守着党的教导：不应该说的事，不要说；不应该问的事，不要问；不应该看的文件，不要看，这是党的利益的需要。""党的纪律对于每一个党员来说都绝无例外。越是负责的党员，越应该以身作则，越应该自觉遵守纪律。"

这就是周总理，他不愧是共产党员守纪律、讲规矩的楷模。

毛主席曾经说过，我们党是"一个有纪律的，有马克思列宁主义理论武装的，采取自我批评方法的，联系人民群众的党"。毛主席为什么特别把"有纪律"放在最前面呢？周总理是这样解释的："特别把'有纪律'放在前面，这不是偶然的。因为这是决定党能否坚持革命、战胜敌人、争取胜利的首要条件。"周总理的这些解释，是老一辈革命家对中国革命经验的重要总结。

"守纪律、讲规矩"，是中国共产党在革命战争环境中形成的优良传统和作风，正如习近平所说："纪律严明是党的光荣传统和独特优势。""各级领导干部特别是高级干部要牢固树立纪律和规矩意识，在守纪律、讲规矩上做表率。""如果不严明党的纪律，党的凝聚力和战斗力就会大大削弱，党的领导能力和执政能力就会大大削弱。"这些话讲得非常好，每一名共产党员都应时刻铭记。

在"守纪律、讲规矩"方面，周总理为广大领导干部做出了榜样。周总理已经离开我们了，每年1月8日和3月5日前后，人们都以各种方式纪念他。时至今日，"周恩来"这个不朽的名字，早已深深铭刻在人们的心里。他崇高的思想品德、优良的作风和伟大的人格，依然是我们今天奋力前行的精神力量。

第二节
秘书知识结构与博学

🎯 学习目标

1. 掌握秘书知识结构的含义和体系构成。
2. 了解现代秘书知识结构的全球视野。
3. 掌握秘书博学的现实需要和途径。

🔊 名人名言

人的知识愈广，人的本身也愈臻完善。

——高尔基

一、秘书知识结构

现代秘书对秘书工作人员的文化素养、领导能力、交际水平、智谋口才、写作能力等多方面的综合素质要求越来越高。因此，秘书人员必须循序渐进，不断学习，增强和深化秘书专业知识，建立和完善秘书应具备的知识结构，提高自身综合素质，以适应秘书工作日益发展的时代需要和要求。

(一)秘书人才的现状和对知识的需求

目前，我国的各类机关单位对秘书人才普遍呈现两种情况：一方面感到秘书难选，另一方面又感到秘书难当。问题的症结在哪里？撇开其他因素，秘书的知识结构不能适应时代要求是一个重要原因。

第一，秘书的工作性质和基本职能要求秘书具有多层面的知识，但是秘书队伍中的许多同志，知识的结构面和结构层都不尽合理。表现为综合部门的秘书，虽有一定的文化水平和写作能力，但知识面窄，缺乏对多学科的了解；专业部门的秘书，尽管比较熟悉本部门的业务，但较少经过秘书专业训练，至于人们熟称的"通才""杂家"，在秘书中则更是凤毛麟角。

第二，如今，一大批具有高知识结构的干部进入领导岗位，而同时期秘书的知识储备却不够，秘书队伍的调整又没有及时跟上，领导和秘书之间出现了知识上的落差，一些秘书便显得参而少谋，甚至参而无谋。

第三，由于当代科学技术的高速发展，新思想、新事物、新信息不断涌现，而相当多的秘书却往往疲于日常事务、迎来送往和"文山会海"中，疏于学习，知识日渐陈旧，思想更不活跃。由此可见，重视和改善秘书的知识结构，已经迫在眉睫[①]。

(二)秘书知识结构的体系

1. 秘书知识结构的含义

知识结构，顾名思义，是指一个人所掌握的知识的类别、各类知识相互影响而形成的知识框架以及各类知识的比重。这里所讲的"比重"，不仅指数量关系，也指质量关系。因此，秘书知识结构是指秘书所掌握的知识的类别，以及各类知识相互影响而形成的秘书知识框架和比重。

2. 秘书知识结构的体系构成

一个完整的、合理的秘书知识结构，应包含三方面的内容：基础知识、专业知识和辅助知识。

秘书的基础知识，是指作为一个秘书所必须具备的最起码的知识。基础知识越扎实、丰富，秘书的发挥潜力就越大。秘书的基础知识主要包括自然科学知识和社会科学知识两方面。自然科学知识指数学、生物、天文和地理知识等；社会科学知识指哲学、历史、政治、法律、心理知识等。秘书人员都要对此有所了解，并根据自身业务的不同而有所侧重。

尤其是哲学理论和历史知识对秘书工作的影响尤为重要。哲学理论直接影响着一个人的世界观、人生观和价值观。只有对哲学理论有深刻的了解，对正确的哲学思想有肯定的认识，秘书才能树立正确的观念，从而正确地摆正自己的位置；历史知识特别是历史所弘扬的中华传统美德，对秘书人员美德的形成也有极大的作用。不管是"先天下之忧而忧，后天下之乐而乐"的情怀，"天下兴亡，匹夫有责"的气概，还是"苟利

---

① 何生：《试论秘书的知识和智能结构的优化》，载《秘书之友》，1987(5)。

国家生死以，岂因祸福避趋之"的思想，都为秘书人员奠定了人格基础。

🔍 **案例**

秘书工作者应读点历史

古人讲："欲知大道，必先为史。"历史是一座丰厚的宝藏，古往今来，从政者大都非常重视读史，以从中借鉴经验、汲取养分。对秘书工作者而言更是如此，读点历史，可以涵养心性智慧，探索辅弼之道。

读史以明智。无论《史记》的"究天人之际，通古今之变"，还是《资治通鉴》的"鉴于往事，有资于治道"，都表达了一个同样的主张，那就是读史能够以史为鉴、增进智慧。历史是一个国家、一个民族发展变化的真实记录，是前人各种知识、经验的总结。古今时代虽然不同，但历史总有着不同程度的重复，无论个人际遇，还是社会变化，大都可以在历史中找到影子。秘书工作者熟读历史，"以往知今，以显知隐"，就可能从历史中把握社会发展规律，进而学会科学地想问题、办事情，提高谋事、办事水平。

读史以守正。翻开历史，我们常会发现，几千年的历史中，有人追名，有人逐利，有人弄权，有人享乐，甚至有时还是奸邪当道、忠良见辱，庸碌者善终、担当者多舛。但纵览古今，就会发现，只有像屈原、魏徵、文天祥、林则徐那样竭忠尽智、坚守正道的人，才能始终屹立在历史长河之中，为人生留下沉甸甸的分量。"人生自古谁无死，留取丹心照汗青。"读历史，能让我们以深远的历史眼光，穿透眼前种种事物，看清什么是为官辅政颠扑不破的正道。守住这样的正道，才能不汲汲于名利、不营营于富贵，才能不兴伪事，在秘书工作岗位上创造真正的价值。

读史以豁达。读历史，我们会发现，历史上的名臣贤吏大都有豁达的得失观，对国家利益看得很重，而对个人得失却看得很轻。例如，战国时期赵国大夫蔺相如，为官辅政，始终以赵国利益为重。出使秦国，为了维护赵国的利益和尊严，在秦廷之上，置生死于不顾，"引璧睨柱""叱秦王左右"，威震秦国。回国受到重用以后，面对廉颇的挑衅，又以大局为重，处处避让。这就为我们树立了很好的榜样。工作上要勇于担当，关键时刻能够豁得出来；个人得失面前要顾全大局，不能过于计较。常读历史，向先贤学习，培养这种豁达的得失观，具有非常重要的现实意义。只有这样，才能正确对待公与私、得与失，在工作事业上多一些投入，在个人利益上少一些计较，才能宽以待人、宽以接物，妥善处理各种关系和矛盾。

读史以谦谨。读历史，我们还会发现，为官从政有建树的人，通常都很谦虚严谨。例如，春秋时宋国大夫正考父，为人谦谨，每被拔擢都更加谨慎，以至于"一命而偻，再命而伛，三命而俯"。三次被国君任命为上卿，第一次是弯腰受命，第二次是鞠躬受命，第三次是俯下身子受命。再如西汉名臣丙吉，对汉宣帝有救命和拥立之功，却始终匿功不言；而身为宰相，走在路上看到牛热得喘气吐舌这样的小事，都会留心询问，以防季节不调，引发灾害。作为秘书工作者，谦虚严谨是非常重要的品质。我们要多读读历史，常想一想满招损谦受益的历史规律，想一想严谨成事和大意败事的经验教训，以史为鉴，时时自警。这样，无论接人待物，还是说话办事，都会更加谦虚谨慎，成为真正合格的秘书工作者。

历史这座宝藏，历经时间长河的冲刷沉积，充满智慧，饱含养分，而又任人探寻采撷。秘书工作者经常读点历史，无论修身齐家，还是建言献策，都能够从中获益。

秘书的专业知识可分为两部分。第一部分是秘书专业的基础知识，第二部分是秘书所在行业的行业专业知识。秘书专业的基础知识包括秘书学、文书学、档案学、写作学、信息学、逻辑学、公共关系学、速记、外语以及秘书史等；秘书所在行业的行业专业知识是指秘书所从事行业要求秘书具备的基本常识，包括本单位的管理、服务、生产、销售概况、人事变动等情况，以及本单位在同行中的地位、作用等，这对于秘书来说是第二专业知识。

比如，在从事电子商务贸易的单位中就职，就得掌握电子商务、企业管理等行业知识。在秘书学相关研究中，人们越来越重视第二专业知识的重要性。在国外，对秘书职业早就有按第二专业进行分类的惯例，如法律秘书、商务秘书、外事秘书、技术秘书、医务秘书等。

现代秘书工作不能"一俊遮百丑"，只会打字不行，只会写作不行，只能说会道也不行，还要熟悉本单位的行业专业知识，具备综合素质。因此，可以说单纯的秘书工作是不存在的。行行有秘书，行行秘书又需要有本行业的专业知识。这一点，广大秘书工作者必须引起高度重视。

秘书的辅助知识主要包括管理学、经济学、人际关系学、决策学、咨询学、预测学、文学、人才学、创造学、情报学、新闻学、传播学等方面的知识。辅助知识既不像基础知识那样具有根基作用，也不同于专业知识那样起标志作用。它对秘书人员的作用是开阔视野、丰富头脑、扩展思路、提高工作效率，使秘书人员扩大自己的知识面，在工作中更加得心应手、挥洒自如。

（三）现代秘书知识结构的全球视野

当前，"互联网＋"时代已经到来，我国与世界的距离缩短了，但也明显暴露了我们方方面面的差距，所以我国将会面临着更大的机遇与挑战。这种形势，也给现代秘书工作带来了新的挑战和新的发展机遇。秘书工作再也不是传统观念中的电话接线员、接待员，以及收收发发、抄抄写写的文员，只要具备简单、基本的秘书知识就可以了。

21世纪是知识经济、网络经济的时代。秘书人员应该具备新的秘书知识结构，拾遗补阙，不断更新、优化自己的知识结构。处于"互联网＋"时代，秘书除了具备上述知识体系外，还应从世界眼光、全球视野的角度，熟练掌握和不断加强对英语、对外交往中的文化与礼仪知识、网络办公知识等知识的学习，在对外交往中，不断地将我国传统文化在世界发扬光大。

🔍 **案例**

美国前总统奥巴马的网络团队

为了不断推进网络办公，美国前总统奥巴马组建了一个庞大的网络团队，成员包括白宫办公厅、数字化战略办公室、网络安全办公室等机构中的网络精英以及信息技术领域的专家。其中一些人曾为奥巴马大选获胜立下了汗马功劳。

奥巴马执政以来，这一团队充分利用网络技术，在化解外交、经济等方面难题上与民众沟通，做了大量卓有成效的工作。

一、适时开设网络平台

奥巴马的网络团队通过多方面努力，建立了白宫博客网。该网站集中报道奥巴马的活动、及时上传白宫发布的最新消息等，是奥巴马和网民沟通的重要途径之一。在网站"联系白宫"页面中，可看到近6分钟的视频，记录了从数以万计民众来信中挑选10封辗转送达奥巴马工作案头的过程。

奥巴马的网络团队还推出了其他一系列专门网站。例如，白宫请愿网——凡13岁以上美国公民均可在该网站撰写或签署请愿书，针对现实重大问题要求政府采取行动。请愿者收集签名人数达到一定数量后，奥巴马政府会视情做出回应。当然，是否回复以及回复的内容则由白宫来定。真相核实网——服务于奥巴马政府医疗新政的网站；美国政府官方网站——提供跨部门的各种信息；请愿网站（如 Change. org）——公民可通过该网站向奥巴马政府提出建议，也可对现有建议进行投票，等等。

此外，奥巴马的网络团队还推动白宫进驻 Facebook，Youtube，Twitter 等多个著名社交网站，充分利用这些平台与民众沟通。在政府的鼓励和网络团队的帮助下，美国航空航天局、总务管理局、食品及药物管理局等越来越多的政府部门也开始进驻社交网站。

二、精心选择网络传播的内容与模式

为出色完成网络传播任务，奥巴马网络团队成员认真学习领会总统和政府颁布的政策法令，密切跟踪国际、国内形势，了解舆论动态和民众需求。据白宫数字化战略小组成员称，他们每天工作量很大，要跟踪信息，并将其归档、分类，进行分析、研究，还要根据已选定的课题，精心编辑在社交媒体上发布的内容。最困难的任务当属把总统讲话中复杂抽象的政治概念转化成通俗易懂的语言，让人们一听就能明白。

网络团队还按照总统和政府的指定，将网络推介运用于外交领域，并由多名顶级媒体专家负责媒体外交的组织策划工作。例如，白宫的高级顾问艾历克·罗斯，被称作美国新媒体外交的"三驾马车"之一，深谙技术与政治的结合之道，提出了"网络外交"概念和其他一系列相关建议。"美国未来的重要策略是利用网络等新技术推动外交"，这一理念已成为美国政府、专家和民众的共识。

三、相互协同保障网络安全

由于网络技术发展飞快，网络安全问题也日益突出。奥巴马及其网络团队对此十分重视，适时采取网络安全措施。

成立专门机构，协调管理。奥巴马入驻白宫以后，在其网络团队的协助下设立了白宫网络安全办公室。该机构是总统顾问班子的重要组成部分，由白宫国家经济委员会和白宫国家安全委员会共同管辖。办公室负责人定期向奥巴马汇报工作。网络安全办公室直接对国家安全委员会和美国前总统负责，凌驾于军队和政府情报部门之上，负责统筹全国网络安全事务，并协调处理其他部门提交的网络政策建议，促使美国政府形成统一的网络政策，并确保政策获得各部门认同。

加强网络管控。奥巴马的网络团队强调，应始终保障网络"总开关"掌控在总统手里。美国国土安全委员会曾提出一项题为"像保护国有资产一样保护互联网空间法案"的提案。根据该提案，在美国发生紧急情况时，奥巴马可以命令谷歌、雅虎等搜索引擎运营商暂停互联网服务。其他互联网服务提供商，在美国发生"互联网安全紧急事件"时也将受到总统的管制，违者会受到巨额罚款。

随着行业分工的逐步细化，秘书工作经常以团队形式出现，美国前总统奥巴马的网络团队即是例证。奥巴马为适应信息技术的迅速发展，积极推进网络办公，组建了一支网络团队。奥巴马执政以来，这支团队通过多方面努力，适时开设了网络平台并精心选择传播内容和模式，在化解外交、经济等方面难题上做了大量卓有成效的工作。

（四）完善现代秘书知识结构的意义

现代社会是知识密集的社会，21世纪是知识经济的时代，这个社会、这个时代处处需要知识，没有知识寸步难行。秘书拥有相应时代需要的知识结构，可以提高自身能力。秘书知识和秘书能力两者是相辅相成、互为因果的。秘书知识结构是形成和发展秘书能力的基础。秘书能力的大小首先取决于秘书知识结构的完善程度。一般来说，知识结构越完善，能力便越强；知识结构越单一，能力则越弱，两者成正比。所以，知识与能力是分不开的。21世纪秘书工作将变得越来越庞杂、新颖，这就需要秘书是具有广博知识和各种综合能力的复合型人才。

秘书只有拥有新时代的知识结构，才能更好地发挥自身办文、办事、办会的能力，如用到的表达能力、调研能力、交往能力、管理能力、操作能力等。秘书只有拥有一定的知识结构，才能使能力发挥得淋漓尽致，才能为领导更好地服务，做好领导的左右手。

如果一名21世纪的秘书，还只拥有过去的一套老的知识结构，只会写写抄抄，只会动手不会动脑，就会被这个崭新的时代淘汰。过去不懂法律和经济，不具备外语能力和计算机操作技能，照样可以当好秘书。而在今天的新媒体时代，互联网技术高速发展，如果不懂计算机，不会运用新媒体，就想当好秘书是不太可能的。

🔍 案例

联合国前秘书长加利的传奇人生

2016年2月16日，联合国第六任秘书长加利在开罗去世，埃及政府为他举行隆重的葬礼。加利为世人所知，是因为他出任冷战后联合国首任秘书长，也是第一位来自非洲的秘书长。任期内，加利为拓展联合国维和理念和实践立下了汗马功劳。除此之外，他集外交家、法学家、学者、作家多种身份于一身，更是中埃友谊发展的积极推动者和见证者。

1922年，加利出生在埃及开罗一个基督教科普特教派家庭，是埃及极为受人尊敬的政治世家。加利的父亲曾出任财政部长，祖父曾为阿德王朝的首相。因此，加利从小就受到政治的熏陶。1946年，加利毕业于开罗大学，获法学学士学位，随后赴法国深造，1949年，获巴黎大学国际法博士学位。加利的履历十分丰富，既有在知名高校就读和执教的经历，也是埃及非常活跃的政治家。他对中东和平进程的积极斡旋，给世人留下深刻印象。他在国际政坛上也是位"大忙人"，曾担任过数种国际组织的高官。究其一生，特别是作为联合国秘书长，他的学者功底与外交经验的相辅相成，成为最大的亮点。

作为世界上"权力最大"的秘书长，身兼"国际公仆"的重任，加利不仅是外交家，还是法学家、学者和作家。良好的教育背景及学术积淀，为他拥有国际视野、驾驭复杂局面和维护世界和平打下了坚实基础。据统计，加利一生著述颇丰，共出版100余部著作，特别是在国际法和国际关系理论领域颇有建树。他还曾出任非洲政治学会主席，并通晓阿拉伯语、英语和法语。加利早年曾在哥伦比亚大学作为富布莱特访问学者从事研究，又任开罗大学政治学系主任一职。曾任卡特政府高级官员的匡特那时候就非常看好加利，认为他具备成为联合国卓越领导人的潜质。1991年11月22日，匡特对《纽约时报》说："加利是那种具有国际思维的人。"

在走向联合国秘书长一职之前，加利就在埃及政坛崭露头角，成为萨达特总统的得力助手。加利步入政坛，起因也是调停的需要。因调节埃及占主导地位的穆斯林和科普特基督教少数民族之间的积怨，加利成为当时政府邀请的科普特人代表。在推动埃以和平进程中，他是少数几位始终支持萨达特总统的人。作为总统助手，他是少数亲自见证萨达特的耶路撒冷历史之行的官员，也是 1978 年戴维营会晤的策划人。凭借在调停巴以冲突的戴维营会晤中的出色表现，加利为自己赢得了国际声誉，也赢得了以色列人的尊敬。正是因为他在中东和平进程中表现出的公正品质，以及支持与犹太国家和平共处的主张，让以色列也愿意支持他就任联合国秘书长职位。

加利的一生，是政治的一生。学者型外交家和卓越的调停者，成为最能概括他政坛一生的核心关键词。秘书长不仅需要具有娴熟的文案能力，更需要丰富的知识积累和充分的实践经验。

加利是第一位来自非洲的联合国秘书长。深厚的学养和丰富的实践经验，为他推动联合国的改革和发展奠定了坚实的基础。他的公平正义之心，他的个性和追求，成为认识和理解联合国秘书长职责的一面镜子。

二、秘书博学

(一)秘书博学的现实需要

现代秘书应该具有广博的知识。作为辅助领导实施管理的秘书工作具有很强的综合性，其工作的涉及面是比较广泛的，可以说，凡是领导会涉及的工作内容，秘书都会涉及。从纵向说，现代秘书要具备从事本职业工作的足够的知识深度；从横向说，现代秘书又要具备从事某行业实务工作的知识广度。因此，现代秘书应该努力培养自己成为具有广博知识的复合型的通才，以适应其职业特性①。

当前，秘书和秘书工作呈现出一些新的特点。

1. 秘书任务越来越重

现在已踏入网络时代，秘书的工作乃是一个单位、一个部门的窗口展示。从国内外形势看，世情、国情、党情发生着深刻变化，执政理念、治国方略、领导形态、信息传递、现代科技等，都同样发生着深刻变化。作为机关单位从事辅助性工作的秘书，也面临着从传统的提供情况、提供经验、提供服务，向提供参谋、提供借鉴、提供决策的转变，任务确实越来越多、越来越重。还有，原来手写手抄、人力传送、封闭运行、手段单一的方式已改变，现代办公方式已相当普及。变化带来机遇，也有重负，给秘书人员提出了更新的要求，现代秘书必须紧跟时代发展，在被动中求主动，在主动中求创新，在创新中求发展。

---

① 吴金山：《漫谈秘书与读书》，http://leaders.people.com.cn/n/2014/0928/c58278-25755159.html，2017-07-28。

2. 秘书工作越来越难

由于阅历、知识、能力等个体和公共因素的影响，加之信息的不对称性，秘书与领导之间总会有一些不统一、不一致、不衔接的情况出现。同时，由于秘书岗位的局限性，他们也面临"有限服务"的境地。秘书人员要想做好工作，必须发挥自身能动性，主动工作，协调处理，衔接汇报，争取最大努力，尽力把工作做到位。比如，对于文稿服务，没有思维创新，就没有深度，不能说服人；没有观点创新，就没有新意，不能引导人；没有内容创新，就没有活力，不能激励人；没有文字创新，就没有文采，不能吸引人。文秘人员必须把单位中心工作的思路、任务、方法研究透、研究好、研究精，确保文稿的思想性、指导性、操作性。

3. 对秘书的要求越来越高

由办文型向参谋型转变，由事务型向技术型转变，由一般型向专业型转变，是新形势下对广大秘书工作者提出的新要求，也是新课题。对于如此高的要求，秘书人员应该讲程序、讲效率、讲创新、讲结果，全力以赴达到目标。讲程序，就是正确履行职责，对安排的工作，按照岗位职责和程序，一个环节、一个细节地去落实；讲效率，就是提倡立即办、马上办的作风，效率优先，争取主动；讲创新，就是打破旧的思维模式，敢为人先，敢于创造，推广新经验，采取新举措，运用新办法；讲结果，就是树立重实干、讲结果的理念，把精力放在圆满完成工作任务上，做到办文办出上乘之作、办会办得周密无误、办事办得无可挑剔。

4. 秘书责任越来越大

秘书工作都与单位或部门的工作大局相关，是机关单位的中枢站，是保证政令畅通的指挥线，不允许有半点马虎。经济发展进入新阶段，出现了新常态，正处在速度增长换挡期、结构调整阵痛期和投资刺激政策消化期。同时，对领导干部的作风也在以制度化的形式给予约束。这些都为秘书人员担责增加了难度。长期以来，秘书人员形成了服从安排、埋头苦干、不计名利的作风。同时，按部就班、被动服务、开拓不足的问题，也制约了秘书人员的责任担当。对于重大决策、重要事情、重点工作，机关单位秘书人员必须摸清情况，调查研究，提供预案，督促落实，担当责任，集聚正能量，确保各项工作健康有序推进。

🔍 **案例**

叶剑英元帅的座右铭

1986 年叶剑英逝世时，悼词称他"在重大的历史转折关头，敢于挺身而出，毫不犹豫地做出正确的决断"。更被人们传颂的，是毛泽东称赞他的两句话："诸葛一生唯谨慎，吕端大事不糊涂。"

大家都知道，叶帅是著名的儒将，他阅历丰富、学识渊博、文武兼备、智勇双全，在政治、军事乃至文学上，都有极深的造诣。

叶帅晚年时，把自己的工作、学习、休息写成三句话，作为座右铭，压在写字台的玻璃板下。

这三句话是：抓紧时间工作，挤出时间学习，偷点时间休息。

叶帅的座右铭，不但朴实无华，可操作性强，而且是专门讲如何珍惜和支配时间的，值得我们很好地体会和学习。

叶帅"抓紧时间工作"，有三个不管：第一，不管是不是八小时工作时间；第二，不管是不是吃饭的时间；第三，不管是不是睡觉的时间。只要工作一来，马上去做，坚持今日事今日毕。有时半夜三更，来了特急文件，这位年逾八旬的老帅，便立即披衣下床，正襟危坐，聚精会神，直至处理完毕才罢手。

叶帅远见卓识、才华横溢，这和他长期坚持"挤出时间学习"是分不开的。到了垂暮之年，他还孜孜不倦地坚持学习。政治、经济、军事、哲学、文学、外语，无不涉猎。

叶帅把读书看作工作的需要，把背书看作生活的乐趣。他读书非常认真，一些重要文章、重要章节，都反复阅读，甚至能够背诵，如《长恨歌》《琵琶行》，他能一口气从头背到尾。他经常就一篇古文或一首古诗，找工作人员对背，以此培养身边工作人员的学习兴趣。

一次，他到一所军事院校视察工作，把学员们召集起来，说："你们选几个代表，我们来背诵孙髯翁撰写的《昆明大观楼长联》，看谁先背出来！"结果，这"天下第一联"，还是他第一个背了出来。学员们看到叶帅知识渊博、老而好学，深受教育。

叶帅晚年身负重任，日理万机，只能"偷点时间休息"。他住在北京西山时，晚餐后总要到山间漫步。这条山路虽然不算太长，但名曰"好汉坡"，走起来并不轻松。耄耋之年的叶帅硬是不服老，一步一步地攀缓而上，他边走边对跟随的同志讲："你们想想看，路这样难走，天天攀登不止，不达目的，决不罢休，难道这还不算是英雄好汉吗？"接着，叶帅又补充说："上得山来是好汉，半途而废是孬种！"可谓语带双关，寓意深刻。

(二)秘书博学的途径

"互联网＋"时代的关键是创新与整合，它首先依赖于学习。学习是人自身的主动性、积极性、创造性的过程，在未来世界里，学习将成为人自身发展的一种需求，成为社会一切成员的活动。

秘书在博学过程中，要学会理论联系实际、学会超越自己、学会改善心智模式、学会建立共同愿望、学会进行系统思考，才能在学习中成长，在学习中进步，为建立合理的知识结构打下扎实的基础。

作为领导助手的秘书只有向书本学、向社会学、向时代学、向身边的人学，从而进入全方位学习和终身学习的轨道，才能在构筑知识结构实体中着重基础知识、突出专业知识、拓展辅助知识，在传统中继承，在继承中创新。

1. 向书本学——阅读

秘书的书，就是读书的书。秘书就要读书。这是成长之需、生活之需、生存之需、工作之需。身为秘书，不去读书，是绝对不行的。因为这既是学风问题，也可以上升到作风问题①。

读哲学书。哲学是思维的金钥匙、原动力。哲学功底是思想基础，也是工作方法。对任何事物、人物、现象，都要深入探究，加以思考。每个人思考角度不同，认识水平不同，精神境界就不同，对人生也会有不同的感应。思考越深刻，就越能以小见大，以大见小，揭示的道理就越明朗。在复杂的事物中，揭示深刻博大的思想，确实需要哲学功力。秘书读哲学著作，既要读马克思、列宁、毛泽东哲学著作，又要读亚里士多德、尼采、黑格尔哲学著作。伴随哲学知识的增多，对事物的看法就会由浅入深，逐渐升华，从而产生新思想、新观点、新见解。

读文学书。每个民族的生活方式和行为方式，都有民族文化的烙印。对于文化的传承性，我们可以把它比作地图，也可以把它比作指南针，这足以说明民族文化传统、意识形态、价值观念不易改变，有其相对独立性、延续性。几千年的文化积存，是何等丰厚：以孔孟为首的诸子百家的宏论，缀玉联珠的汉赋，雄浑飘逸的唐诗，豪迈婉约的宋词，清新秀丽的元曲，意蕴深长的明清小说，更有近现代文学著作，浩如烟海。论著的哲理、诗文的豪情，无不让人叹为观止。所有这些，都是中国文化的最高成果，也是民族精神的主要根基，更是秘书人员的知识依仗。

读历史书。读史可以明智。浩瀚而宝贵的历史知识，既是人类总结昨天的记录，又是把握今天的凭借，更是创造明天的向导。历史，就是人的故事，记载着形形色色的人生戏剧。古人也好，今人也罢，都是演员。有的是主角，有的是配角。每个人都在写自己的历史，却不一定都爱读历史。中华民族，历史悠久，文化璀璨，这是极为宝贵、引以为自豪的财富。秘书人员一定要学习中国和世界历史的知识，学习中国近现代史和中共党史，深化对共产党执政规律、社会主义经济建设规律、人类社会发展规律的认识，聆听历史，细照历史。

读业务书。知识经济时代，需要的是专业知识好的人。招聘人才时，首先看专业

---

① 吴金山：《漫谈秘书与读书》，http://leaders.people.com.cn/n/2014/0928/c58278-25755159.html，2017-07-28。

知识，而不是其他的。因此，专业知识最重要。面对社会竞争，专业知识是最基本的，也是最重要的。就像别人掉进河里，自己没有游泳本领，怎么去救人。同样，一个秘书人员，要想提高核心竞争力，最重要的是专业知识。一个人如果连最基础的东西都没掌握，怎么可能在社会立足。当今，每个工作岗位都有不同的具体的要求。强化专业，培养素养，增强能力，提升水准，是安身立命之根本。秘书有什么理由不读、不懂、不通、不精专业知识呢？

读科技书。科技，为人们打开了奇妙的大门。从蒸汽机、电力技术的广泛应用，到电子计算机的问世；从原子能时代、太空时代跨入信息时代、生命科学时代，社会生产力性质规模、发展速度发生了质的飞跃，整个社会面临着新一轮科技革命的严峻挑战。面对网络世界，面对知识经济时代，面对激烈的市场竞争，必须播撒科技的种子，在秘书人员的脑海中生根发芽，为更好地当好参谋助手，打下坚实基础。对于科技书籍，如《未来简史》《未来的世界》，都要认真细读；对于前沿科学，如人工智能、航天技术、纳米技术、3D打印等，都要有所了解。

🔍 案例

我的"三三制"读书法①

"方法不对，努力白费；方法找对，事半功倍"。除了爱读书、读好书之外，我们还要善于读书、讲究方法。为解决何时读书、读哪些书的问题，我把自己的读书时间分成三部分，分别用于读三种类型的书。借鉴党史上著名的"三三制"原则，我将其称为"三三制"读书法。

三分之一的时间"提升工作"。上班时忙于各种事务性工作，真正静下心来学习还得靠业余时间，所以我把三分之一的读书时间分配给与工作有关的阅读学习。首先是学深学透党的方针政策。把《习近平总书记系列重要讲话读本》《习近平谈治国理政》《"四个全面"党员干部学习读本》等书籍常置案前，将其中的思想精髓作为指导工作、推动实践的明灯。其次是立足本职钻研业务。对一名从事干部监督工作的组工干部来说，修订后的《党政领导干部选拔任用工作条例》《中国共产党纪律处分条例》等党内法规，就是干好工作的"金刚钻"和"百宝箱"，反复研读也不为过。最后就是浏览党报党刊，更新知识结构与时俱进，把书本上的知识变为提升工作能力的源头。

三分之一的时间"研修专业"。如今的机关干部特别是年轻干部，普遍接受过高等教育，都曾在象牙塔中为学习专业知识孜孜以求。走上工作岗位后，如果日常事务与所学专业关联不大，时间一长便把专业知识忘了大半，实在可惜。从某种意义上说，

---

① 周洋：《我的"三三制"读书法》，载《秘书工作》，2016(2)。

专业就是我们安身立命的本业。不荒本业对于个人成长大有益处，因为系统性的专业阅读建构了体系化的知识结构，甚至在潜移默化中塑造了我们的思维方式乃至世界观，这是碎片化的网络阅读所不能给予我们的宝贵财富。我大学本科读的是哲学专业，研究生时期攻读马克思主义哲学。如今我把三分之一的读书时间专门用于重温哲学典籍。随着人生阅历的增长，重新捧读专业书籍带给我更多的启发和思考，不仅使我"悟其道"，更让我"修己身"，可谓受益匪浅。

三分之一的时间"开卷有益"。五柳先生"好读书，不求甚解；每有会意，便欣然忘食"，写出了兴之所至、随兴而读的无穷乐趣。鲁迅先生的《且介亭杂文》中有一篇《随便翻翻》，倡导的就是这种广泛浏览式的读书方法。浏览既能扩大知识面，又可以消除工作疲劳，还可以得到消遣的乐趣，总会让人们有意想不到的启发。我把剩下三分之一的读书时间用于这种开卷有益、随意翻翻的闲读泛览。天气晴好时，捧一本《菜根谭》，咀嚼"咬得菜根，百事可做"的谆谆告诫；阴雨连绵的季节，拿出一册《普希金抒情诗选》，让心灵之舟缓缓泊进充满诗意的港湾……这份自由选读的乐趣，每每让我心旷神怡。

"三三制"读书法让读书有助于我的工作，让经典滋润我的心灵，让阅读成为我生活的一部分。我还会继续坚持这种方法，让书香永远伴随在自己身边。

2. 向社会学——实践

注重实践，勇于开拓探索，建立动态的知识结构。创新是知识经济时代的主旋律，而"实践出真知"，要加强探索，才能积累实践经验，丰富秘书的知识，在运用理论知识，结合调查研究、发现问题、分析问题、解决问题中构建自身的知识结构，进而走进开拓创新的领域。

信息化社会知识更新速度大大加快，老化周期日趋缩短，知识的陈旧、老化必然导致思维的滞后和僵化。因此，秘书若不想被社会淘汰，只有加强学习，并善于把知识用于实际，在实践中更新与构建新的知识结构，只有这样才能胜任现代秘书工作，顺应知识经济时代的发展潮流。

现代秘书要把知识转化为实践能力。从某种意义上来说，知识是停留在书面上的，具有历史性、相对固化、相对静止的成果。能力是知识与实践结合的产物，是知识在实践当中得到验证并转化成实际的、经验性的成果，从而使人类得以掌握并能实际运用的"活"知识。让知识转化为实践能力，应该是现代秘书学习知识的出发点和目的。否则，如果不能解决实际问题，即使知识再多，也只是"纸上谈兵"。

南宋著名诗人陆游在《冬夜读书示子聿》中说："纸上得来终觉浅，绝知此事要躬行。"现代秘书要积极在实践当中积累经验，提高自身能力。既然能力是知识与实践结合的产物，或者说，知识只有在实践中才能转化成实际能力，那么，如果秘书要培养和提高自身能力，就要充分重视实践，向实践学习。秘书要在实践中学习，在实践中积累经验，在实践中锻炼和提高自身的业务能力，在实践中找到知识和能力的嫁接点和生长点。

案例

读书需要在践行中深化

在无涯的学海中，以书为媒，以勤为径，自古以来就是人们吮吸知识营养的重要途径之一。如何把书中精华溶入血液里，转化为养心励志的润滑剂？如何把书中健康的引领内化于心、外化于行？如何甄别书中糟粕，在扬弃中保持定力？这些都是对读书的思考，需要在探寻中不断优化答案。

读万卷书，行万里路，关键在于知行合一，知是前提，行是目的。创造性地吸收和借鉴书中好的东西，需要从实践中来，到实践中去，并由此延伸新内涵、收获新感悟、付诸新行动。例如，对于范仲淹《岳阳楼记》中"先天下之忧而忧，后天下之乐而乐"的千古名言，今天的党员干部就可以赋予其新的内涵，在学习中吸收、在践行中深化。进一步讲，就是要在党爱党、在党言党、在党忧党、在党为党，立足岗位建功立业，自觉维护党的形象和声誉。又如，战胜困难、成就事业是一个永恒的主题，毛泽东同志在《水调歌头·重上井冈山》中写到了"世上无难事，只要肯登攀"，叶剑英元帅在《攻关》中写到"攻城不怕坚，攻书莫畏难，科学有险阻，苦战能过关"，从中传递出的都是战胜困难的勇气、信心和决心，激励人们不断创造新辉煌。正是有了这种精神力量的支撑，在那个特殊困难的年代，才有了"两弹一星"剑啸苍穹；正是有了这种精神力量的延伸，在科技进步日新月异的今天，才成就了我国"神舟探官""蛟龙入海"的伟业，实现"可上九天揽月，可下五洋捉鳖"的梦想。新常态下，各项工作都在探索中前行，一些原有的办法不管用，新的办法还不成熟，干任何事情都不可能一帆风顺，有时会出现顾此失彼、"按下葫芦浮起瓢"的情况，甚至出现难以想象的困难和阻力。这就更需要我们把书中凝聚的思想力量转化为行动的勇气和自觉，坚信"办法总比困难多"，在攻坚克难中砥砺前行。

3. 向时代学——审时

时代在不断地发展，社会在不断地进步，秘书工作也需要与时俱进。秘书要跟上时代发展和社会进步的步伐，就需要不断地学习，不断地提高自己各方面的素养。要适应形势需要，突出时代特色。

现代秘书在建立知识结构时要首先适应现代的形势需要。这就要求秘书在工作中关心时事政治、关心国家大事，通过各种渠道了解国际的政治风云和国内的经济建设。

对国际、国内的一些事件和问题也要善于独立思考、学会分析判断；对党和政府新近出台的一些政策、法规也要留意和领悟；对本部门的工作也要多关注等，不断接受新信息，更新旧观念。知识经济时代是信息与技术的社会，秘书要切实提高语言能力，掌握计算机语言技能和外语技能，在国际化程度很高的交流与合作中，享用更多的信息资源，获取更多的主动权。

信息技术的发展对秘书人员学习知识、掌握知识、运用知识提出了新的挑战。由于信息技术和网络技术的广泛应用，人们的学习速度不断变快。这就要求秘书工作者在日常工作中要适应时代变化的新模式和新特点，要更好地利用网络进行工作和学习。只有提高自身素养，提升自身能力，将所需要的各种能力融入现代的信息时代中才是其成才的必经之路。

案例

"互联网十"：未来经济社会发展的起跑线[①]

今天，"互联网十"一下成了社会各界追捧的热词，这是我两年多前始料未及的。当时频繁提及"互联网十"，主要是想改变人们的一些固有看法。大家觉得，互联网是新经济、虚拟经济，跟自己所在的领域没太大关系，或是觉得互联网和传统行业存在冲突，是颠覆、取代、捣乱，甚至是对立的关系。

"互联网十"如今引发前所未有的热议，表明政府部门和各行各业对互联网的看法已有很大改变。甚至在局部层面，出现了虚炒"互联网十"概念的情况。

一、互联网将"连接一切"

我一直认为，互联网不是万能的，但互联网将"连接一切"；不必神化"互联网十"，但"互联网十"会成长为未来的新生态。

随着移动互联网的兴起，越来越多的实体、个人、设备都连接在了一起，互联网已不再仅仅是虚拟经济，而是经济社会不可分割的一部分，每一个经济社会的细胞都需要与互联网相连，互联网与万物共生共存，这将成为大趋势。

连接，本身是互联网的基本属性。现在我们把人与服务、设备和内容源等连接起来，开始实现互联互动，虚拟与现实世界的边界已变得模糊。

连接，是一切可能性的基础。未来，"互联网十"生态将构建在万物互联的基础之上。

二、"互联网十"是一种新的 DNA

现在的互联网很像带来第二次工业革命的电能。互联网不仅是一种工具，更是一

---

① 马化腾：《"互联网十"：未来经济社会发展的起跑线》，载《秘书工作》，2016(2)。

种"能力"，一种新的DNA，能够赋予各行各业以新的力量和再生的能力。如果我们错失互联网，那就像第二次工业革命时代拒绝使用电能。

"互联网＋"，是一种"寓大于小"的生态战略。在万物互联的新生态中，企业不再是社会经济活动的最小单位，个人才是社会经济活动的最小细胞。这使得传统企业的形态、边界正在发生变化，开放、灵活、"寓大于小"成为商业变革的趋势。

"互联网＋"代表着以人为本、人人受益的普惠经济。局部、碎片、个体的价值和活力，在"互联网＋"时代将得到前所未有的重视。万物互联和信息爆炸带来的不是人的淹没，而恰恰是人的凸显，每个人的个性更加容易被识别，消费者更灵活地参与到个性化产品和服务中去，实现以人为本、连接到人、服务于人、人人受益。

三、"互联网＋"会成为未来经济社会的起跑线

"互联网＋"会成为未来经济社会的起跑线。"互联网＋"可能带来大量"弯道超车"的机会以及被超越的风险。例如，互联网正在成为中国包容性增长的动力，对于发展相对落后的农村地区和中西部地区，"互联网＋"带来了跨越式发展的可能性。

在更广阔的国际竞争中，我们看到资源禀赋不同的各个国家正重新聚集在"互联网＋"这个起跑线上较量：发达国家希望继续抢占优势生态位，发展中国家则企望借此实现"弯道超车"。时下热议的德国工业4.0和美国先进制造，都将互联网视为一个重要的基础和创新引擎。

今天，站在"互联网＋"这个新的起跑线上，我们互联网行业从业者、各行各业乃至整个国家，都需要把握难得的机遇关口，做出至关重要的反应。

4. 向身边的人学——善学

纵观古今中外的优秀秘书，无一不是勤奋好学、博学多识之士，有着良好的知识结构和智能素养。因此，我们要善于向身边的人学习，既要发扬他们的优良品格，更要学习他们的丰富知识，"取人之长，补己之短"，不断提升和完善自身的能力和素养。

要以一种善学的心态去学习。有什么样的心态，就会有什么样的行为；有什么样的行为，就会有什么样的结果。简言之，心态决定行为，行为决定结果。如果你是一种自高自大、骄傲自满的心态，你就不会看到别人的长处。如果你是一种谦虚的心态，总能认识到自身的不足，你就会不自觉地学习别人的优点和长处。

要以一种执着的追求去学习。在实际生活中，我们总能看到优秀人士对学习的渴望，对学习的执着，对学习的坚持。正是因为有这种精神，他们才更加优秀；正是因为优秀，他们对学习更为渴求。学习是一种追求，当这种追求成为我们的习惯后，我们就会不断地去向身边的每个人学习。

木桶理论告诉我们，决定一只木桶盛水量的多少，不是最高的木板，而是最低的

那块。为了胜任秘书工作，只有将自己身上最短的"木板"努力加高加固，扬长补短，主动学习，你才能拥有更加肥沃的知识和智能的土壤，才能使自己的秘书工作得心应手。所以，我们要把加强学习、提高素质作为一种责任、一种修为、一种境界，不断更新知识，努力培养自身的理论素养和业务素质。更多地向领导学习，学习处理问题的方法，从而更好地领会领导意图，更好地为领导服务；向同事学习，学习日常工作的技巧，提高解决问题的能力；向身边的每个人学，学习他人的长处，从中汲取营养，完善业务，改造和充实自我，努力成为一名优秀的秘书工作者。

第三节
秘书的能力结构与基本技能

◎ 学习目标

1. 掌握秘书的能力结构。
2. 掌握秘书应具备的八大基本技能。

◁》 名人名言

合抱之木，生于毫末；九层之台，起于累土；千里之行，始于足下。

——老子

一、秘书的能力结构

不论从事何种工作，都要具备一定的能力。这一点，对秘书也不例外。什么是秘书应具备的能力呢？我们认为，事物的固有结构影响着、规定着这一事物功能的性质和程度，限制着它的范围和大小，也就是说有什么样的结构就有什么样的功能。既是结构，就应有一定的层次，也应有其主要成分①。

这里所讨论的秘书能力是一个广义的概念，它是由三个层次组成的，即基础能力、一般能力和特殊能力。

（一）秘书的基础能力

秘书的基础能力是指秘书的智力，主要包括观察力、注意力、记忆力、想象力和

---

① 陈海春：《谈谈秘书的能力结构》，载《秘书之友》，1985（4）。

思维力等,这是人们赖以吸收外界知识的能力,是其他能力的基础,把它列为第一层次的能力。

(二)秘书的一般能力

秘书的一般能力是指人们的语言文字应用能力、组织管理能力、社会活动能力等,这些是人们在社会中赖以工作和生活的能力,也是平常对工作人员强调的能力,把它列为第二层次的能力。

(三)秘书的特殊能力

秘书的特殊能力即第三层次的能力,主要指一些特殊的技能,如情报资料检索能力、编辑和校对能力,应用现代高科技设备的能力。

秘书人员的能力结构是一个多层次、多因素的综合体。要想成为一名合格的秘书,必须要具备以上三个层次的基本能力,并不断地充实提升。秘书这三个层次的能力构成了一个系统的立体结构,见图8-1。

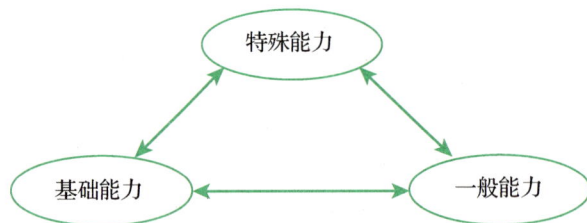

图8-1 秘书的能力结构图

🔍 **案例**

秘书人员成长"四重境界"之印迹

王国维在《人间词话》中曾写道:"古今之成大事业、大学问者,必经过三种之境界:'昨夜西风凋碧树。独上高楼,望尽天涯路。'此第一境也。'衣带渐宽终不悔,为伊消得人憔悴。'此第二境也。'众里寻他千百度,蓦然回首,那人却在,灯火阑珊处。'此第三境也。"人们唯有经过艰苦的努力,方能不断进阶,成就震古烁今的大事业、大学问。其实想要成为一名合格的秘书人员,也需要不断积累工作经验,经历漫长艰辛的成长过程。在笔者看来,秘书人员的成长,要经过四重境界,而四重境界分别具有"飘""恐""重""稳"的印迹。

第一重境界的印迹:飘。这是新人常出现的问题。"俱怀逸兴壮思飞,欲上青天揽明月",由于对秘书工作的性质、定位、职责缺乏认知,新人往往只看到风光的一面,如所谓的"领导身边人"等,存在一种"鹤立鸡群"的优越感,在各种有意无意吹捧拍马中很容易飘飘然而忘乎所以。当然这都是由于无知而产生的错觉，是非常危险的，如果对此毫无察觉，则永远不能窥见做好秘书的门径，甚至秘书生涯也会很快走到尽头。须知，"谦和、谨慎、勤学、善思"是秘书必备的素质。在领导身边工作，要如履薄冰，到位不离位，更不能越位，参与而不干预，协助而不越权，服从而不盲从。要把握好度，时刻保持着谦虚谨慎、不骄不躁的工作作风，踏踏实实地做好本职工作。

第二重境界的印迹：恐。如果能够超越"飘"的障碍，扑下身子，甩开膀子，好好工作，就会发现秘书工作并不像想象得那么容易，人前的风光只是假象，每天的工作内容除了传送文件、协调行程、接待访客、安排会议等日常事务之外，还有很多随时出现的情况需要应对。经常是一件事情没有处理完，新的任务便接踵而至。由于事务繁杂，工作经验不够丰富，一不小心就容易犯错误，被领导批评，有时会无所适从，内心有惶恐无助之感，这是秘书成长过程中第二重境界的常态。如果不能很好地克服惶恐的情绪，就很容易被巨大的工作压力压垮，在工作中就会变得畏首畏尾，不敢担责，唯唯诺诺，没有主见，不求有功但求无过。要想尽快走出惶恐的阶段，必须加强学习。向领导学习，学习处理问题的方法，从而更好地领会领导意图，更好地为领导服务；向同事学习，学习工作的技巧，提高解决问题的能力；向实践学习，学习各种专业知识，当好领导的参谋助手。

第三重境界的印迹：重。当克服了"恐"的障碍，在秘书岗位上慢慢成长起来后，领导交付的任务也会越来越重，工作压力越来越大，事务变得愈加繁忙；同时，这个阶段的秘书人员大都上有老下有小，正是家里的顶梁柱，生活压力大、负担重。如何克服工作与家庭的双重压力，就成了摆在秘书人员面前的又一难题。习近平总书记提出的"五个坚持"重要要求应该成为秘书人员的根本遵循："坚持绝对忠诚的政治品格、坚持高度自觉的大局意识、坚持极端负责的工作作风、坚持无怨无悔的奉献精神、坚持廉洁自律的道德操守。"当你坚定了信仰，认识到自己工作的意义，就会明白"苦"和"累"是秘书工作本身的一部分，无怨无悔地默默奉献是秘书人员的基本职业精神。"衣带渐宽终不悔，为伊消得人憔悴"，也许是对秘书人员夜以继日、通宵达旦工作最好的写照。

第四重境界的印迹：稳。越过了上述三个阶段，秘书人员便会有一种天高海阔、轻车熟路的感觉，做工作也更加得心应手。首先，在思想觉悟上，爱岗敬业、求真务实开始内化于心外化于行，能够不为杂念所迷惑，不为欲望所侵蚀，不为贪婪所腐化。"念高危，则思谦冲而自牧；惧满盈，则思江海下百川。"其次，在工作方法上，能够辨明轻重缓急，拿捏有度，做到"工作忙碌不盲目，统筹灵活有思路"。面对一座座"文山"，不再照搬照抄、长篇大论，而是开门见山，简约清楚。面对一场场会议，不再千篇一律、照本宣科，而是心中有数，灵活处理。再次，在工作状态方面，不再瞻前顾后，而是"不待扬鞭自奋蹄"，认认真真、坦坦荡荡，恰如其分地处理好各种事务。在处理工作与家庭的关系问题上，能够以大局为重，在不耽误工作的前提下采用适当的方式加以平衡。最后，在对待名利方面，能保持淡泊的心态，"宠辱不惊，闲看庭前花开花落；去留无意，漫随天外云卷云舒"。

历经"飘""恐""重""稳"，一名秘书便会成长与成熟起来，表面上是办文、办会、办事能力的提升，而实质上是在酸甜苦辣中摸爬滚打、自我磨炼的一个过程。

"年年岁岁花相似，岁岁年年人不同。"秘书人员的成长永无止境，关键在于与时俱进，不断提升自身的能力，这样才能把秘书工作做得有声有色，让领导、同事与群众都满意。

二、秘书的基本技能

现代社会的发展对秘书工作提出更高的标准和要求，与传统意义的秘书相比，现代社会要求秘书是"全才"和"通才"。现代秘书必须具有科学的预见和广博的知识，集多能于一身，构建自身的能力结构。具体来说，要想成为一名合格的、优秀的秘书，应具备和掌握八种基本技能，见图8-2。

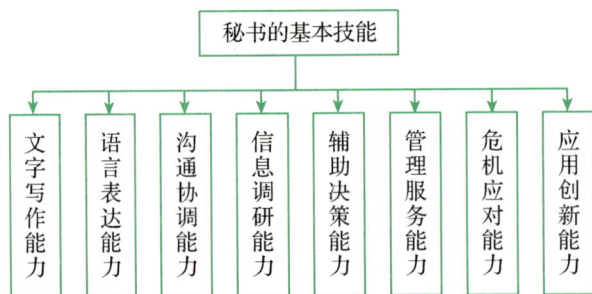

```
                    ┌──────────────┐
                    │ 秘书的基本技能 │
                    └──────────────┘
   ┌──────┬──────┬──────┬──────┬──────┬──────┬──────┬──────┐
 ┌─┴─┐┌─┴─┐┌─┴─┐┌─┴─┐┌─┴─┐┌─┴─┐┌─┴─┐┌─┴─┐
 │文 ││语 ││沟 ││信 ││辅 ││管 ││危 ││应 │
 │字 ││言 ││通 ││息 ││助 ││理 ││机 ││用 │
 │写 ││表 ││协 ││调 ││决 ││服 ││应 ││创 │
 │作 ││达 ││调 ││研 ││策 ││务 ││对 ││新 │
 │能 ││能 ││能 ││能 ││能 ││能 ││能 ││能 │
 │力 ││力 ││力 ││力 ││力 ││力 ││力 ││力 │
 └───┘└───┘└───┘└───┘└───┘└───┘└───┘└───┘
```

图8-2　秘书的基本技能结构图

(一)文字写作能力

文字写作能力是秘书的核心技能之一。在西方发达国家，优秀的秘书被称为一流的文字处理能手。文字写作能力是一个人必须具备的一种能力素质，也是现代秘书非常重要的基本技能，是秘书"看家"的本领。

文字功底是现代秘书的基本素质，现代秘书是掌管文书并协助单位领导处理日常工作的人员，是领导的参谋助手。秘书工作的基本性质要求秘书必须具有良好的文字写作能力，即在办理文书过程中要擅书，以"书"为主，寄情于"书"，要会驾驭文字。

秘书写作的对象主要是公文，需经常撰拟各种文稿，这就要求秘书不仅要具备一般的书面表达能力，而且要熟知各种公文的写作，熟练掌握各种公文的要求与方法，能够撰写出观点正确、内容充实、结构严谨、表达流畅、格式规范、文笔精练的各类公文。

秘书要提高对端正文风的认识，杜绝弄虚作假、套话连篇，空洞无物、浮华雕饰、矫揉造作，树立优良文风。因此，秘书人员在文字处理上要讲究工作实效，注意调查研究，提高自身的素质。

🔍 案例

公文写作必须"咬文嚼字"[1]

秘书工作离不开公文写作。秘书人员对文字的驾驭能力，一定程度上反映了其工作的质量和水平。一句话、一个字，甚至一个标点符号的差池，往往会导致一篇公文、一段讲话与原文原意或领导本意大相径庭甚至完全相反。

"吟安一个字，捻断数茎须。"多少文人墨客炼字、炼句、炼意，一丝不苟。贾岛反复斟酌"鸟宿池边树，僧敲月下门"，留下了"推敲"的佳话；苏轼与苏小妹互相题试，成就了"清风扶细柳，淡月失梅花"的佳句。相反的是，一字之差，谬以千里。韩复榘错把"派"写为"抓"，致叔父锒铛入狱；冯玉祥的一位作战参谋错把"沁阳"写成"泌阳"，使部队贻误战机，进而导致了冯阎联军在中原大战中的失败；19世纪末，埃塞俄比亚和意大利甚至因为条约不同文本上的"可以"和"必须"两个词发起了一场战争……小标点，大用途。文章没有标点符号，会产生很多歧义和误解。比如，"下雨天留客天留我不留"，七种断法，七种意思；还有广为流传的教书先生与吝啬地主之间"没鸡鸭也行没鱼肉也行咸菜一碟"的字据，断法不同，意思也不同。

对于关键字、关键词的把握，差一点都不行。如果因为马虎大意、用词不当导致表述不清或产生歧义，往小处说是个人能力水平有限，落得个贻笑大方，往大处说会影响具体工作落实，损害机关形象。记得刚到部队机关工作时，领导安排我起草一份公函，与兄弟单位互通情况。其中一句"请将相关情况报至……"被领导改为"请将相关情况复至……"事后想来，"报"多用于上下级之间，而"复"更适合友邻、平级之间探讨协商。一字之别，语意大不相同。还有一次军事演习，一名跟我一同进机关的战友负责起草作战命令。因一时疏忽，错把"前进指挥所"写成了"前方指挥所"，幸被及时发现，在命令下发前进行了更正，不然会打乱整个部队部署。

这就要求秘书人员在公文写作中必须"咬文嚼字"，保证公文的规范性和严肃性。

(二)语言表达能力

作为一个新时期的秘书人员，离不开语言表达能力和语言表达艺术。秘书人员必

---

[1]　曹建：《公文写作必须"咬文嚼字"》，载《秘书工作》，2016(2)。

须讲究语言艺术，在不同场合，能根据不同目的和不同对象，说出得体的话来，以打动和折服对方。可以这么说，语言表达和语言艺术贯穿于秘书人员实践的始终，时时、事事、处处都会用到。说话对秘书人员如此重要，但要真正把话说好，却绝非一件轻而易举的事。

秘书口头陈述道理、传达意见，需要头脑清晰，思维敏捷，反应迅速，善于归纳，能抓住要领。如果缺乏逻辑思维能力，反应迟钝，就很难完成应对的任务，即使是上传下达，也很难表达准确、完整。因此，秘书工作者要自觉地加强这方面的锻炼，说话前要勤于思考，要善于打腹稿，避免信口开河，言之无物。当然，也不能问一句答一句，从一个极端走向另一个极端。

秘书人员要提高自己的语言表达能力，掌握语言表达的艺术，除了要加强个人修养和锻炼综合能力外，还要认识到秘书人员使用语言的角色化、即兴化的特点。秘书人员应该时刻清楚自己所处的地位和充当的角色，不要脱离领导者和领导工作而单独存在，喧宾夺主。在处理公务、与人谈话时，难以预料对方的个性和他所提出的问题，带有相当大的灵活性和自由度，这就要求秘书人员反应敏捷，能随时应变，以取得最佳的语言效果。

我们常常会看到这样迥异的情景：有的秘书人员，风度翩翩，落落大方，侃侃而谈，言辞得体，妙语连珠；也有一些秘书人员，张口结舌，语无伦次，话不得体，词不达意。所以，一个称职的秘书人员，应把提高语言表达能力、掌握语言表达艺术作为提高自身业务能力至关重要的内容。

🔍 案例

"办"字新解

任晓明到办公厅面试那天，满头银发的主任给他提了一个问题："你志愿报考办公厅，就谈谈对'办'字的认识吧。"

"对'办'字的认识？"任晓明思维敏捷，条理清晰，随即说出了自己的观点："秘书工作可简称为'文秘'。'文'就是办文，'秘'就是办事。办公厅的'办'字，是指办文、办事。"

"有那么点意思。"主任赞许地点点头，"还需要对字的本身挖掘意境。"

"字的本身？"任晓明一点就通。他认为"这个办字，中间是个'力'，意思是要下力气。'力'两边有两个点，一个代表汗水，另一个代表泪水。也就是说，在办公厅工作，既要付出辛劳的汗水，又要付出辛酸的泪水。"

"说得好！"主任露出满意的笑容，"相信你会成为一个任劳任怨的好秘书。"

还真让主任说对了。十多年的秘书生涯，任晓明始终就像一头不知疲倦的老黄牛。

他是办公厅的笔杆子，尝尽了写材料的酸甜苦辣。

秘书工作在一些人眼里风风光光，任晓明却认为这是一项无名的事业。用他的话说："办文、办事很难出成绩。你写了很多材料，但报上、书上未必能见到自己的名字；你办了很多具体的事情，但年终总结时未必能列出多少项目；你搞了很多服务性、保障性工作，但大家未必能了解，而且说不定还有一大堆意见；在遇到问题时，你可能成为矛盾焦点，有时候还得代人受过，委曲求全，尝尽酸甜苦辣。"正因为如此，他始终叮嘱自己："受得了委屈，经得起误会，耐得住寂寞。虽苦虽累乐此不疲，酸甜苦辣无怨无悔。"

作为秘书工作者，不仅需要有才气，还需要有力气，更需要有好脾气。任晓明是秘书工作者的代表，他既能说会道，又任劳任怨，是秘书人员学习的榜样。

(三)沟通协调能力

秘书的沟通能力是指通过信息传递、相互交流等手段联络各方、凝聚各方力量并使之成为本单位发展的有利因素的能力。秘书部门处于联系内外的交汇点，在对外交往方面，秘书人员担负着缩小分歧、扩大共识、趋利避害、寻求合作的使命，要圆满地完成这一使命，就必须提高自身的沟通能力。

秘书部门具有协调职能，现代秘书也应该具有协调能力。所谓协调能力，是指秘书通过各种手段解决和消除影响机构整体运作效率的各种矛盾或障碍，以保持机构运作顺畅的能力。

一个机构在运作过程中，免不了会出现本机构与外单位之间、机构与部门之间、部门与部门之间，乃至管理层之间、管理层与员工之间、员工与员工之间的各种误会、分歧、矛盾等不协调的情况，秘书部门作为协助领导实施管理的重要部门，经常会充当机构维持正常运作的"缓冲器"，对机构内外的各种矛盾进行协调处理。

现代秘书可以通过多观察、多思考、多分析，善于倾听，善于体谅，通过熟悉各项法律法规和政策等途径提高沟通协调能力。

🔍 **案例**

案例一　我该参加哪个会

一大早，董副校长刚在办公桌前坐下，就看到学校办公室送来的一份会议通知。原来是通知第二天上午九点在新校区召开党建工作研讨会，由校党委书记主持。董副校长看后迅速备注到行程表中。

就在这时，办公室的小周敲门进来，又送来一份会议通知，是学校筹办了一段时间的人才工作会，会议地点在老校区小礼堂，由校长来主持，时间也是第二天上午九点。

这不是和同一时间召开的党建工作研讨会"撞车"了吗？而且是两个不同的地点，一个在城区，另一个在郊外。董副校长将两份会议通知反复看了几遍，确认自己没看错，于是拿起电话拨给了办公室郭主任："郭主任，你们可真是给我出了道难题啊！"

郭主任有点摸不着头脑，赶紧回答："办公室有什么做得不到位的地方，您尽管指正！"

"之前一份会议通知，说是明天上午九点在新校区召开党建工作研讨会，刚才我又接到会议通知，也是明天上午九点，地点却是在老校区，要召开人才工作会。这两个会开得我是有心无力、分身乏术啊！"

郭主任一下子意识到可能是办公室工作出现了失误，马上说："对不起，董副校长，我这就去了解，尽快给您回复！"

郭主任叫来负责这两个会议安排的小赵和小周，详细询问后，终于弄清了事情原委。原来小赵和小周在分头进行会议安排时，都优先考虑了学校两位主要领导的时间安排，确保这两位校领导的行程不冲突，未考虑其他校领导，最重要的是，安排完毕后又没有及时沟通，这才导致了"撞车"事件的发生。

如此让人分身乏术的会议安排还真叫人哭笑不得。得知始末的郭主任不得不临时调整相关会议安排。

案例二 到底由谁牵头

刘副主任遇到的这件事让他特别上火。这不，他拨通了基建处的电话："请问是张处长吗？我是办公室老刘。您看看，暑假马上就过去了，锻炼身体的学生越来越多，咱们的综合体育馆到现在八字还没一撇，难道学生开学了都排着队在工地上锻炼？"

电话那边张处长也火急火燎地说："我说老刘，您着急我更着急。可这个事情不能怨我！学校的会议纪要说的是由我们基建部门和招标部门互相配合，把综合体育馆筹建好。可是这个会议纪要并没有讲由哪个来牵头。建综合体育馆可不比修几个台阶，这么复杂专业化的事情，应该由招标部门牵头才对。"

刘副主任放下电话，又拨给了招标中心："陈主任啊，这个事情您就不要再推了，综合体育馆到现在还停留在图纸上，人家是画饼充饥，咱们是画馆锻炼啊。"

陈主任也忧心忡忡地说："老刘啊，我们正和基建处沟通，综合体育馆再复杂，它也是学校的大型基建项目，既然是基建项目，肯定要由基建处来负总责。您把板子打在我身上，我真是比窦娥还冤！"

基建部门和招标部门你来我往地"踢皮球"，办公室夹在中间，"裁判员"到底该咋当？说起来，这事源于学校不久前的一份会议纪要。会议纪要上这样写着："请基建部门、招标部门互相配合，筹建一座综合体育馆，更好地满足学生锻炼身体的需要。"因会议纪要中没有明确由谁来牵头，两个部门均认为对方承担主要责任更合适。

不过，办公室作为落实会议纪要要求的督办部门，很快通过研究规定了解到，一般的基建项目由基建部门牵头，这是个原则问题；但对于综合体育馆这样设计复杂的工程来说，更需要专业化的招标部门提前介入。听了办公室的汇报，分管校领导在坚持原则性的基础上，采取灵活工作的方法，最终确定了由基建部门、招标部门抽调人员组成工作小组，共同承担这项工作的牵头任务。

沟通协调能力，是秘书人员的一项重要基本技能，如何培养系统思考的习惯，对做好沟通协调大有益处，考验着秘书的综合素质。这两个事例让我们从不同侧面了解了办公室协调工作的重要性。秘书人员只有于外、于内建立四通八达的信息网络，才能"耳聪目明"，牢牢把握沟通协调工作的主动权。

（四）信息调研能力

秘书人员处在一个单位的中枢神经位置，每天要与众多的人打交道，接收大量的信息。全面掌握情况，及时发现问题也是当好参谋与助手、为领导决策服务的一种有效方法。秘书人员可以为领导形成决策提供有参考价值的第一手资料，帮助领导更全面地了解和准确地掌握本单位的情况，使决策准确无误、具有针对性。

秘书人员处理信息的能力主要体现在不能只坐在办公室里被动地接收信息、等信息，而应该积极主动地去收集信息。同时，在信息收集中还要将平时积累、个人兴趣与工作需要结合起来，做到时时处处收集、积累信息。一个秘书人员只有真正成为一个拥有大量信息的人，才能起到咨询参谋作用。

秘书人员必须能够对各种信息进行分析加工、概括和总结，这是信息处理的重要环节。如果这一环节的工作做不好，即使收集了大量信息也是无用的资料，不能转化成有价值的信息。

秘书加工处理信息应使用现代化手段，做一个真正的加工者。秘书在对信息的筛选鉴定和总结概括方面既要做到准确，又要做到简练。秘书提供的信息必须是有参考价值的，必须是经过一定科学整理的，这样才能使人们看到信息的价值。

🔍 **案例**

观风察俗知民情①

调查研究是我们党政话语体系中出现频率较高的热词之一。的确，决策调研已经成为各级党政机关和领导干部的一项重要工作，调研的次数在增加，天数在增多，甚

---

① 王西冀：《观风察俗知民情》，载《秘书工作》，2016(2)。

至集中搞"大会战",但一些调研的质量并未见提高,不少还是"领导出点子,秀才编套子,基层填例子"的作业、作文、作秀。材料写得很漂亮,却不见群众点赞。原因何在?不接地气!

如何使决策调研更接地气?个人认为找"好事之徒"、听"骂娘之声"、懂"家长里短"、看"油盐酱醋"很有效。

一、找"好事之徒"

现在不少调研是"座谈式",以座谈会开始,又以座谈会结束,一个一个安排,一层一层召开。参加座谈会的人不是领导干部,也不是"两会人物";不是各方精英,也不是各路"诸侯"。结果,笔记写了几大本,材料收了几箩筐,录音码了几十盘,却没真正见到"当事人"、触到问题的关键点。

毛泽东同志说,调查就是解决问题。解决问题的前提是找到问题。问题是因为人围绕事而产生的。找问题,就要寻觅"当事人"。其中,找"好事之徒"可以起到四两拨千斤的作用。

"好事之徒"易找,关键是要挖出他们心中的"宝藏"。和热心人沟通相对容易,他们关心公益,与人为善,常常是有问必答。要让负能量的人开口道实情,"打开心灵的窗户"让人往里面看,那就需要晓之以理、动之以情、明之以法、施之以爱,争取到理解和配合。沟通工作做到家了,就会"踏破铁鞋无觅处,得来全不费工夫"。

二、听"骂娘之声"

当下,一些调研工作几成模式,开主题、列问题、定人员、排日程、要材料、报数字,上级通知一发,下级忙着应答。结果,看到的材料是二手的,行走的线路是设计的,听到的话语是赞美的。调研"被安排"后,信息已经被"过滤"了,调研者难以听到真话、难以看到真相、难以摸到真情。

现实生活中,群众的生活要求并不高端,发展追求也不远大。即便如此,生活中碰到的难题也不在少数,上学难、就医难、养老难、行路难……面对"千难万险",群众无奈之时,自然要"骂娘",要"倒苦水"。

为什么有些干部不愿意到贫困落后的地方去调研呢?因为越贫困落后的地方,往往"骂声"越多,困难越大。他们不敢直面矛盾,不敢深究问题,怕听到"骂声"难为情,怕触碰问题难以脱身,因而爱往先进富裕的地方去,或用"键对键"来代替"面对面",用"总结经验"来代替"调查研究",使调研失去了本味,甚至误事扰民。

三、懂"家长里短"

中国的老百姓既看重生活的事,也关心国家的事。"家长里短"中,有喜怒哀乐,也有荣辱义利,虽是街谈巷议,却敢褒贬春秋。一个领导干部的品德能力如何、政绩如何,一个地方发展的瓶颈所在、困境所在,群众最关心、最清楚,感受也最深刻、最直接。好差在群众口中,高下在群众心里。一个故事、一个笑话、一个矛盾连接的可能就是一家一户的维权需求。收入多少、纠纷大小，描绘的是一个地方的民意图、民情表。

决策调研，就要潜下心去听"家长里短"。但要听到和读懂"家长里短"也是不容易的，因为很多干部连群众的家门都进不去，和他们聊不拢心、扯不上话，群众自然也就不会"说三道四""指手画脚"。

只有放下官架子，才能打开话匣子。进百姓家，串百家门，多揭锅盖，多聊家常，才能听到群众的肺腑之言，才能知晓这家长那家短的生动故事，从而品出民生的真情和决策的真谛来。

四、看"油盐酱醋"

中央八项规定出台之后，那种晚上住在宾馆饭店、白天坐着车子转圈、吃饭均是美味佳肴、材料都是基层帮编的调研越来越少见了。各级领导干部为了群众的"米袋子""菜篮子""暖房子"，住村包片，蹲点"三同"，受到群众欢迎。为了实现"一个不能少"的脱贫攻坚目标，全国各地各级干部进村入户搞精准识别，创新总结出许多调研判断百姓生活水平的好办法。有的用"一看房，二看粮，三看劳动力，四看读书郎"来识真贫。有的通过"七访八见"来定措施，为打好脱贫攻坚战做好充分准备。

老百姓既要面子，也讲实惠。收入多了，总是把改善生活放在第一位。肉要吃精的，蔬菜要尝鲜的，一日三餐写着百姓的笑脸愁苦，也折射他们生活的滋润。在调研过程中，把功夫下在百姓家的坛坛罐罐、油盐酱醋上，和他们真正地"三同"，才能呼吸到他们从内心透出的生活气息，读懂他们融入平常日子的酸甜苦辣，从而知根知底地去为他们说话办事，让群众的获得感越来越高，让发展更有温度、更有质感。

信息调研是机关单位秘书工作者的一项重要工作。如何使信息调研接地气？案例中提出的找"好事之徒"、听"骂娘之声"、懂"家长里短"、看"油盐酱醋"不失为很好的方法。

（五）辅助决策能力

随着领导工作由经验型向科学型转变，秘书参与政务、辅助决策的作用显得更为重要。实质上，出谋献策水平已成为衡量秘书人才质量高低的最有决定意义的因素。有些秘书人员谨小慎微，心态老化，产生了一种思维定势，想问题、办事情，总是按照固定的思路、陈旧的框框，少新意，缺活力。

应该说，在服从的前提下，秘书同样有着广阔的创造天地，照样可以把"上情"和"下情"、"内情"和"外情"结合起来，提出创造性的建议。秘书可以从决策者的思维角度、考虑范围着手，为领导决策提供更好的比较方案。可以在准确及时地传达贯彻领导意图的同时，帮助有关方面研究落实的办法和措施。

🔍 **案例**

向毛泽东学出主意

秘书人员的一项职责是帮助领导出主意。怎样多出主意、出好主意,当好参谋助手,从毛泽东同志身上可以学到很多。毛泽东是公认的出主意的高手,早在江西苏区时期,红军里就广为流传:"毛委员有主意。"可以说,正是由于他在长期的革命斗争中善于出主意,能出好主意,才使他在众多的革命家中脱颖而出,成为党的领袖。

无论面对怎样的问题,毛泽东总是能有主意,并且大都能切实解决问题。试举例如下:

以退为进。1947年年初,面对国民党对西北的强大攻势,毛泽东出的主意是:放弃延安。当时很多人都想不通,为此,毛泽东举了一个浅显的例子:譬如有一个人,背了个很重的包袱,包袱里尽是金银财宝,碰见一个强盗,要他的财宝。这个人该怎么办呢?如果他舍不得包袱,可能连命都要搭上。如果他把包袱一扔,轻装上阵,不但能打退强盗,还可能把他打死。暂时放弃延安,就是把包袱让敌人背上,让我们自己灵活起来。能失者,方能得。毛泽东经常告诫领导干部:应该做到失小得大。得千古者不拘泥于一时,获天下者不受制于一地。

顺水推舟。1937年10月9日,毛泽东致电朱德、彭德怀说,在敌人后方地区,必须执行没收大地主政策,不没收大地主,八路军给养难于解决,请通令各部实行。11日,朱德、彭德怀复电:我们考虑结果,认为在上述地区,目前以没收当汉奸之地主为妥。15日,毛泽东复电:没收大地主,指没收汉奸政策的主要内容,大地主而未为汉奸者,当然不在没收之列。也就是说,领导者在认识到自己的主意不如下级的时候,要学会顺水推舟。

以上仅是毛泽东出主意的两个范例。实际上,毛泽东领导党和人民为理想而奋斗的过程,就是不断出主意、实施主意的过程。主意出得多了,出得好了,加以系统化,就会上升为思想或理论。换个角度看,毛泽东思想主要就是他为中国革命和建设出的各种好主意。作为秘书工作者,虽不能与伟人比肩,但可以学习伟人的思想和方法,并运用到实践中去,这对提升秘书人员的参谋辅政能力和水平肯定大有帮助。

(六)管理服务能力

秘书在某种意义上也属于管理者,承担一定意义的管理服务职能。具备良好的管理能力不仅是秘书本身工作的要求,同时也是秘书更好地发挥辅助决策和参谋作用的重要保证。

秘书的管理服务能力主要体现在信息处理、辅助决策、时间安排、组织实施、督查检查等秘书部门自身业务工作的管理方面，也体现在秘书对领导工作的辅助管理上，包括为领导的各项工作做出事先的安排，为领导决策提供全方位服务，对领导有关决策以及各项工作任务的落实进行组织实施等。

秘书要提高管理服务能力，首先应该明确自己的工作职责和工作目标，使各项工作的开展井井有条；其次要规范各类办事程序，使各项工作有序开展；最后要精通有关业务知识，使各项工作能够顺利开展。

🔍 **案例**

组织会议活动切忌"想当然"[①]

会议活动组织得多了，往往会发现，出错的经常是那些"想当然"的地方。比如，筹备过程中发现问题时，"想当然"地认为有人解决，没有紧盯到底；筹备过程中有关方面提出要求时，"想当然"地全盘接受，没有认真分析；实施过程中出现疑问时，"想当然"地任其发展，没有积极应对。这些情况难免导致差错和失误。只有用非常谨慎的态度，"较真"到底，才能保证会议的顺利进行。

某次召开全市性会议，主持领导一人，发言领导四人。第二位发言领导开始讲话时，音控室的工作人员突然问我们："有几个领导需要讲话啊？话筒只能同时开三个。"听后大家都有些懵了，以前在这个会场开会从未出现过这种情况。还是科长临场经验丰富，他迅速了解了会场情况：一是主持领导和前两位发言领导的话筒都没有关闭；二是我们手头没有主持词，只知道有哪些领导发言，不确定发言顺序；三是会议正在进行，已经无法告知每位领导；四是目前发言的第二位领导和接下来发言的其中一位分别坐在主席台东、西两侧。为此，三名工作人员做了两手准备，一位向有关人员电话询问领导发言的顺序；另两位分坐台下两侧，注意听主持领导讲话，确定下一位发言的领导，如果电话反馈不及时，可根据情况上台关闭或打开领导面前的话筒。结果不错，没有出现领导讲话时话筒不响的情况。

每一次会议活动都是"现场直播"，无论在筹备阶段还是在实施阶段都不允许有任何的"想当然"。如果在筹备过程中发现问题，应及时解决、不留隐患；如果有关方面提出要求，应勤于沟通、妥善应对；如果实施中出现突发状况，应沉着冷静、积极补救。唯有如此，才能把服务做到位，事后不留遗憾。

（七）危机应对能力

秘书工作没有固定不变的、刻板的模式可以遵循，难免会出现意想不到的新情况、

[①]　刘峥鹏、刘琳娜：《组织会议活动切忌"想当然"》，载《秘书工作》，2016(1)。

新问题。一个出色的秘书应该审时度势，正确判断主客观因素的变化，随时准备备用计划，并对进行中的行为做出相应的调整，以适应变化的情况。

做秘书工作实质上是做人的工作，善于和各种不同的人打交道，学会处理人际关系，提高危机应对能力，也是对秘书的一个职业要求。只有了解各种人的观念，抓住各种人的特征，洞悉各种人的心理，熟悉各种人的习惯，区分各种人的爱好等，才能做到进退有据、收放有度、礼节到位、谈吐得体、应对自如。

现代秘书提高自身的危机应对能力，首先，应该具有良好的心理素质，在变化的情况或者突发情况面前，做到处变不惊，顶住压力，排除干扰，沉着应对。其次，要提高自身的判断能力，做到准确把握事物的性质及对工作目标的影响，以便于做出正确的、科学的决断。最后，要果断机智，不因循守旧，不墨守成规，善于调整，以变应变。

🔍 案例

风险管理：从小问题思考大决策

2015 年，我国出现了一些重大安全事故，如上海踩踏事件、长江沉船事件、陕西山阳县山体滑坡事故、天津港爆炸事故等，人员伤亡惨重，财产损失巨大。如何确保生产安全、管控风险成为社会关注的焦点。做好风险预测、风险评估、抑制风险，是管理者必须面对和解决的问题。这里讲几个关于风险管理的事例，希望能对办公厅（室）工作人员发挥参谋助手作用有所帮助。

一、墨菲定律：不要存侥幸心理

2003 年 2 月 1 日，美国哥伦比亚号航天飞机即将返回地面时，在美国得克萨斯州中部地区上空解体，机上 7 名宇航员全部遇难。事故调查委员会公布调查报告称，1 月14 日，一块手提箱大的泡沫隔绝材料在航天飞机发射 61 秒后脱落，把航天飞机的左翼撞了一个大洞。宇航局在航天飞机 16 天的任务期中，并没有发现这一损伤。2 月 1 日，在航天飞机再次进入地球大气层时，这一损伤却造成了航天飞机解体。

航天飞机空中爆炸的确是一个小概率事件，但小概率不代表不可能。按照墨菲定律的表述：凡事可能出岔子，就一定会出岔子。

可见，不能忽视小概率危险事件，不能因小概率事件发生的可能性很小，就误认为它根本不会发生，产生侥幸心理，从而麻痹大意。风险管理的要义就是高度重视事故发生的可能性，时刻保持高度的警惕。

二、安全冗余：多重备份并非多此一举

说到安全冗余，不禁想起一个悲剧故事。英国酒店大亨维克斯有 17 年驾驶经验，他驾驶着一架小型双引擎飞机，与女友到巴黎购物。返程前，维克斯获悉，英国每公升油价较法国便宜 9 便士，为了节省油钱，他竟只加了刚刚够返程的燃油量。但他万万没有料到，返程中会遇上逆风。结果逆风飞行导致燃油提前耗尽，酿成机毁人亡的惨剧。

从风险管理角度而言，维克斯的节省有悖安全冗余的道理。所谓安全冗余，是指通过多重备份来增加系统的可靠性。换句话讲，就是为了更好地保证安全，设置一些看似多余、不必要的安全设施或规章制度。举例来说，在电力系统中线路双重保护属于设备性冗余，为的就是保障电网安全。

实际上，在工作生活中，安全与危险同在，不会存在绝对的安全或危险。想保持安全状态，就要树立"安全无小事"的预防理念，采取多重措施，不惜付出"冗余"的代价，把危险因素限制在可控范围内。

三、避重原则：把损失降到最低

有这样一则故事，某人在一家餐馆打工，老板问他：如果上餐时手上的托盘不稳，又救之不及应该怎么办？他当时想，救之不及时，唯有让托盘掉下来。而老板给出的答案是：用最后一点力量，使托盘倒向远离客人的地方。如果周围都有客人，则倒向大人，远离小孩，倒向男人，远离女人。倒向人的身体时，远离人的要害部位。

这个故事带给我们的启示：无论一个人还是一个团队，在面临不可避免的危险时，都应该坚持避重原则，选择将损失降到最低的方式，特别是在千钧一发的时刻，要立即做出本能的行为反应，不能有片刻的犹豫。

四、瑞士奶酪模型：杜绝事故链效应

在风险管理理论中，有一个被称为瑞士奶酪模型。这个模型是由一个名叫詹姆斯·瑞森的人提出来的，也称"瑞森模型"。其核心思想是：组织活动可以分为不同层面，每个层面都会存在漏洞，不安全因素就像一个不间断的光源，当它刚好能透过所有这些漏洞时，事故就一定会发生。

这就像瑞士奶酪，你初看每一块上都有很多洞，这些洞就好比是错误发生的管道。如果错误只穿透一层或两层，往往不会被注意到或者造成较大的影响；如果错误穿透所有层，就会造成显而易见的事故。也就是说，事故的发生往往不是一个因素或事件造成的，而是因为存在着缺陷的某种集合，才使反应链条能够贯通重重阻隔而发生。所以，防范错误的关键，不仅仅在于堵住漏洞，更在于避免各个环节的漏洞之间出现联动。

瑞士奶酪模型带给我们的重要启示：要为人为的失误建立一个系统保障，完善预警机制，尽量创造一个不容易犯错的执行环境，避免事故链效应，防止重大事故的发生。

五、卡尼曼风险定律：是规避还是冒险

美国学者丹尼尔·卡尼曼发现，尤其是人在不确定情况下的判断和决策，应用到了经济学当中，摘得了 2002 年度诺贝尔经济学奖的桂冠。

卡尼曼风险定律的主旨：大多数人在面临获得的时候，尽可能规避风险；在面临损失的时候，又喜欢冒一下风险。比如，项目甲肯定盈利100万，而项目乙有50%的可能性盈利200万，有50%的可能性盈利为零，那么，很多企业都会选择项目甲。又如，如果之前投资了项目丙，中途出现了之前没有预料到的结果，停止该项目肯定亏损100万，继续进行，有50%的可能性亏损200万，有50%的可能性无亏损，那么，很多企业都会选择继续进行该项目。

卡尼曼通过一些实验发现，在不确定的情况下进行决策，从收益和损失两种不同的角度思考问题，人们的判断就会不一样。卡尼曼风险定律具有很广泛的应用价值，可以用来解释政治、经济和社会活动中的一些现象，尤其是对风险决策具有重要的指导意义。

风险管理是"100−1＝0"的系统性工作，只有好坏之分，好就是全部，不好就是零。其中，每一个环节似乎都能牵一发而动全身。《道德经》里有这样一句话："豫兮若冬涉川，犹兮若畏四邻。"意思是说，小心谨慎，要像冬天踩着冰过河一样；心存戒备，要像时时防备邻国的攻击一样。风险管理就需要这种如履薄冰之态，平时不能掉以轻心，遇事不可轻举妄动，时刻保持高度的警惕，不然，一时的疏忽就可能酿成无法挽回的损失。

（八）应用创新能力

秘书的应用能力可以分为两类：一类是常用的书写、复印等技能；另一类是照相、录音录像、通信设备及交通工具使用技能。"艺多不压身"，秘书人员应该充分利用各种条件来提高自身的应用能力，不仅能动笔动口，而且还要能动手，这样才能配得上"通才"的称号。

秘书具备较强的应用能力可以不断扩大自己的工作范围，了解和熟悉各方面的情况，加强与各方面人员的沟通交流，进一步提高工作效率。一个秘书人员的"通才"正是体现在能够广泛地参与到各种社会活动中去。

秘书的创新能力主要体现在开创新的工作局面、创造新的工作方法、提出新的见解、拟定新的工作方案等活动。创新能力是秘书创造才能的集中体现。虽然秘书工作是一种较为被动的服务性工作，是严格按照领导意图办事的，但这并不意味着秘书人员不需要创新能力。

秘书工作看似烦琐，细细品味，不乏创造的快乐：传达信息的准确，整理文件的快捷，安排会谈的合理，发现问题及时和解决问题的灵活，有时还需要调节紧张的气氛。这一切都是创新能力在发挥着潜在的巨大作用。

🔍 案例

工作与思考

原子核物理学之父卢瑟福不仅是伟大的科学家，而且是杰出的学科带头人。在他的助手和学生中，先后有 12 人获得诺贝尔奖。一天深夜，卢瑟福走进实验室，发现有一个学生仍然在工作台上。

"这么晚了，你还在做什么？"卢瑟福问道。

"我在工作。"学生随即回答说。

"那么，你白天做了什么？"卢瑟福又问。

"我也工作。"学生回答。

"那么，你早晨也工作吗？"

"是的，教授，早晨我也工作。"学生带着谦恭的表情，并等待着导师的赞许。

卢瑟福沉吟了一下，随即问道："可是，这样一来，你用什么时间思考呢？"

卢瑟福的追问发人深省。不管身在哪个岗位，都要学会平衡工作与思考。特别是像秘书这样事务性很强、头绪很多、经常加班加点、整日忙忙碌碌的岗位，更应努力防止完全陷入事务之中。为努力工作插上善于思考的翅膀，你可以飞得更高、更远。

试想，一个每天只忙于应付日常事务而无暇思考的秘书，其工作创新能力从何而来呢？

📗 本章小结

秘书政治素养是秘书一切素养的核心。

秘书政治素养的核心内容包括坚定的政治理想信念、过硬的政策理论水平和务实的工作作风。

秘书政治素养的培养途径包括树典型学先进，坚定理想信念；读经典学讲话，提升理论水平；重培训转观念，改进工作作风。

秘书工作者应具备基础知识、专业知识和辅助知识三方面的知识结构。

当前秘书工作呈现出任务越来越重，工作越来越难，对其要求越来越高，责任越来越大的新特点。

秘书应通过向书本学、向社会学、向时代学、向身边的人学，进入全方位、终身学习的轨道。

秘书的能力结构主要由三方面构成，即基础能力、一般能力和特殊能力。

优秀的秘书工作者应具备文字写作能力、语言表达能力、沟通协调能力、信息调研能力、辅助决策能力、管理服务能力、危机应对能力、应用创新能力八种基本技能。

总结>

Aa 关键术语 ....

秘书素养　　政治素养　　知识结构　　知识体系

能力结构　　基本技能　　秘书博学

章节链接 ....

　　本章是第二章的现实拓展，秘书政治素养与第七章和第八章有密切联系，秘书知识结构与博学、秘书的能力结构与基本技能与第十章有密切关系。

应用>

批判性思考 ....

　　1. 读完以下材料，你认为成为一名优秀的秘书人才应具备哪些品质？

　　《红墙往事：第一代领导核心的秘书们》一书从不同角度和侧面展现了中央核心"听用"杨尚昆、"党内一支笔"胡乔木、毛岸英的老师田家英、追随毛泽东四分之一世纪的叶子龙、毛泽东的英文"老师"林克的经历，他们是中国共产党第一代领导核心的秘书，更是领袖们运筹帷幄、指点江山的股肱耳目。

　　读完这本书，你会对秘书人员应具备的知识结构、能力结构和政治素养有更深的理解，对21世纪如何成为一名优秀的秘书工作者有更深的感触和认识，期待你有更大的收获。

　　2. 读完以下材料，你有何感想？

　　《华盛顿邮报》载：英国伊丽莎白一世时，某大学文学系举办一次短故事竞赛，要求内容涉及宗教、皇室、性、神秘。一个女学生用十二个字写道："我的上帝，女王怀孕了，谁干的？"

　　伊丽莎白是未嫁的女王，众人读了无不大惊失色，生怕女王怪罪。谁知评选结果，这则故事竟得第一，评语说它笔调幽默，故事性强，耐人寻味。

　　据说伊丽莎白一世读罢此文，不仅未加责怪，反而亲自接见作者，当众夸奖作者的才思。

✎ 体验练习 |||||||||||||||||||||||||||||||||||||||||||||||||||||||||||||||||||||

填字游戏

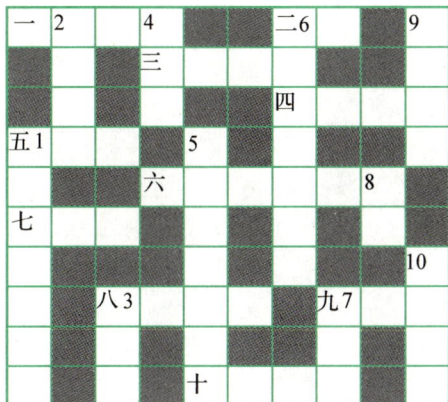

横向（用大写数字表示）：

1. 源自《诗经》，指相互赠答、友好往来。

2. 国家秘密的一个等级。

3. 清代乾隆年间编撰的丛书，分经、史、子、集四部。

4. 表示坚定、踏实、精益求精，在 2016 年政府工作报告中出现。

5. 人民法院和人民检察院中担任记录的工作人员。

6. 20 世纪 80 年代摄制的一部电影，主人公是梁三喜。

7. 臧克家为纪念鲁迅而作的一首诗名。

8. 1927 年周恩来、贺龙等领导的武装起义。

9. 词牌名。

10. 我国北方的一种地形。

竖向（用阿拉伯数字表示）：

1. 韩愈名句，用来鼓励人们不怕苦多读书。

2. 陶渊明代表作之一。

3. 地名，以开展大生产运动而闻名。

4. 我国著名地质学家。

5. 毛泽东 1949 年所作《七律·人民解放军占领南京》中的一句。

6. 习近平谈办公室工作的著名文章。

7. 革命圣地名，被称为"解放全中国的最后一个农村指挥所"。

8. 为防止自然环境恶化所开展的一项工作。

9. 成语，指不用对方明说便可领悟其中意思。

10. 俄国工人阶级在布尔什维克党领导下联合贫农完成的社会主义革命。

填字游戏答案

投	桃	报	李			秘	密		心
	花		四	库	全	书			领
	源		光			工	匠	精	神
书	记	员		钟		作			会
山			高	山	下	的	花	环	
有	的	人		风		风		保	
路				雨		范			十
勤		南	昌	起	义		西	江	月
为		泥	苍				柏		革
径		湾	黄	土	高	坡			命

拓展＞

📖 补充读物 ....

1. 中央保密委员会办公室编写组. 红色往事——镌刻在党旗上的保密故事[M]. 北京：金城出版社，2016.

2. 伊丽莎白·库克. 秘书如何与老板共事[M]. 韩圣龙，译. 北京：宇航出版社，1998.

3. 赵宏. 中国秘书实用大全[M]. 北京：法律出版社，1991.

4. 张文武. 活秘书[M]. 济南：黄河出版社，2013.

💻 在线学习资源

中国高等教育学会秘书学专业委员会官方网站，http：//www.mishuxue.com，2017-08-15。

第九章
秘书文化与秘书思维

本章概述

　　本章首先介绍思维、思维方式与思维方法的含义及其分类，其次探讨秘书工作的总规律——适应领导的工作需要，探讨秘书工作中需要处理的一系列对立统一规律，从而归纳秘书工作思维的特征。最后着眼于秘书工作的创新，研究创新思维的有关问题，重点揭示思维创新对秘书主体的要求。

结构图

本章重点：

1. 思维、思维方式、思维方法的基本概念。

2. 秘书工作的规律性。

3. 秘书思维的特征。

4. 创新思维的类型模式。

5. 创新思维对秘书主体的要求。

本章难点：

1. 常用思维方法。

2. 创新思维的类型模式。

3. 秘书工作的规律性与秘书思维特征的关系。

学完本章，你应该能够做到：

1. 理解思维、思维方式、思维方法的基本概念。

2. 掌握秘书工作思维的总规律。

3. 理解秘书工作的规律性与秘书思维特征的关系。

4. 理解创新思维的特征。

5. 掌握创新思维对秘书主体的要求。

　　据说，某一年澳大利亚墨尔本市的公共汽车司机因不满公司的待遇，决定举行罢工，但他们又担心罢工影响民众的正常出行而引起公愤，导致资方和民众都反对的不利局面。工会的领导面对这种形势，经过反复思考，制定了一个与通常罢工方式相反的"积极罢工方式"。他们要求司机照常出车，并对乘客热情服务，但坚决不收取乘客的车费。乘客的利益并未因罢工而受损，他们给予了司机更多的同情和支持。但资方却陷入了困境——他们的运营成本一分也不少，车费却分文未得，最后只得让步，满足了公共汽车司机的待遇要求。工会领导凭借这种"既罢工又不罢工"的行动策略，取得了斗争的胜利。

这是一个面对复杂的工作局面依靠创新思维而找到破解之道的典型案例，既说明了工作中要运用矛盾思维、统筹兼顾，也说明了创新思维的重要性。

第一节
思维、思维方式与思维方法

🎯 **学习目标**

理解思维、思维方式、思维方法的基本概念。

🔊 **名人名言**

想象力比知识更重要，因为知识是有限的，而想象力概括着世界的一切，推动着进步，并且是知识进化的源泉。严格地说，想象力是科学研究中的实在因素。

——爱因斯坦

一、思维

(一)思维的含义

思维是人类心理活动的高级形式，目前学界对思维的一般看法是：思维是人脑以已有的知识经验为中介，对客观事物本质属性和规律的反映。从字面上看，思维的"思"可以为"思考"或"想"，"维"可以理解为"方向""维度"或"序"。因此，可以把思维概括为"沿着一定的方向和维度有序地进行思考"。[1]

(二)思维的特征

1. 概括性

思维的概括性指的是人们能在大量感性材料的基础上，把同类事物共同的、本质

---

[1] 李文义、曹云升：《创新理论与创新思维训练教程》，32页，北京，中国财政经济出版社，2004。

的属性抽取出来，概括地反映事物之间的规律性关系。概括性在人们的思维活动中具有重要的作用，它使人们可以脱离具体的事物进行抽象思维，使思维活动在一定条件下进行迁移，这就无限地扩大了人们的认知范围，加深了人们对世界的了解。

2. 间接性

思维的间接性指的是人们可以借助一定的媒介和知识经验对客观事物进行间接的反映。正是思维的间接性，人们才能超越感知觉提供的信息，去认识没有或者不能直接作用于人的各种事物和特性，从而揭示事物的本质和规律，预见事物的发展。

3. 创造性

思维是经验的改组。人类的思维始终处于不断发展和完善之中，它是探索和发现新事物的心理过程。它常常指向事物的新特征和新关系，这就需要人们对头脑中已有的知识不断进行更新和改组，这种更新和改组就是一种创造性。

（三）思维的分类

按照不同的分类标准，思维可以分为不同的类型。下面我们仅选择几个主要的分类标准来说。

根据思维的凭借物和解决问题的方式，思维可以分为直观动作思维、具体形象思维和抽象逻辑思维。

直观动作思维又称实践思维，是凭借直接感知，伴随实际动作进行的思维活动。例如，幼儿在学习简单计数和加减法时，常常借助数手指，实际活动一停止，他们的思维便立即停下来。

具体形象思维是运用已有表象进行的思维活动。表象是当事物不在眼前时，个体头脑中出现的关于该事物的形象。人们可以运用头脑中的这种形象来进行思维活动。例如，儿童计算 $3+4=7$，不是对抽象数字的分析综合，而是在头脑中用三个手指加上四个手指，或三个苹果加上四个苹果等实物表象相加而计算出来的。具体形象思维是一种主要的思维类型。艺术家、作家、导演、工程师、设计师等都离不开高水平的具体形象思维。

抽象逻辑思维是以概念、判断、推理的形式达到对事物的本质特性和内在联系的认识的思维。

概念是人脑反映事物本质属性的思维形式。把所感知的事物的共同本质特点抽象出来加以概括就成为概念。它包括内涵与外延两方面。内涵即概念所反映的事物本质属性，外延即概念的适用范围。概念是思维的基本单位，可使人们掌握事物的本质和规律。随着社会的发展，概念的内涵和外延会不断发生变化。比如，原来人们认为地球是方的，后来才知道是圆的。

判断是用概念去肯定或否定某事物具有某种属性的思维形式。一般用"是""否"

"有""无"等词语来表示。通常判断分为直接判断和间接判断。直接判断是通过感知活动进行的判断，不需要复杂的思维过程就能判断。间接判断是根据事物内部关系和联系进行的判断，一般需要复杂的思考。

推理是从已知判断推出新判断的思维过程。它是人们间接认识客观事物的基本途径，已知判断是前提，推出的新判断是结论。推理一般分为演绎推理、归纳推理和类比推理。[①]

抽象逻辑思维是人类思维的核心形态。科学家研究、探索和发现客观规律，学生理解、论证科学的概念和原理以及日常生活中人们分析问题、解决问题等，都离不开抽象逻辑思维。

人们在解决问题时，上述三种思维往往相互联系、相互补充，共同参与思维活动，如进行科学实验，既需要高度的科学概括，又需要展开丰富的联想和想象，同时还需要在动手操作中探索问题的症结所在。

🔍 案例

威尔逊的云雾室

19世纪末，原子科学家们正向原子发起进军。但是，一个阿尔法粒子的直径不到一万亿分之一厘米，用最高级的显微镜也无法看到它们。对原子和其他微观粒子的研究，真像是盲人走夜路一样困难。青年物理学家威尔逊决定想一种办法来显示原子的轨迹。

威尔逊曾受气象局的委托在苏格兰那维斯山顶的天文台研究过大气物理。每天早上，他都能看到太阳从东方升起，阳光从迷雾中穿过，透出千万道美丽的光芒。他想，能不能创造一个人工的云雾室，让粒子在云雾中显示出自己的运动轨迹呢？他研究过大气物理，了解水蒸气凝结成水珠的条件。第一是要有一定的湿度，只有相当潮湿的空气才能凝结出水滴。第二是要有一定的核心，如果没有灰尘或别的带电粒子，水蒸气再多也不会凝结在一个十分纯净的云雾室中。有了充足的水汽，如果让一束带电的粒子流射进这个云雾室，有粒子经过的路上的水汽就会很快凝成水滴，产生一道人工的雾，粒子的行踪就可以被肉眼清楚地看到。

基于这个设想，威尔逊很快就造出了能显示带电微观粒子行动的云雾室。来无影、去无踪的粒子终于留下了自己的轨迹。这是一个典型的借助具体形象思维进行科学研究的例子。

---

① 白学军：《心理学概论》，166页，北京，北京师范大学出版社，2015。

　　根据思维过程以日常经验还是以理论为指导，思维可以分为经验思维和理论思维。经验思维是以日常生活经验为依据，判断生产、生活中的问题的思维。例如，人们通常认为"太阳从东边升起，往西边落下"，这就属于经验思维。理论思维是以科学的原理、定理、定律等理论为依据，对问题进行分析、判断的思维。

　　根据思维结论是否有明确的思考步骤和思维过程中意识的清晰程度，思维可以分为直觉思维和分析思维。直觉思维是未经逐步分析就迅速对问题的答案做出合理的猜测、设想或突然领悟的思维。例如，医生听到病人的简单自述，迅速做出诊断。分析思维是经过逐步分析后，对问题做出明确结论的思维。例如，数学家解几何题的多步推理和论证。

　　根据思维的创造性程度，思维可以分为再造性思维和创造性思维。再造性思维又称常规思维，是指人们运用已获得的知识经验，按惯常的方式解决问题的思维。创造性思维是指以新异、独创的方式解决问题的思维。

二、思维方式

(一)思维方式的含义

　　思维方式是人们的各种思维要素及其综合按一定的方法和程序表现出来的相对稳定的、定型化的思维样式。通俗地说，思维方式就是人们观察、分析、解决问题的模式化、程式化的心理结构。

　　思维方式是人们大脑活动的内在程式，它对人们的言行起决定性作用。思维方式与文化密切相关，是文化心理诸特征的集中体现，思维方式又对文化心理诸要素产生制约作用。思维方式体现于民族文化的所有领域，包括物质文化、制度文化、行为文化、精神文化和交际文化，尤其体现于哲学、语言、科技、美学、文学、艺术、医学、宗教以及政治、经济、法律、教育、外交、军事、生产和日常生活实践之中。思维方式的差异，是造成文化差异的一个重要原因。

　　思维方式一旦形成就具有稳定性、习惯性，往往支配着一代人甚至几代人的思维活动，同时它又具有历史性、可变性，它随着人类社会实践活动的发展而发展。在制约思维方式发展的因素中，存在方式、实践方式是基本因素。

(二)思维方式的类型

　　从不同的角度看，思维方式也可以有不同的分类法。根据思维方式的层次不同，思维方式大体上可分为日常性思维方式和规范性思维方式两类。日常性思维方式的随机性成分较多，如经验性思维方式、直观性思维方式、事务性思维方式、实惠性思维方式等；规范性思维方式可分为哲学思维方式、科学思维方式和艺术思维方式。在各行各业取得成就的人士，往往拥有较强的规范性思维，又能将个人独特的思维方式融会贯通。

🔍 **案例**

从水下景物看东西方人的思维方式

美国的心理学家做了一个试验：试验者要求中国人和美国人看水下景物的录像，让他们说出看到了什么。他发现，美国人的眼光直接奔向那些最亮的、在水中运动最快的物体，如三条游来游去的鲑鱼；而中国人更有可能说他们看到了一条溪流，看到水是蔚蓝色的，水底有岩石，然后才提到水里有鱼。研究发现，中国人从这个试验中掌握的背景和前景物体的信息量是美国人的两倍。这个研究说明，比起西方人来，东方人的思维方式更有整体性，东方人会本能地更注重来龙去脉。与东方人相比，西方人似乎更善于集中注意力，也更具有分析性。心理学家解释：东方人生活在相对复杂的社会关系网中，有固定的角色关系。因此，关注背景对有效的职能运作非常重要。相比之下，西方人生活的社会约束较少，强调独立性，他们较少关注环境。

三、思维方法

(一)思维方法的含义

思维方法是人们为了实现特定思维目的所凭借的途径、手段或办法，也就是思维过程中所运用的工具和手段。思维方法属于思维方式的范畴，是思维方式的一个侧面，是思维方式具体而集中的体现。

(二)常用的思维方法

1. 唯物辩证法

唯物辩证法，是由马克思首先提出，经其他马克思主义哲学家发展而形成的一套世界观、认识论和方法论的思想体系；是马克思主义哲学的核心组成部分。唯物辩证法指出："普遍联系"和"永恒发展"是世界存在的两个总的基本特征，从总体上揭示了世界的辩证性质；唯物辩证法的基本规律和各个范畴，从不同侧面揭示了这两个基本特征的内涵和外延；矛盾的观点是唯物辩证法的核心。唯物辩证法用普遍联系的观点看待世界和历史，认为世界是一个有机的整体，认为世界上的一切事物都处于相互影响、相互作用、相互制约之中，反对以片面或孤立的观点看问题。

唯物辩证法的基本规律有三条：对立统一规律（矛盾的规律）、质量互变规律、否定之否定规律。

对立统一规律指的是事物以及事物之间都包含着矛盾性，事物矛盾双方既统一又斗争，推动事物的运动、变化和发展。

质量互变规律指的是事物、现象由内部矛盾引起的发展是通过量变和质变的互相转化而实现的。

否定之否定规律指的是事物的发展是通过自身的辩证否定实现的。事物是肯定方面和否定方面的统一。当肯定方面居于主导地位时，事物保持现有的性质、特征和倾向，当事物内部的否定方面战胜肯定方面并居于矛盾的主导地位时，事物的性质、特征和趋势就发生变化，旧事物就转化为新事物。否定是对旧事物的质的根本否定，但不是对旧事物的简单抛弃，而是变革和继承相统一的扬弃。经过否定之否定，事物运动就表现为一个周期，在更高的阶段上重复旧阶段的某些特征，由此形成事物从低级到高级、从简单到复杂的周期性螺旋式上升和波浪式前进的发展过程，体现出事物发展的曲折性。

2. 逻辑思维法

逻辑思维法的特点是以抽象的概念、判断和推理作为思维的基本形式，以分析、综合、比较、抽象、概括和具体化作为思维的基本过程，从而揭露事物的本质特征和规律性联系。它是进行科学研究和一般工作都适用的思维方法。

逻辑思维法一般有分析与综合、分类与比较、归纳与演绎、抽象与概括四个过程。

分析是在思维中把对象分解为各个部分或因素分别加以考察的逻辑方法。综合是在思维中把对象的各个部分或因素结合成一个统一体加以考察的逻辑方法。

分类是根据事物的共同性与差异性就可以把具有相同属性的事物归入一类，把具有不同属性的事物归入不同的类。比较是比较两个或两类事物的异同。比较能更好地认识事物的本质。分类是比较的后继过程，重要的是分类标准的选择，选择得好还可发现重要规律。

归纳是从个别性的前提推出一般性的结论。演绎是从一般性的前提推出个别性的结论。

抽象就是运用思维的力量，抛开其他非本质的东西从对象中抽取它本质的属性。概括是从单独对象的属性推广到这一类事物整体的思维方法。抽象与概括和分析与综合一样，也是相互联系、不可分割的。

3. 系统思维法

系统思维法就是把认识对象作为系统，从系统和要素、要素和要素、系统和环境的相互联系、相互作用中综合地考察、认识对象的一种思维方法。系统思维法能极大地简化人们对事物的认识。

4. 其他常用的思维方法

除上述思维方法之外，在日常工作和生活中，我们经常运用的思维方法还有想象思维法、联想思维法、发散思维法、收敛思维法、灵感思维法以及不同的学科领域所使用的具体的思维方法等，这里就不一一列举了。

值得重视的是，十八大以来，习近平总书记多次强调各级领导干部要努力学习掌握科学的思维方法，防止出现"新办法不会用，老办法不管用，硬办法不敢用，软办法不顶用"的情况，以科学的思维方法保证各项改革顺利推进。习近平强调的六大思维方法是辩证思维、系统思维、战略思维、法治思维、底线思维和精准思维，这些思维方法都是我们应该深入学习和认真领会的。

第二节
秘书工作规律与思维特征

🎯 学习目标

1. 理解秘书工作规律。
2. 掌握秘书工作思维特征。

🔊 名人名言

伟大的工作，并不是用力量而是用耐心去完成的。

——塞缪尔·约翰逊

一、秘书工作规律

秘书工作作为一种客观存在的社会现象，有着特定的客观环境、工作内容、工作目标、工作对象和相关因素，有着自身发展的必然趋势。我国秘书学家李欣说："有了秘书工作，就有了它的规律、要求和相应的办法。"①理解和把握工作规律是秘书思维的前提和出发点，只有在遵循着工作规律去思考和实践，秘书的思维活动才符合自身的职业特征，达到高效服务和有效管理。

---

① 常崇宜：《秘书工作规律初探》，载《秘书之友》，1996(7)。

（一）秘书工作的总规律——适应领导的工作需要

李欣在《中国现代秘书工作基础》一书中强调："秘书工作有很多内在规律"，而"支配其他规律的规律"是秘书工作中领导的"要求线"或叫"需求线"，秘书则有贴近领导的"追逐线"。

概括来说，这条总规律就是秘书工作适应不断发展变化的领导的工作需要。古今中外秘书工作和秘书人员本身，都是领导需要的产物，为领导服务是秘书这一职业的宗旨，这是不能为秘书个人的意愿所改变的。这就是这一总规律的理论基础。秘书认识了这条规律，有助于推动秘书工作健康发展；违背了它，就不可能做好秘书工作，秘书也就失去了存在的价值。

对"适应领导的工作需要"这一秘书工作总规律的理解，可以有以下几方面。

1. 工作上的主从性

秘书是领导直接的工作助手。所以秘书应该以领导的工作目标为目标，以领导的工作任务为任务。主从配合的有效程度对秘书工作起到关键作用。

2. 知识、能力、体力、思维的补充性

秘书的知识结构与专长、能力与体力、思维方向与方法等，既要与领导有共同的部分，又要有不同的部分，这样才能既完成专业目标，又能成为领导的补充。

3. 人际关系的首属性

与领导的关系毫无疑问是秘书人际关系中关键的因素。只有与所服务的领导建立良好的人际关系，秘书才能最大限度地领会与贯彻领导意图，取得领导的信任，保持和谐的工作状态。

4. 人格上的平等性

虽说秘书与领导的关系是"主从"关系，但绝不是"主奴"关系。秘书应该保持人格的独立性，不应该成为领导的附庸。

（二）秘书工作的对立统一规律

秘书工作的规律除上述总规律之外，在具体的职能活动中，还要处理好一系列的矛盾，即一系列的对立统一现象。这就要求秘书必须善于通权达变、统筹兼顾；善于抓主要矛盾和矛盾的主要方面，即自觉而又熟练地运用唯物辩证法去思考和行动。

秘书具体的职能活动中的对立统一现象，主要有以下几种。①

1. 事务与政务

秘书既要参与政务，又要处理事务。事务工作是频繁的、大量的；参与政务是辅

---

① 杨锋：《秘书学概论》，178页，北京，高等教育出版社，2011。

助性的、随机进行的，两者都有不可替代的作用。秘书若只能做一些事务工作，就难以充分发挥其参谋助手的职能作用；若忽视事务工作，一则失去了参与政务的依据（办文、办会、办事过程中能够收集组织内外的大量信息），二则失去了通过为领导服务、向其提出参谋建议的机会，也就难以参与政务。秘书的事务工作做得越有成效，越能取得领导的信任，同时也越能获得有价值的信息，参与政务提出的参谋建议也就越有效。也就是说，秘书只有把参与政务与掌管事务统一联系起来，才能产生良好的效果。

2. 被动与主动

从秘书服务于领导和组织管理工作的地位看，其工作是被动的。秘书必须根据领导工作和管理工作的需要，提供公务服务。但在具体的工作中，秘书必须根据组织运转发展的趋势，主动向领导提供各方面的公务服务，因此，这就涉及在被动中求主动的问题。

要处理好秘书活动中被动与主动的关系，必须在实际工作中注重务实求真、准确地了解现状，注意分析各方面的变化和发展，把握未来发展的态势，使工作具有一定的超前性。

3. 综合性与专业性

秘书工作是综合性工作。但是，就秘书的专项实务方面，大量的日常工作需要秘书具有专门的技能。也就是说，秘书不仅要熟悉组织运转各方面的运转机制，而且要精通本职专项实务所必备的工作技能，如机敏的办事技能、熟练的公共关系技能、准确流畅的语言表达技能、规范的办公操作及信息沟通技能、灵活的协调技能等。这些都体现出秘书的专业性。因此，优秀的秘书既有比较广泛的综合知识能量，又有颇为深厚的专业知识能量。

4. 维持与适应

在实际工作中，秘书要通过督促检查办文、办事、办会等职能活动，维持组织的正常运转。同时，又要通过对内、对外的公务交往，广泛地收集信息，密切把握环境的变化，并通过参谋建议、辅助决策等职能活动，协助领导适应环境的变化。秘书只有在维持组织的本质特征和适应环境的变化中发挥职能作用，才能全面地促进组织管理效益。

5. 听命与劝谏

秘书在职能活动中，既要听命办事，不折不扣地完成领导交办的事务，又要在实际工作中，发现问题，调查研究，提出参谋建议，对领导的某些失误与疏漏给予提醒和规劝。这就需要秘书的职能活动及其思维活动既要与领导同步，又要与领导异步。

6. 宣传与保密

秘书既要把上级的有关政策、领导的决策意图向群众宣传，让群众充分地理解，又要对某些问题保守机密。把必要的宣传事项错误地列为保密内容，就会脱离群众，影响宣传效果；把必须保密的事项有意无意地泄露出去，或者错误地作为宣传的内容，就会因失密而使工作受到重大的损失。秘书必须将宣传与保密的界限严格地分开，同时，还要注意其中的联系，有分寸地妥善处理。

7. 谋划与执行

秘书在职能活动中要经常为领导出谋献策，参与对决策、计划、措施的谋划。然而，秘书活动中的谋划既不具有领导将谋划结果付诸实施的职权性，又不具有专职智囊人物出谋献策的纯粹性。秘书的谋划与谋略和奉命执行紧密地联系在一起。秘书如果善于将谋划与执行结合起来，则既有利于决策的制定、贯彻与实施，又有利于执行状况的反馈、决策的修正和优化、执行的控制和调整，使组织的决策与执行系统联系更为紧密，使组织的管理信息系统更为灵便，使行政指挥系统更为有效，从而在决策层和执行之间，起到桥梁和协调作用。

8. 全面与重点

秘书的职能范围相当广泛，秘书对组织运转的情况都必须关注，对组织的各相关人员都要提供全面的合作和服务，对各方面的方针政策、法规制度，都要全面了解和把握。总之，秘书工作必须全面，否则就会发生疏漏或失误。同时，对具体人员而言，秘书则要为主要领导或对口领导服务；对组织运转各环节而言，则要善于抓重点环节和关键；对方针政策、法规制度而言，还要重点理解并重视关键的法规制度和方针对策，以免在重大问题上出现偏差。

秘书只有将重点为领导工作服务和全面为组织管理统一起来，才能切实体现其服务职能。只有重点把握中心任务和关键环节，才能体现出其信息职能；只有全面理解和掌握各方面方针政策和法规的同时，重点协助领导贯彻落实大政方针政策和组织管理的重大决策，才能真正起到参谋助手作用。

9. 规范性与随机性

秘书办文、办会、办事都有着自身的规律性。把握工作中的规律，不仅有利于保证工作的质量，而且有利于提高工作效益。同时，秘书在日常工作中，要处理大量随机发生的问题，只有及时、准确地完成随机发生的工作任务，才能确保组织的正常运转。秘书工作既有规范性，又有随机性。秘书只有将两者统一起来，才能保证其工作井然有序。

10. 间接性与直接性

秘书无论出谋献策还是办文理事，都必须通过领导和各执行部门才能发挥作用，其工作效益有一定的间接性；同时，秘书的各项工作对组织管理都能产生直接的影响，直接影响组织管理效益。秘书在工作实践中，既要注意其工作的间接效益，在决策和执行中分析其工作的间接效果，又要认真分析各项具体工作对组织管理各方面的具体的、直接的影响，改进工作方法和技巧。

　　秘书工作的一系列对立统一现象，其实远不止上面列举的这些，它们涵盖了或者部分涵盖了秘书职能的所有内容。因此，张同钦、杨锋等人称之为秘书工作的对立统一规律①。这个规律也成了秘书工作除总规律之外的带有普遍性的一个工作规律。

二、秘书工作思维特征

　　上述秘书工作的规律性，对于秘书工作者来说，既有认识论的意义，也有方法论的意义。它是秘书工作思维的起点和落脚点，直接影响秘书工作的思维特征。

(一)秘书工作思维是从属思维

　　从属思维是秘书工作思维最核心的特征。它是秘书工作的总规律——适应领导的工作需要在秘书思维中的反映和落实。秘书仅仅将"适应领导的工作需要"作为一种意识是不够的，对这一规律的理解必须上升到思维层面。

(二)秘书工作思维是矛盾思维

　　秘书工作思维的这一特征是对秘书工作的对立统一规律的升华和概括。秘书工作思维要有通权达变、审时度势的机变性，又要有善于抓主要矛盾的重点性，还要有在矛盾中追求前进的上升性。

(三)秘书工作思维是中介思维②

　　这一特征是对秘书工作规律的补充和引申。中介思维是一种科学认识事物之间联系的思维方法，中介思维的要点是围绕事物变化发展的中介，在对立的事物之间寻找"桥梁"，找到事物联系和变化发展的规律。

　　秘书部门是一个中介性部门，因为它既不是决策部门也不是执行部门，而是联系上下、左右、内外各方的纽带。秘书则应了解自己智能的局限性，充分发挥自身所处位置的中介功能，加强同各方面的联系，做领导与群众之间的中介，做信息源与信宿之间的中介，做领导意图与最后决策之间的中介，做决策与实践之间的中介。

(四)秘书工作思维是综合思维

　　这一特征是由秘书的工作职能和工作内容决定的。秘书工作以"书"(文字文书工作)、"办"(办文、办会、办事)、"谋"(参谋助手作用)、"管"(辅助管理)为主，其中每

---

① 张同钦、杨锋：《秘书学概论》，广州，暨南大学出版社，2006。
② 常崇宜：《秘书的中介地位与中介思维》，载《秘书之友》，2010(9)。

一项工作因内容、特点不同，应以不同的思维方法为主导，辅以其他思维方法，如文字和管理工作多用逻辑思维；办事多用经验思维；发挥参谋助手作用，常运用灵感思维等。① 秘书要综合运用各种行之有效的思维方法来开展工作，对任何单一的思维方法迷信地运用，都可能导致片面的结果。

此外，国内秘书学界对秘书工作的思维特征的探讨，还有以下一些看法。例如，在场性②、全局性③、模糊性④、前瞻性⑤、层次性⑥等思维特征。这些看法都能从不同的视角审视秘书工作的思维特征，这对理解秘书工作思维具有启发意义。

第三节
秘书的创新思维

🎯 学习目标

1. 理解创新思维的概念。

2. 了解创新思维的类型。

3. 掌握创新思维对秘书主体素质的要求。

🔊 名人名言

思维是灵魂的自我谈话。

——柏拉图

秘书的思维活动遵循着实践—认识—再实践—再认识的认知过程。我们研究秘书思维的目的，不仅在于从千头万绪的工作中寻找工作规律，从工作规律中找出思维特征，最主要的还在于把握和运用这些工作规律和思维特征，创新秘书工作思维，开创秘书工作的新局面，以适应当今社会科学技术的迅猛发展和管理实践日新月异的变化。这种开创性的工作必将对秘书思维的再认识产生深远的影响。

---

① 张澜：《秘书思维的特征与培养》，载《秘书工作》，2014(5)。

② 张澜：《秘书思维的特征与培养》，载《秘书工作》，2014(5)。

③ 任群：《谈谈秘书思维活动的主要特点》，载《秘书之友》，1994(3)。

④ 常崇宜：《略谈秘书的几种思维方法》，载《秘书》，2010(11)。

⑤ 黄若茜：《浅谈秘书的超前思维和创新思维》，载《温州职业技术学院学报》，2003，3(1)。

⑥ 刘勇、刘明、方国雄：《从三个层面看秘书思维方式》，载《办公室业务》，2000(5)。

一、秘书工作呼唤创新思维

在当今时代，创新已经成为一种时代精神，中华民族的复兴取决于它创新的程度，创新成为时代对我们每个人的最高要求。习近平指出："创新是引领发展的第一动力。抓创新就是抓发展，谋创新就是谋未来。"创新的基础是思维创新，人类社会的发展和进步，无不是思维创新的结果。思维方式决定人们的态度和行为方式，缺乏思维创新，既不可能有思想解放与开拓进取，也不可能有制度创新、体制创新与科技创新。任何形式的因循守旧，都必然会被社会与时代淘汰。

秘书是现代组织管理活动中十分重要的一个角色，其所履行的辅助管理、综合服务的职能，在很大程度上影响着决策的科学水平和管理的有效性。从某种意义上讲，秘书部门和秘书能否进行思维创新，是影响组织创新水平的重要因素。

就秘书自身的工作效率来讲，思维创新无疑也有利于提升个人的业务水平。随着市场经济飞速发展和办公现代化进程加快，秘书工作传统的职能也在强化，而新的职能又纷至沓来，这更要求秘书转变传统观念，自觉树立与之相适应的思维和工作方法。

二、创新思维的概念及特征

秘书除了要适应本学科领域和当今秘书岗位的新情况、新知识、新技术、新要求之外，还可以借助其他学科领域的新理论、新范畴和新实践来获取营养、启发智慧。诸如社会学、心理学、文化学、经济学、哲学甚至自然科学的新方法都是可借鉴的源泉，尤其是当今方兴未艾的创造学原理与方法更可以为秘书的思维创新提供帮助。

（一）创新思维的概念

创新思维在学界并未形成一致性的定义。有人认为，创新思维是思维的一种智力品质，它是在客观需要和伦理规范的要求下，在问题意识的驱动下，在已有经验和感性认识、理性认识以及新获取的信息的基础上，统摄各种智力因素与非智力因素，利用大脑有意识的思维，在解决问题的过程中，通过思维的敏捷转换和灵活选择，突破和重新建构已有的知识、经验和新获取的信息，以具有超前性和预测性的新的认知模式，把握事物发展的内在本质及规律，并进一步提出具有主动性和独特见解的复杂思维过程。[①]

我们可以通俗地理解这一概念：创新就是创造新意。创新思维指以新颖、独特的方法解决问题的思维过程。这种思维不仅能揭露客观事物的本质及其内部联系，而且能产生新颖、独创、具有明显社会意义的思维成果。

（二）创新思维的特征[②]

从思维成果上看，创新思维具有新颖性和效益性。新颖性是创新思维的根本标准、特性；效益性是创新思维社会价值的表现。对社会有害的阴谋诡计，不是创新思维。

从思维过程上看，创新思维具有灵活性和独特性。在思维过程中不善于对思维方式方法灵活运用、转移，创新思维就不存在。思维过程必然是既有一般性又有特殊性，而创新思维更强调特殊性。

从思维方法上看，创新思维具有对应性和综合性。方法是为目的服务的，对应于思维对象特点的思维方法就能达到一定的效果。没有"包医百病"的创新思维方法。所谓"综合就是创造"，即创新思维一般是不同层面、不同类型的思维方法的综合运用。

从思维本质上看，创新思维具有随机性和可把握性。创新思维往往是主体经过艰难的思考，突然得到了灵感式的启发而出现的，表现出一定的随机性。同时，创新思维成果绝非无中生有，必与一定的条件相联系，创新思维过程和方法必有规律可循，是可认识和可把握的。

（三）创新思维的模式

我们从思维路径的角度对创新思维进行分析归类。所谓思维路径，就是思维的方向和过程，表现为点、线等要素。根据这个标准，常见的创新思维模式可以分为以下几种。[③]

1. 发散思维

从一个点出发，预先没有明确的目标，而是任意向四面八方辐射，这种思维叫作发散思维，见图9-1。它的特点是不受常规和习惯的影响，也没有预设目标的限制，因而自由灵活，可以产生很多可能性，见图9-2。

---

① 张晓芒：《创新思维的逻辑学基础》，载《南开大学学报（哲学社会科学版）》，2006(6)。
② 马丽、郑孟煊：《创新思维论》，载《广州师院学报（社会科学版）》，2000(10)。
③ 陈璐：《从思维路径看创新思维的模式类型》，载《前沿》，2012(14)。

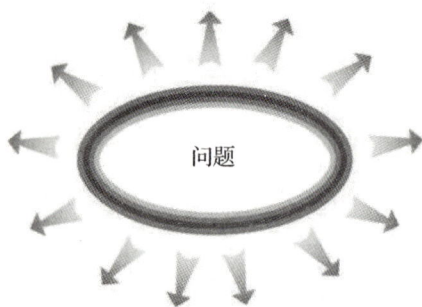

图 9-1　发散思维示意图

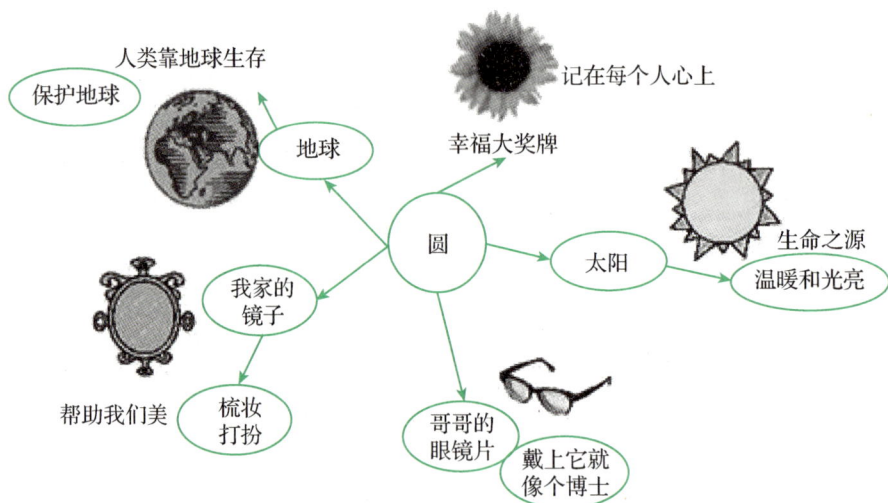

图 9-2　发散思维应用示意图

发散思维是重要的创新思维类型，也是各种创新活动的基础。平时勤于动脑思考，运用发散思维，思维开放灵活，头脑中积累了大量素材，等到需要时就很容易调出来，甚至它们会自己跳出来。这就是"灵感"突现。

2. 收敛思维

从一个点出发，通过多条路径到达同一个预定目标，这种思维叫作收敛思维，见图 9-3。它的特点是"条条大路通罗马"，其实质是针对一个问题寻找尽可能多的解决办法。思路越开阔，能找出的办法越多，可选择的范围就越大。收敛思维与发散思维的区别是，前者有明确的目标，而后者没有，但发散思维可以帮助个体产生收敛思维。平时多运用发散思维，面对具体问题时就可以比较容易地找到解决办法，见图 9-4。

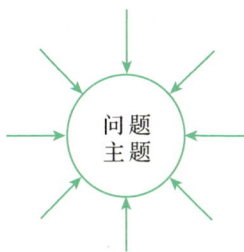

图 9-3　收敛思维示意图　　图 9-4　收敛思维应用示意图

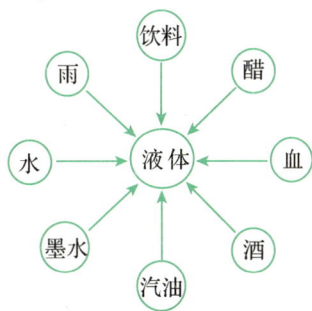

3. 重组思维

改变思维对象中相关要素的位置、次序、比例、相互关系等，对其重新进行组合从而实现创新，这种思维叫作重组思维。田忌赛马的故事就是运用了重组思维：孙膑让田忌用下等马赛对手的上等马，上等马赛中等马，中等马赛下等马，结果三场两胜，赢得了比赛。再如，一般动物园都是"动物在笼中，人在外"，改变这种位置关系，让"人在笼中，动物在笼外"，就成了野生动物园。

4. 逆向思维

把定势思维的方向倒过来，就是逆向思维，其特点是"反其道而行之"。逻辑推理中的反证法和假设排除法，都属于逆向思维。司马光砸缸救人，运用的也是逆向思维。定势思维是让人离开水，当这种思路行不通时，司马光将这种思路反过来，让水离开人，于是就有了砸缸的聪明之举。

逆向思维与重组思维有相似、相通之处。它们的不同在于，逆向思维改变的是思维本身的方向，而重组思维改变的是思维对象的形态，通过调整其中相关要素的关系实现创新。

5. 侧向思维

从别的事物中获得启示和借鉴，从而找到达到目标的路径，这种思维叫作侧向思维。它的特点是发挥联想能力，在不同事物之间进行思维迁移。例如，美国工程师斯宾塞在做磁控管（一种能够产生大功率微波的装置)测试时，发现口袋里的巧克力融化了，原来是雷达电波造成的，由此他想到用它来加热食物，于是发明了微波炉。

6. 联结思维

从两个或两个以上的点出发，把它们联结起来，到达一个新目标，这种思维叫作联结思维。手机的升级更新，主要就是联结思维产生的创新。最初的手机只有通话功能，是名副其实的"移动电话"，后来逐渐增加了短信、彩信、拍照、摄像、游戏等功能。进入 3G 时代后，手机的功能越来越多，上网、看电视、视频通话、图片和文字处理、卫星导航、电子钱包……这些都是联结思维的产物。

7. 迁回思维

从一个点出发，不是直接到达预定目标，而是经过中转到达，这种思维叫作迁回思维。定势思维往往是线性的、单一的、直来直去的，而迁回思维的特点是曲折回旋，适用于不易或不宜直接到达目标的情况。比如，警察局招聘侦探，为了考察应聘者的应变能力，将应聘者关入仅有一扇门的房子，门外有荷枪实弹的警察把守，要求应聘人员离开这房子。怎么办？具有创新思维的应聘者会采用迁回思维，对把守的警察说自己不应聘了，这样警察就会让他出来。

8. 跳转思维

从一个点出发后，中途改变预定的方向和目标，转而朝向另一个方向和目标，这种思维叫作跳转思维。它的特点是"见异思迁"，不在一条道上走到黑。举一个例子，19 世纪中叶，美国加州发现了金矿，许多人怀着发财梦加入淘金者大潮，有一个年轻人到了淘金的地方，发现当地缺水严重，他转念一想：如果给其他淘金者供应水，不是也能赚到钱吗？于是他放弃了淘金的念头，转而向淘金者卖水。结果，许多淘金者最后依然贫困，这个年轻人却靠卖水淘到了"金子"。

在跳转思维中，原定的目标并不是最终目标，而是到达最终目标的手段，如果这个手段不管用，就要考虑换一个；如果可以一步到位，实现最终目标，当然也要放弃原定目标。例如，在青年卖水的故事中，淘金这个目标只是达到最终目标（挣钱）的手段，既然卖水更容易挣钱，就可以放弃掉淘金的念头。而在定势思维中，人们很容易被原定的目标遮蔽，结果忽略了实际的最终目标。跳转思维与迁回思维不同。在跳转思维中，原定目标在思维过程中就被抛弃了，因而思维路径发生了变化；而在迁回思维中，虽然思维路径发生曲折变化，但最终仍是指向原定目标。

当然，上述思维类型模式并不能涵盖所有的创新思维类型。创新思维具有极大的开放性和灵活性，它永远不可能成为一些固定的模式，而这恰恰是创新思维的魅力所在。

三、创新思维对秘书主体素质的要求

对于前面我们列举的八种创新思维模式，我们既可以视之为创新思维的类型，也可以把它们当作创新思维常用的手段和方法。假如在秘书工作中经常有意识地加以运用并形成习惯，秘书的创新能力一定会有所提高。

但是，秘书作为主体，在创新工作中还要对自身的创新素质提出更高的要求，归纳起来，有以下几点。

（一）积极的态度

所有的创新思维都是积极思考的结果。积极的态度在秘书的思维创新中体现的作用集中表现为以下几方面。

第一，积极的态度让人勇于探索，从而导致多种可能的诞生。

第二，积极的态度能够激发秘书的进取精神，敢于进行新的思维，尝试新的经验，催生新的事物。

第三，积极的态度能够培养秘书坚强不屈的品格，改变秘书因职业特点带来的屈从性，从而向更难、更高的思维领域挺进。

（二）丰富的知识与经验

拥有创新思维能力的前提是具备丰富的知识与经验，没有丰富的知识与经验就不可能产生创造思维。科学上的创造、技术上的革新、艺术上的创作都是在丰富的知识与经验的基础上，通过创造而成功的。秘书的经验越丰富，知识越渊博，创造的思维就越活跃，联想就越广泛。秘书作为组织信息的收集者、工作的参与辅助者、领导者的左膀右臂，只有最大限度地丰富自己的知识，开阔自己的眼界，拓展自己的经验范围，才能成为真正意义上的思维创新者。

（三）独立思考的习惯与好奇心及质疑品质

独立思考的习惯与好奇心及质疑品质是秘书创新思维的保证。秘书的角色性质决定了他更多是服从与执行、实施与操作，也正是这种被支配的角色位置，善于思考、质疑、好奇、不迷信、不盲从的品质对秘书来说才显得难能可贵。秘书需要在思维观念上突破自我。

第一，要由封闭型思维模式向开放型思维模式转变。就是要打开眼界，解放思想，面向世界，并在开放过程中，敢于吸取一切对发展创新有用的东西，敢于开拓创新。

第二，要由常规型思维模式向求异型思维模式转变。要有不满足于现状的意识，寻求不同于现状的新的方面和关系。这是一种在异中求新、在新中求变的思维观念。

第三，要由盲从型思维模式向独立型思维模式转变。就是要树立不拘泥于旧框，不迷信于权威，不屈从于压力，不扭曲思维和实践的规则，而只坚持实事求是，遵循真理的思维观念。

（四）健康的心态与情感

人的心态与情感在很大程度上决定着人的思维活动。在人们的创造性活动中，积极、健康、稳定的心态与情感是创造与想象的重要心理因素。平和安静的心态，健康积极的情感，可以促进思维活动的顺利进行，而消极的情感，则不利于思维活动的顺利进行。但凡在各行各业有所建树的人，都是对事业充满激情、专心致志和百折不挠的人。秘书应克服自卑、懦弱的心态，铸造自强、奋进的精神，敢为人先、不怕挫折。如果处处怕犯错误，害怕失败，就会陷于保守，也就谈不上开拓创新。

（五）强烈的事业心、责任感和献身精神

强烈的事业心、责任感和献身精神，是秘书创新思维的内在动力。创新是一项艰苦的事业，具有极大的挑战性。要想将这项活动进行下去，思维方式与技巧只是表面功夫，真正的动力和源泉则是人的献身精神与对事业的追求。

（六）努力学习思维科学，学会科学思维

思维科学是一门古老而又新兴的科学，现代思维科学是信息时代的理论思维体系，它告诉人们如何按科学的思维规律、方式和方法去认识客观世界和改造客观世界，去开动脑筋发明、创造从前没有的事物，去开拓人类美好的未来。掌握思维科学的研究成果，学会用科学的思维规律、方式和方法去观察问题、分析问题和解决问题，对于提高秘书的思维创新素质，都是必要的。

（七）在具体的实践中，掌握新的思维方法

创新思维离不开具体的思维方法，秘书因其处于组织信息的交汇点、上下左右的连接枢纽、处理各种问题的集散地，因此，尝试思考和解决问题，不仅有其现实可能性而且意义重大。如前所述，秘书要打破传统的思维观念和惯性思维模式，在此基础上，使用逆向思维、联想思维、发散思维、侧向思维等，不仅能为自己打开一片全新的天地，而且能够真正为领导机构或管理者提供创新的辅助，能够真正为组织效能的改变和提升助一臂之力。[①]

本章小结

思维是人脑以已有的知识经验为中介，对客观事物本质属性和规律的反映。根据不同的分类标准，思维可分为直观动作思维、具体形象思维和抽象逻辑思维；经验思维和理论思维等不同的种类。

思维方式是人们的各种思维要素及其综合按一定的方法和程序表现出来的相对稳

[①]　姚怀山：《对秘书思维创新的再认识》，载《延安大学学报（社会科学版）》，2005(6)。

定的、定型化的思维样式。思维方法是人们为了实现特定思维目的所凭借的途径、手段或办法，也就是思维过程中所运用的工具和手段。思维方法属于思维方式的范畴，是思维方式的一个侧面，是思维方式具体而集中的体现。常用的思维方法有唯物辩证法、逻辑思维法和系统思维法等。

秘书工作的总规律是"适应领导的工作需要"，秘书工作的对立统一规律也是一条具有普遍性的规律。

创新就是创造新意。创新思维指以新颖、独特的方法解决问题的思维过程。这种思维不仅能揭露客观事物的本质及其内部联系，而且能产生新颖、独创、具有明显社会意义的思维成果。从思维路径的角度，创新思维有发散思维、收敛思维等八种模式。创新思维对秘书主体素质有七项主要的要求。

总结>

Aa 关键术语

思维	概念	判断	推理
直观动作思维	具体形象思维	抽象逻辑思维	收敛思维
发散思维	创新思维		

章节链接

本章内容是对秘书思维的概括性介绍，是对秘书思维方式的一种解读，属于文化应用的范畴，与秘书文化、秘书职业道德也有一定的联系。

拓展>

批判性思考

钱学森曾经说："现在中国没有完全发展起来，一个重要原因是没有一所大学能够按照培养科学技术发明创造人才的模式去办学，没有自己独特的创新的东西，老是'冒'不出杰出人才。这是很大的问题。"

关于钱学森所说的"没有自己独特的创新的东西"，你如何看待？你觉得我们应该如何扭转这一被动局面？

✍ **体验练习**

创新思维思考题

1. 怎样使火柴能在水下燃烧？

2. 美国交通规则明文规定：有步行者横过公路时，车辆应停在人行道前等待。可是有个汽车司机，当交叉路口上还有很多人横过马路时，却撞进人群全速向前跑。警察看到了也没有制止。这是为什么？

3. 思考废旧玻璃、火柴盒、牙膏管、玻璃瓶、塑料瓶、罐头盒、书、报纸的新用途。

4. 将圆珠笔、伞、小刀、电话、书、钟表、诗词、音乐巧妙地组合，可构成哪些新产品？

5. 请设计几款多功能或新样式的办公桌。

6. 请结合某种秘书工作情境，尝试改变工作思路，并对新的工作思路产生的工作成果进行总结。

拓展〉

☕ **补充读物**

1. 邵志芳. 思维心理学[M]. 上海：华东师范大学出版社，2001.

2. 王瑞成，张春玲. 秘书思维训练[M]. 重庆：重庆大学出版社，2011.

3. 杨锋. 秘书学概论[M]. 北京：高等教育出版社，2011.

4. 何宝梅，杨剑宇. 秘书学导论[M]. 上海：华东师范大学出版社，2013.

5. 李文义，曹云升. 创新理论与创新思维训练教程[M]. 北京：中国财经出版社，2004.

6. 任群. 谈谈秘书思维活动的主要特点[J]. 秘书之友，1994(3).

7. 王守福，董召伟. 秘书的成功之道——创新思维[J]. 秘书之友，2000(9).

8. 常崇宜. 略谈秘书的几种思维方法[J]. 秘书，2010(11).

9. 姚怀山. 对秘书思维创新的再认识[J]. 延安大学学报(社会科学版)，2005(6).

10. 常崇宜. 秘书的中介地位与中介思维[J]. 秘书之友，2010(9).

11. 余冬阳，张东. 秘书工作思维的特征[J]. 秘书，2014(10).

12. 佘亚荣，孙晓飞. 试论当代中国秘书文化的兼容并包[J]. 秘书，2012(8).

13. 黄若茜. 浅谈秘书的超前思维和创新思维[J]. 温州职业技术学院学报，2003(3).

14. 张斓. 秘书思维的特征与培养[J]. 秘书工作，2014(5).

15. 刘勇，刘明，方国雄. 从三个层面看秘书思维方式[J]. 办公室业务. 2000(5).

在线学习资源

1. 大连理工大学公开课：创造性思维与创新方法-创造性思维，http：//open. 163. com/movie/2012/10/6/P/M8BB0P9MI_M8BG6296P. html，2017-05-20。

2. 《秘书工作思维》，https：//wenku. baidu. com/view/6e5cdedbd15abe23482f4dda. html，2017-06-01。

3. 普通心理学-思维 ppt 模版课件，http：//www. docin. com/p-407477047. html，2017-07-12。

第十章

秘书文化与秘书思想

本章概述

　　我国历史中曾产生了众多纷呈、极具特质的秘书思想，本章梳理、介绍了我国深刻厚重、正向有益的秘书思想。通过本章的学习，我们能够了解秘书工作者的主要工作思想，深刻理解这些思想的精神内核。

结构图

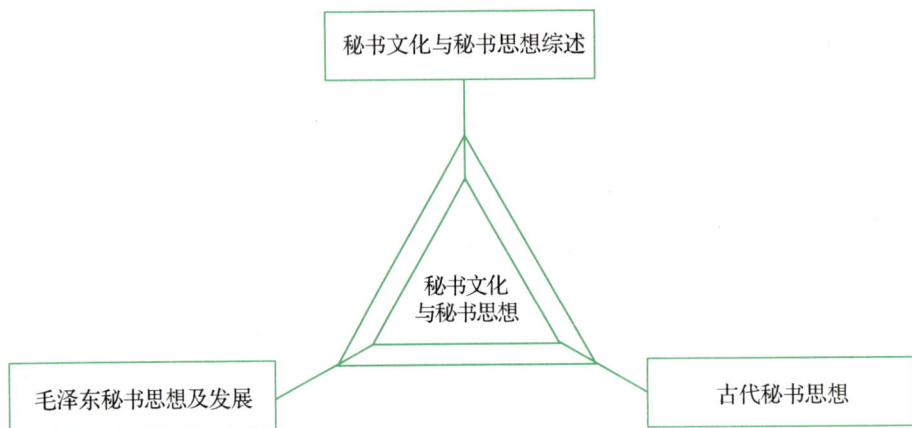

学习目标

本章重点：

1. 我国秘书思想发展的基本脉络。

2. 我国古代秘书思想的内容。

3. 毛泽东秘书思想的内涵。

4. 习近平关于办公室工作的讲话精神。

本章难点：

1. 我国古代秘书思想的现代价值。

2. 毛泽东秘书思想的指导意义。

学完本章，你应该能够做到：

1. 理解古代秘书思想的精华。

2. 掌握毛泽东秘书思想，用以指导自己的实际工作。

读前反思

我们常说，"人的全部尊严就在于思想"。

人们对某事、某物在脑中产生了判断、思考时，我们称之为产生思想。而作为一种与职业相伴随的思想，又意味着什么？当所有专门从事这一职业的人们将他们的思想沉淀、碰撞留存下共性的、正向有益的内容，是否就与职业文化产生了直接的关联？

第一节
秘书文化与秘书思想综述

🎯 学习目标

1. 掌握秘书思想的内涵。
2. 了解秘书文化与秘书思想的关系。
3. 了解我国秘书思想发展的脉络与范畴。

📢 名人名言

中国传统文化博大精深，学习和掌握其中的各种思想精华，对树立正确的世界观、人生观、价值观很有益处。学史可以看成败、鉴得失、知兴替；学诗可以情飞扬、志高昂、人灵秀；学伦理可以知廉耻、懂荣辱、辨是非。

——习近平

文化是由思想者创造与衍化的，秘书思想是秘书文化的核心和重要部分。①

思想是客观存在反映在人的意识中经过思维而产生的结果，一般也称为观念。② 本章所讨论的秘书思想是指与秘书及秘书工作有关的思想，即历代从事秘书工作的人，结合自己的工作实践，沉淀、提炼形成的工作活动总结，是用以指导具体工作和行为的理性认识。

任何一种文化都包含了一种生活的理论和方式、理念和认识，秘书文化也不例外。围绕秘书这一社会职业形成的文化，包括了历代秘书从业人员在其特定的历史文化生活环境中，所形成的价值观念、理想信念、心理行为模式，而本章所探讨的秘书思想，则是秘书文化中观念和精神层面的内容。

我国古代秘书岗位的设置和工作职能开展可以追溯到上古时期，古代的秘书思想散见于各类典籍之中，有时变现为影响深远、短小精悍的言论，有时又以皇皇巨著的形式对秘书工作的某些领域进行综合观照，还有些思想是世代遵循的工作传统，它们以社会心理的方式成为历史的积淀。这些思想潜存于我们深厚、悠久的传统文化之中，其中一些真知灼见对我们今天的秘书工作仍具有积极的借鉴意义。

---

① 何坦野：《秘书文化论》，北京，中国广播电视出版社，2002。
② 中国社会科学院语言研究所词典编辑室：《现代汉语词典》，北京，商务印书馆，2016。

1840年鸦片战争后，我国进入近代社会。辛亥革命后建立南京临时政府，它存在了不足一百天，对中国秘书工作却意义重大：一般把它的成立看作中国古代秘书史和中国现代秘书史的分水岭。从1919年到1949年期间，南京临时政府、北洋军阀政府、南京国民党政府先后进行了秘书工作的改革，到南京国民政府时期，现代秘书机构和体系初步形成。这个时期的秘书工作带有明显的时代特征，主要集中于"革"和"创"。总体来看，完成了从古代尚未职业化的秘书性工作向职业化的现代秘书工作的转变。

中国共产党秘书思想自民主革命时期至今，从产生、深化到继承，发展脉络清晰。毛泽东是中国共产党的创始人之一，也是中国共产党秘书第一人。毛泽东秘书思想在革命战争中逐步形成，中华人民共和国成立后逐步被深化、总结、继承和发展。

毛泽东秘书思想是毛泽东思想的一个重要组成部分，是毛泽东和党的第一代中央领导集体在长期的革命实践中，运用马克思主义的科学方法和理论，对中国革命和建设实践中的秘书工作经验做出的理论概括，并在指导中国秘书工作实践的过程中不断丰富发展，形成了适合中国国情的、科学的、系统的关于秘书和秘书工作的思想，即毛泽东秘书思想。[①]

由此可见，秘书思想有着极为宽广的范畴，本章只涉及其中的一部分，这些思想有些源于文献，有的则是笔者对我国秘书工作传统的提取和整理，还有些源于秘书主管部门或领导者对秘书工作者提出的指导性、制度化的要求。

第二节
古代秘书思想

🎯 学习目标

1. 了解我国古代秘书的文书编撰、谏言、佐治、为官思想。
2. 理解古代秘书思想对现代秘书工作的借鉴意义。

🔊 名人名言

夫以铜为镜，可以正衣冠；以古为镜，可以知兴替；以人为镜，可以明得失。

——魏徵

古代秘书思想融合着历代思想家的理想和追求，潜存于我们深厚、悠久的传统文

---

① 路振文：《在新的历史条件下坚持和发展毛泽东秘书思想》，载《办公室业务》，2013(12)。

化之中。

一、文书编撰思想

（一）认真调研、搜集资料

春秋后期，档案流散的情况十分严重，档案大量流散于社会，孔子为编写教学需要的系统的教科书进行了大规模的资料搜集和整理，他编纂"六经"，为后世保存了比较系统的历史档案，也开创了利用档案编纂史书的优良传统。

孔子长期有意识地到各地去搜集有关档案资料，并向老子"问礼"，完善档案资料。《论语·八佾》载："夏礼，吾能言之，杞不足征也；殷礼，吾能言之，宋不足征也。文献不足故也。足，则吾能征之矣。"《尚书纬》载："孔子求《书》……凡三千二百四十篇，断远取近，定可以为世法者百二十篇，以百二篇为《尚书》"；《公羊传注疏》引闵因《序》：孔子"制《春秋》之义，使子夏等十四人求周史记，得百二十国宝书"。

与孔子生活在同一时代的左丘明，位为鲁国史官，博览了鲁国保存的礼乐文化和大量的历史文献，亦曾随孔子同乘至周，在周太史处查阅档案，进一步熟悉诸国史事、掌故，后作《左传》。《左传》作为我国的第一部编年体史书，记述详备，论述精辟。后编撰的《国语》，为我国第一部国别体史书，两者均为关于古代历史文化的经典要籍。

不仅档案史书的编写如此，对于古代的公文写作，搜集和占有材料也是基本原则。材料是公文中的事实、数据等，是形成公文中心思想的基础。古代各官署公文写作的材料大致有三方面：一是事实材料，如现实情况、社会问题、管理经验；二是朝廷颁布的诏令、上级官署（或主官）下发的公文；三是历史典故及历史成案。公文作者们一是深入观察，熟悉实际情况，二是博览群书，熟悉成案。历代公文写作佼佼者，平时都注意积累各种材料，不断丰富自己的"材料库"，如宋代包拯写《乞不用赃吏疏》时，就已经掌握了许多有关当时赃吏的任用情况、历史上清明的帝王对待赃吏的处理办法等材料，所以文章内容非常充实，分析矛盾，抓住要害，提出的办法切实可行。

（二）去伪存真、存其精要

"六经"主要取自夏、商、周三代的历史档案，而上古帝王都崇拜神灵，每有重要活动，必先祭神占卜，神灵旨意和占卜结果的记录也留作档案，于是上古档案就出现了"天道、鬼神、灾祥、卜筮"与帝王的人事政治活动"备述于策"的现象。孔子不相信鬼神的存在，对这些记载的真实性存有疑惑，于是在整理档案时，就把有关"天道、鬼神、灾祥、卜筮"之类的虚假材料去掉了。于是今天看到的"六经"中很少有鬼神巫怪之类的内容。

另外，孔子还对搜集到的资料进行筛选，删除重复，取用精华。孔子搜集到的古代帝王的公文，多达三千二百四十篇，孔子"断远取近，定可以为世法者百二十篇，以百二篇为《尚书》"。孔子以"是否可为后世效法"为标准，对古代公文档案的价值做了认真鉴定，然后将具有"永久保留"价值的档案编纂成册。孔子对《诗》进行整理时，对来自不同版本的同一内容进行了鉴定和选择，把重复部分进行了精选和删减。《史记·孔子世家》载，"古者《诗》三千余篇，及至孔子，去其重……三百五篇孔子皆弦歌之"。从"三千余篇"减至"三百五篇"。

司马迁作《史记》亦是如此，司马迁对搜集的材料做了认真的分析和选择，淘汰了一些无稽之谈，如不列没有实据的三皇，以五帝作为本纪开篇，对一些不能弄清楚的问题，或者采用阙疑的态度，或者记载各种不同的说法。由于取材广泛，修史态度严肃认真，所以，《史记》记事翔实，内容丰富。

(三)内容简洁、语言朴实

孔子进行史书编撰，以"述而不作"为基本原则，同时认为质朴和文采同样重要，不同的文体有着不同的要求，对于诗歌类文学作品文采大于质朴，而对于记载类史籍作品质朴胜于文采。

孔子编纂"六经"，对原有的档案材料做删、定、赞（简评）、修，简评中有自己对相关材料的"赞语"，但对于引用的档案材料原文并无过多改动。朱熹说："孔子删《诗》、《书》，定《礼》、《乐》，赞《周易》，修《春秋》，皆传先王之旧，而未尝有所作也。"

如果说在魏晋南北朝之前古人尚没有彻底区分公文写作和文学创作，那么由南北朝开始，古人便逐渐划清了公文写作和文学创作在性质、规律和本质上的差异，中国文学史和中国秘书史将这一认识过程称为"文笔之分"。南朝梁刘勰的《文心雕龙》中用大量篇幅系统论述诏策、檄移、章表、奏启、议对、书记等各种不同体裁公文的特点，他认为"无韵者笔也，有韵者文也。"

唐代文风改革的领军人物韩愈力主"文以载道"，坚持写文章要"惟陈言之务去"，他不仅从理论上倡导务实的公文文风，而且用自己公文写作的实践对过分追求形式的绮靡文风发起进攻，他的《论佛骨表》等名篇完全以散体表述，行文明白如话，堪称古代公文写作的典范。

欧阳修，师承韩愈，主张文章应"明道致用"。他反对文章"务高言而鲜事实"，他大力提倡简约、流畅、自然的文风，反对浮靡雕琢和怪僻晦涩。欧阳修在翰林院任职时，一次与下属出游，见路旁有匹飞驰的马踩死了一条狗，欧阳修提议："试书其事。"有人说："有犬卧于通衢，逸马蹄而杀之。"另一个人说："有马逸于街衢，卧犬遭之而毙。"欧阳修听后笑道："像你们这样修史，一万卷也写不完。"从者连忙请教："那你如何说呢？"欧阳修道："逸马杀犬于道，六字足矣！"下属都为欧阳修行文的简洁所折服。

欧阳修曾与宋祁共编《新唐书》，他自己编写的《新五代史》篇幅只有原本《五代史》的一半，其记述的内容却比原书更丰富。

二、谏言思想

我国自周代起就设有"谏官"，也称"言官"，专门负责对政策法令等提出建议，向皇帝规谏，除此之外，其他官员亦有辅佐决策、上书进言之责，都留下了深刻厚重的谏言思想。

🔍 **案例**

忠慎质直的古弼

北魏太武帝拓跋焘的秘书古弼以正直、不怕得罪皇帝而闻名。444 年春，古弼接到了一封上谷地区（今河北张家口一带）的百姓来信，反映皇家的上谷苑占地太多，老百姓都无田耕种了，希望朝廷减少占地面积。面对上谷百姓的合理诉求，古弼心急如焚，眼看临近春耕时节，他不敢急慢，揣着奏折，急匆匆跑进宫。拓跋焘与给事中刘树下围棋，正在兴头上，古弼进来，拓跋焘就像没有看到一样。古弼在旁边坐了很久，也没有获得奏事的机会。古弼火了，突然站起来，一把揪住刘树的头发，把他拉下胡床（矮凳子），紧接着一手拽住刘树的耳朵，一手攥成拳头打他的后背，并且边打边骂："国家的事情没有治理好，都是你这小子的罪过！"拓跋焘十分尴尬，丢下手中的棋子说："没有听你奏事，错误在我。刘树有什么罪过？快把他给放了。"古弼这才放过刘树，把事情奏给皇帝听。皇帝答应了古弼的请求，顺应民意，把上谷苑的一半土地分给了贫民。

事后，古弼觉得自己的举动过于失礼，于是光头赤脚到官署里去请罪。拓跋焘知道了，便把他召去，对他说："先生何罪之有？快把帽子戴上，把鞋穿上！今后，只要是利国利民的事，即使造次越礼，你也要去做，不要有什么顾虑！"

还有一次，拓跋焘要去河西打猎，让古弼留守京城。他给古弼发了一道命令，要他把肥壮的马送去供其打猎，古弼却尽送一些老弱马去河西。拓跋焘气得大骂，要杀掉古弼。古弼听了却平静地说："我不让皇帝沉迷于游猎之中，如果有罪过的话，我想这个罪也是小的。不考虑国家的安危，这个罪才是大的。现在柔然人还十分强大，经常来骚扰我国边境，南朝的宋国也还没有消灭，我把肥壮的马供军队使用，安排老弱的马让皇帝打猎，这是为国家大业着想的，如果为此而死，我又有什么伤心的呢！"皇帝听到这些话后叹服道:"有臣如此,国之宝也!"①

(一)坚持原则,刚正不阿

张载的"为天地立心,为生民立命,为往圣继绝学,为万世开太平"名句,可以说是古代大部分秘书工作者心境的写照。他们大多"皓首穷经""学富五车",遵循儒家的"刚健有为""崇德中和"的精神。他们坚持自己的精神追求和做事原则,在强权淫威面前英勇不屈,坚持事实,誓死不与污浊势力同流合污;在人生遭遇的挫折面前奋发图强、决不灰心,坚定不移地追求自己的理想;发现君王有过错时,敢于冒犯君主尊严而直谏,甚至敢于在各种淫威下仍秉笔直书,刚正不阿。

《吕氏春秋·先识篇》载:"夏桀荒淫无道,太史令终古出其图法进行劝谏,无效,即弃而奔商。"

宋代的田锡一生担任左拾遗、知制诰、右谏议大夫等秘书官职。他敬仰魏徵,一生以谏诤为己任,屡上疏直言时政得失,先后上疏52件,规劝皇帝,为时人所敬重。临终前,他亲自焚毁上疏的全部底稿,说:"直谏是我的职责,岂可将谏书副本藏于家中,传于后代,以标榜自己敢于直言呢?"他死后,真宗十分惋惜,对大臣感慨地说:"田锡是一位正直的诤谏秘书,每当朝廷稍有过失,我们还在思索,而他的谏书已经送来了。"

欧阳修上书建言则非常注重调查研究,他的奏章内容极其翔实。庆历八年,黄河决口改道北流,其后引起了黄河是否恢复故道东流的争论。欧阳修极力反对回河东流,连上两疏陈述不能回河的理由。两文列举了大量详细的调查数据和历史事实,得出结论:回河东流"于大河有减水之名,而无减患之实。今下流所散,为患已多,若全回大河以注之,则滨、棣、德、博河北所仰之州,不胜其患,而又故道淤涩,上流必有他决之虞,此直有害而无利耳,是皆智者之不为也"。可惜欧阳修的奏疏未被采纳,朝廷命加紧堵口。嘉祐元年四月,决口塞而复决,回河失败。

(二)直言敢谏

古代谏官在谏诤时,通常以社稷为重,直言敢谏,甚至置自己的生死于度外,大义凛然,决不畏死。

《荀子·臣道》载:"君有过谋过事,将危国家、殒社稷之惧也,大臣父兄有能进言于君,用则可,不用则去,谓之谏;有能进言于君,用则可,不用则死,谓之争。"

魏徵,中国历史上最负盛名的谏臣,在唐太宗时期先后担任谏议大夫、光禄大夫、尚书丞、秘书监等秘书官职,最后任门下省主官侍中。当时以"识鉴精通"而闻名的宰

---

① 魏收:《魏书》,北京,中华书局,2011。

相王珪曾高度评价他说："每以谏诤为心，耻君不及尧、舜，臣不如魏徵。"

魏徵的谏诤涉及面很广，朝廷军国大事的失误自然是他上谏的主要内容，对太宗其他一些不合理的做法也提出善意的批评。为了医治隋末战乱的创伤，他规谏太宗要与民休养生息，一改隋炀帝奢靡之风，反对营造宫室台榭和对外穷兵黩武；为了社会的安定，他规谏太宗要废除隋的严刑峻法，代之以宽平的刑律；为了政治清明，他规谏太宗用人要"才行俱兼"，对官吏中的贪赃枉法之徒要严惩不贷。在刑赏问题上，他认为刑赏之本在于劝善惩恶，在王法面前，"贵贱亲疏"一律对待；在君主的思想作风上，他规谏太宗要兼听广纳，认为"兼听则明，偏信则暗"，以防止贵臣壅蔽，下情不得上达。他规谏太宗要以"亡隋为戒"，接受历史教训，居安思危，力戒骄奢淫逸。

对有关国家治乱、社稷存亡的大问题，魏徵在上谏时一向是坚持原则，据理力争，对唐太宗的失误批评也是尖锐的。他提倡上书言辞激切，无所顾忌。魏徵对唐太宗常常是面折廷诤，有时弄得太宗面红耳赤，甚至下不了台。一次罢朝后，太宗曾余怒未息地说："会须杀此田舍翁。"又说魏徵"每廷辱我"。不难看出，魏徵的犯颜直谏，往往是一针见血，甚至到了太宗难以忍受的程度。但太宗终为一代明君，最后评价他："贞观之后，尽心于我，献纳忠说，安国利人，成我今日功业，为天下所称者，惟魏徵而已。古之名臣，何以加也。"据《贞观政要》记载统计，魏徵向太宗面陈谏议有五十次，呈送太宗的奏疏十一件，一生的谏诤多达"数十余万言"。其次数之多，言辞之激切，态度之坚定，都是其他大臣难以伦比的。

更有明朝秘书御史王朴，遇事强谏，朱元璋要处以死刑，待赴刑场后却把他召回，问他改不改，王朴答道："今日情愿速死！"朱元璋大怒，把他碎剐而死。历史上这样悲壮的惨剧并不鲜见。古代秘书把道德和人格完善看作实现人生理想的阶梯，当生命与道义不可兼得时，宁可"舍生而取义"，这体现了秘书对人生的积极进取精神和奋斗有为的人生价值。

(三)审时度势，善于协调

古代秘书除了有敢于直谏的胆略，还有善于协调的智慧，如此才能理顺君臣关系、使皇帝乐于纳谏，也使得治国方略得以顺利实施。

《战国策》记有邹忌讽齐王纳谏的故事，是邹忌以自身的生活领悟，用一个贴切的比喻委婉地劝谏齐威王广开言路，改革弊政，整顿吏治，使齐威王接受了他的建议，收到很好的效果。

"贞观之治"功不可没的魏徵，既是一个敢于犯颜直谏的诤臣，也是一位善于协调的贤臣。他有着明确而独到的协调理念，他认为："兼听则明，偏信则暗。君王要多听各方意见，才能免受蒙蔽，避免片面性。"唐太宗接受了这一思想，鼓励大臣们提出不同意见，批评自己的错误，避免了朝廷决策的失误，"由是鲜有败事"。这些思想也延续在他任负责审议政令的门下省主官时，他主持的政事堂会议，让大家畅所欲言讲真话，使中央政令在出台前得到充分论证，因此贞观年代的政策较好地兼顾了国家、皇室、大臣、百姓的利益，整个国家形成了比较和谐、宽松的政治环境。

三、佐治思想

从春秋时期的"养士之风"，到魏晋南北朝时的"幕僚"，隋唐的"科举取士"，再到清代的"幕友"，不管是官方任命还是私人相交，他们或为君主谋划筹略，或代笔成文，或辅助承宣接洽，或断案息讼，或计算核稽，均为君主尽"佐治"之职。

（一）忠于职守，尽心尽言尽力

古代秘书的职责是为君主服务，替他们谋划、撰拟、行事等，尽心履行辅佐职责，出谋划策，做好君主交代的事情，公心之下，知无不言，言无不尽，全力支持自己的君主，克俭克勤，任劳任怨。一切以为君主服务为根本宗旨和出发点，"尽忠职守"是他们人生价值实现的必然途径。

明朝开国皇帝朱元璋的主要谋士刘基，所作的《郁离子》反映复杂尖锐的社会矛盾，表达为解决这些社会矛盾所做的种种政治设想。《天地之盗篇》提出治国如治圃，告诫统治者要轻徭薄赋，扶持百姓，如果"知取而不知培之"，则"圃匮也"。《楚有养狙者》提出役民如役狙，以养狙者无度役使导致众狙觉醒逃亡，讥刺世上只知"以术使民"而不关心百姓疾苦的统治者，要求君主揣度民情，不可滥使苛役。《灵丘丈人》提出养民如养蜂，提醒统治者要关心、爱护百姓，若不管民众死活，一味榨取，必然会走上末路。他在辅佐朱元璋时以救国福民为根本原则，忠心辅佐皇帝治国。足见刘基救国福民之公心。

（二）立品自尊

古代秘书工作者是有一定知识与文化的群体，无不"善养浩然之气"，他们非常看重人生价值的实现，以修身、齐家、治国、平天下为己任，有建功立业、保家卫国的宏愿，做好君主的帮手，为其出谋划策，尽忠职守。同时，古代秘书们非常重视自我"道德主体"的完善，在强权淫威面前英勇不屈，坚持事实，不愿与浑浊势力同流合污，在人生遭遇挫折之时奋发图强、绝不屈膝苟且，坚定不移地追求自己的理想，"达则兼济天下，穷则独善其身"。

刘基，明朝开国皇帝朱元璋的主要谋士，不仅立功，而且立德，在历史上留下了为官做人清廉正直、光明磊落的好名。据说洪武年间朝官分淮西和浙东两派，分别以李善长和刘基为首，但考诸史书，并未发现刘基有结党营私的派别活动。刘基曾因奏斩李彬得罪李善长，后朱元璋欲罢李善长相位来征求刘基意见，刘基却说："李公是功臣，且能调和诸将，不可罢免。"朱元璋问："李善长多次想加害于你，你却还为他讲好话？"刘基说："调换栋梁，必先得大木，如用小木捆扎起来代替栋梁，大厦马上会倒塌。"此细节说明刘基为人襟怀坦白，光明磊落，不计个人恩怨，不搞私仇公报，不拉私人关系。

（三）知进退

历史上辅佐君主功绩显赫、居功自傲之人比比皆是，但居功不傲、知进退的智者也并不少见。急流勇退的思想在我国历史上渊源颇深，《道德经》载："金玉满堂，莫之能守；富贵而骄，自遗其咎。功成名遂身退，天之道也。"满堂金玉，不能长守；富贵而骄奢，则必招来灾祸。大功告成，名满天下，急流勇退，才符合天道。知进退、具有急流勇退思想的古代秘书工作者，认为物极必反，日中则昃，月盈则亏，一张一弛才是正道。

春秋时期的范蠡，辅佐越王勾践复兴越国，复兴大业完成后，立下汗马功劳的范蠡却辞官告退。范蠡到陶（今山东定陶）定居后，大力发展农商业，很快就成了天下第一富豪，号称"陶朱公"，成为在政治、军事、经济上都有所成就的一世豪杰。

辅佐刘邦创建西汉王朝的张良，是历史上著名的谋士，他以出色的智谋协助汉高祖刘邦在楚汉战争中最终夺得天下，被封为留侯。但他从不贪恋权位，自从刘邦入都关中，天下初定，他便托词多病，闭门不出。随着刘邦皇位的渐次稳固，张良逐步从"帝者师"退居"帝者宾"的地位，遵循着可有可无、时进时止的处事原则。在西汉皇室的明争暗斗中，张良也恪守"疏不间亲"的遗训，于晚年退隐黄袍山，明哲保身。

刘基为朱元璋打江山立下汗马功劳，但他从不居功自傲。朱元璋曾请他为丞相，但刘基再三推辞，仅授御史中丞兼太史令、弘文馆学士等职。洪武三年，朱元璋为37位功臣封爵，封公侯爵位35位，刘基仅为伯爵，年奉240石，是公爵的十分之一。刘基于洪武四年主动辞去一切职务，急流勇退，告老还乡。

在"伴君如伴虎"的古代，张良、刘基等人有功不贪爵禄、适时急流勇退的行为，集中彰显着古代秘书的"知进退"的思想。

四、为官思想

（一）忠君

古代文人素有"修身、齐家、治国、平天下"的精神追求，忠于国家、忠于皇帝是其为官做事的根本原则。而在古代，皇帝即国家，"忠"的思想常常具体表现为臣下对君主的忠顺，所谓"事君不二""竭忠尽力""无有二心"，到宋明时代，更有"君要臣死，臣不敢不死"的愚忠思想。古代为官者是从个人对国家，尤其对皇帝的关系上来实现个体心性的完善的。对于古代秘书来说，他们的职责是直接为皇帝服务，所以忠君更是为官的第一职业原则。

(二)廉洁奉公

古代秘书处于中央权力的核心边缘，是国家机器运行的重要部件，甚至有些秘书，位高权重，拥有一人之下万人之上的特权和实权，但勤俭自持、廉洁奉公依然是古代秘书追求和推崇的主流思想。

南北朝时的裴子野，一生中历任参军、录事参军、记室参军、左常侍、尚书兵部郎、中书舍人、中书侍郎等职，皆属秘书官衔。裴子野极工于制、诏、章、奏、表类文书，写时不打草稿，独成于心，落笔似有神助；所拟公文话意贯通，首尾呼应，却文辞朴实，有天然去雕饰之功。裴子野虽屡居秘书高位，却为官清廉，鄙视钱财，生活俭朴，从不伸手；自己终身"麦饭食蔬"，而妻室家人也过的是"恒苦饥寒"的日子。临终还嘱咐子女须"俭约，务在节制"。梁武帝对裴子野赞赏有加，闻其死讯，亲自下诏"即日举哀"，给其评价是"文史足用，廉法自居"，加赐谥号"贞子"，为中国秘书树立了一个风范楷模。

张居正作为明朝的内阁首辅，辅佐明神宗进行改革，因其于明王朝忠心耿耿、克己奉公的治国功绩被称为"宰相之杰"，但他却是一位在生活上力戒奢华之人，正如他说的"愿以深心奉尘刹，不予自身求利益"。有史料记载，张居正因纂修先皇穆宗实录，按惯例可得天子赐宴一次，但他却认为："一宴之资，动之数百金，省此一事，亦未必非节财之道。"张居正对家人也严格要求，儿子回江陵应试，他要儿子自己雇车(不用公车)；父亲过生日，他吩咐仆人带着寿礼，骑驴回乡祝寿；次弟张居敬病重回乡调治，保定巡抚张卤例外发给免费使用驿站的"勘合"，他立即交还，并附信说要为朝廷执法，就不能不以身作则。

(三)献身精神

"伴君如伴虎"，这是古代秘书职业的特殊性。自己的"上司"即是掌握生死大权的皇帝，他们可以青云直上受到最高礼遇，也可能因不慎触犯龙颜而身首异处，所以他们的人生充满了荣辱休戚、潮起潮落的境况。每当发生朝廷更迭，皇帝继位等重大变化时，都伴随着大批秘书的退位、流放、杀害、自戕的悲惨情状，然而在"尽忠"思想的影响下，他们却毫无迟疑、"愚忠而烈"，这是古代秘书为官的又一重要信念和思想。

🔍 **案例**

朱云折槛

汉成帝信任和敬重他的老师安昌侯张禹，任命其为丞相。张禹仗着权势显赫处处营私舞弊。

有位小官叫朱云，刚正不阿，敢说敢为，便上书请求朝见。他当着满朝公卿大臣痛陈朝政积弊："当今的朝廷大臣，对上不能匡扶皇上，对下不能有益于百姓，都是空占着职位而不做事、白吃饭的人。臣请求陛下赐一口尚方斩马剑，我要斩一个佞臣，以儆效尤。"

汉成帝问他："你要斩的是谁？"

朱云答道："安昌侯张禹。"

成帝大怒道："你个小小官吏，竟敢在下面诽谤大臣，还到朝堂上辱骂我的老师，罪当处死，不能赦免！"

御史遵旨上前，要捉拿朱云，朱云不肯就范，两手紧紧攀住殿前的栏杆，奋力挣扎，竟把铁栏杆折断了。朱云大笑呼道："我有幸能与龙逢、比干为伍，一起去游地府，也心满意足。殊不知汉家天下将会怎么样？"（龙逢是夏朝忠臣，因直谏被夏桀杀害；比干是商朝诤臣，因直谏被商纣挖心剖腹。朱云自比这两位忠臣，警示殷鉴不远，令汉成帝为之一震。）

这时左将军辛庆忌摘掉官帽，解下官印和绶带，在大殿之上叩头，说："朱云一向以狂傲直率之名著称于世。假如他说得有理，就不可诛杀；他说的不对，也应该宽容。臣斗胆以死相争！"辛庆忌叩头流血。这样汉成帝的怒气才消解，才饶了朱云。

事后，宫廷总管带人要来修补被朱云折断的栏杆，汉成帝说："不要换新的了，我要保留这根栏杆的原样，用它来表彰直言敢谏的臣子！"

后人因以"攀槛、折槛、槛折"等指直谏或形容进谏激烈；以"朱云节""朱云折槛"称颂臣子敢言直谏，具有非凡的气节。

深受传统文化熏陶的秘书具有一种和谐与执着相统一的品格，完善并固守着自己的心性天地。道德的完善作为一种优良的素养追求，使他们不受时风之动摇，不为淫威之左右，敢于为自身追求而献身。

（四）实事求是

在我国古代，负责记录国家大政和帝王言行的史官一直留有"秉笔直书"的传统思想，"夫所谓直笔者，不掩恶，不虚美，书之有益于褒贬，不书无损于劝诫"。对帝王们的言行，史官随时都要记录下来，不管皇帝"举"得对不对，都要"直书其事"，哪怕把屠刀架在脖子上，也要说真话，不说假话。"宁为兰摧玉折，不作萧敷艾荣"，绝对不能"兰艾相杂，朱紫不分"。

史佚是周文王时的史官，坚持"君言必录，君举必书"，作为朝廷史官忠于职守、一丝不苟。司马迁在所著的《史记·晋世家》中记载了一个"削桐封弟"的故事。武王驾崩，成王即位，这时唐国发生了叛乱，于是周公率军灭掉了唐国。不久后的一天，成王与小弟弟叔虞在院子里做游戏，成王随手从地上捡起一片梧桐树叶，把它剪成珪（古代诸侯举行典礼时用的一种玉器）的形状，并且对叔虞说："给你这个珪，我封你做唐国的诸侯。"站在一边的史佚听到了，就把这件事记录在案，并恭请成王选择吉日为叔虞举行封侯典礼。成王听了感到奇怪，说："我当时是和弟弟在开玩笑的，怎么能当真呢？"史佚严肃地说："天子哪能随便开玩笑？大王既然说了封叔虞为唐侯，作为史官的我就要把它如实记录下来，按照规定应该举行仪式完成它，并用歌舞来庆贺这件事。"叔虞就这样被封为唐国的诸侯。史佚忠于职守、一丝不苟的尽职态度，一直为后人所称道。

在春秋时期，权臣一度掌握国命，有着生杀予夺的大权，以"礼义违合"为核心的原则早已失去了它的威严，坚持这一原则并非都能受到赞扬，反而有时会招来杀身之祸。齐国太史就因写了权臣崔杼的"弑君"之罪，结果弟兄二人接连被杀。但晋国太史董狐，亦称史狐，却留下了"古之良史""良狐"的美誉。

董狐敢于冒着风险直笔，孔子赞扬他为"书法不隐"的"古之良史"，后世则称之为"良狐"，正是表彰其坚持原则的刚直精神。这种精神被后世的正直史官坚持不懈地继承下来，成为我国传统中最为高尚的道德情操之一。文天祥在《正气歌》里也将"在齐太史简，在晋董狐笔"作为天地间正气的表现。

无论史佚"削桐封弟"的故事，还是董狐的事迹，都反映了古代秘书实事求是的优良传统，这一点无疑值得我们当今的秘书工作者继承和发扬。

第三节
毛泽东秘书思想及发展

🎯 学习目标

1. 掌握毛泽东秘书思想的内涵。

2. 掌握习近平对办公室工作的讲话精神。

3. 理解坚持和发展毛泽东秘书思想的意义。

名人名言

秘书的工作性质，决定了他要正确对待名利荣辱，树立无私奉献的精神，不断加强和深化自身的修养。

如何加强自身修养呢？宋代吕本中写了个著名的《官箴》，讲到当官必须注意三事：清、慎、勤。我想，假如我们赋以时代的内容，这也应该是办公室干部，特别是领导秘书的最基本要求：即一要"清"，公正廉洁，两袖清风；二要"慎"，周密考虑，谨言慎行；三要"勤"，勤奋好学，刻苦上进。当然，这三个要求都要建立在从政治、思想上同党中央保持一致的前提下。作为秘书人员，随时随地都要加强学习，学习马列主义、毛泽东思想，学习党的路线、方针、政策，学习时事，不断提高自己的理论素养和政治水平。

——习近平

一、毛泽东秘书思想

（一）毛泽东秘书思想的核心精神

毛泽东思想的核心和本质就是全心全意为人民服务。毛泽东秘书思想的核心和本质也同样是为人民服务。毛泽东秘书思想的核心精神就是要以"完全彻底"的态度和满腔的热情、精益求精、一丝不苟的精神，对待群众和工作，不计较个人的地位、名利，正确处理国家、集体和个人利益之间的关系，一切从人民的利益出发，相信群众和依靠群众。

毛泽东秘书思想极为丰富，涉及方方面面，总体来说，毛泽东秘书思想的基本内涵包括思想作风、工作作风、培养人才等方面，但贯穿毛泽东秘书思想的红线是核心精神——为人民服务。在这根红线的贯穿下，毛泽东尤其强调了我们的同志必须反对贪污和浪费、厉行廉洁政治（反对腐败）、反对官僚主义，要实事求是、作风正派，从群众中来到群众中去，向群众学习，走群众路线，先做学生后做先生，关心群众利益，艰苦奋斗，调查研究。在这根红线的贯穿下特别强调了秘书工作必须忠诚并服务于党的中心工作，从而奠定了秘书工作的指导原则，明确了秘书工作的机构与职责，要求秘书工作一定要树立良好的文风，确认了秘书与领导的关系，始终倡导调查研究，重视情报搜集和督促检查工作，对如何领导秘书工作、保密工作、信访工作、接待工作，加强秘书工作作风，都做出了明确的指示。毛泽东始终坚持严格秘书配备制度，反对一切依赖秘书，恰当使用，调动人才积极性。对秘书人才的选拔尤为重视，对秘书既关心爱护，又严格要求，坚持精干原则和反对不正之风。①

(二)毛泽东秘书思想的主要内容

在中外历史上，有过秘书经历的领袖人物不少，而既有秘书工作经历又有丰富秘书思想的人则凤毛麟角。毛泽东在长期的革命与建设实践中，对秘书工作提出了很多指导，充分体现了对党的秘书事业的关怀，同时也闪烁着秘书思想的光辉。毛泽东秘书思想的内容可以说涉及秘书工作和秘书学的各方面，如秘书工作的原则与方法，秘书工作的机构设置与职责，以及怎样写公文，如何利用秘书开展工作，开展调查研究，注重情报信息搜集和利用，重视督促检查工作，改进领导秘书工作，重视会议工作、档案管理、信访工作，保守机密、加强作风建设、制度建设等。从理论到方法，毛泽东秘书思想形成了一个比较完整的体系。概括起来，毛泽东秘书思想的主要内容有以下几点。②

1. 关于秘书工作的基本指导原则

在民主革命时期，毛泽东就倡导秘书工作要忠诚并服务于党的中心工作。

2. 关于秘书部门的职责

1941年1月23日，在中央政治局会议上，毛泽东提出了"加强中央秘书处"的建议。他提出秘书处应该从五方面着手加强，即"政治——包括政策、时局的问题；军事——作战室；党务——研究各地报告，提出意见；情报——研究国际与中国的政治经济；延安——秘书处与延安各机关工作的联系"。这一建议得到了中央政治局和书记处的一致赞同。

3. 关于树立良好的文风

秘书工作也要反对党八股，改善与端正文风。为了落实毛泽东关于反对党八股和纠正文风的指示，中央办公厅在秘书处内新设立了电讯科和文印科，并制定了《文书守则》。毛泽东指出"文章和文件都应当具有这样三种性质：准确性、鲜明性、生动性。""做经济工作的同志在起草文件的时候，不但要注意准确性，还要注意鲜明性和生动性。""讲话、演说、写文章和写决议案，都应当简明扼要。"

4. 关于正确处理领导与秘书的关系

毛泽东认为，领导与秘书都是革命同志。领导工作不能依赖秘书，重要文稿起草"不要秘书代劳"，重要工作"不可以一切依赖秘书……一切依赖秘书，这是革命意志衰退的一种表现。""重要的文件不要委托二把手、三把手写，要自己动手，或者合作起来做。"在领导秘书配置上，"不要让秘书制度成为一般的制度，不应当设秘书的人不许设秘书"。

---

① 周文建、李维娜：《毛泽东秘书思想的主要内涵》，载《办公室业务》，2013(12)。
② 张清华：《毛泽东秘书思想浅议》，载《办公室业务》，2013(12)。

5. 关于重视和加强调查研究

毛泽东始终倡导开展调查研究工作，提出了一系列调研思想与方法。1930 年，毛泽东写下了《调查工作》，后改为《反对本本主义》，收入《毛泽东著作选读》之中。1941 年 8 月 1 日，毛泽东起草并批发了《中共中央关于调查研究的决定》。从此，党的省委以上机关都建立了调研机构，切实加强了调查研究工作。在社会主义建设时期，毛泽东多次强调深入调查研究工作。1961 年 1 月，毛泽东在中央工作会议上进一步强调："调查研究极为重要。""大兴调查研究之风"，领导干部要带助手下去搞调查研究。

6. 关于情报信息工作

毛泽东在《中国革命战争的战略问题》中指出："为了了解敌人的情况，须从敌人方面的政治、军事、财政、社会舆论等方面搜集材料。"并建议将情报工作作为秘书的重要职责。

7. 关于督促检查工作

早在 1933 年 8 月，毛泽东就提出对重要工作要"经常地放在议事日程上面去讨论，去督促，去检查"。同时提倡用制度化的方式保证督促检查工作的持久开展，"各级党委应负督促之责"。

8. 关于领导秘书工作

毛泽东为领导秘书制定了五条守则：一要保密，二不要摆架子，三要宣传，四要提高警惕，五要调查研究。

9. 关于会议工作

会议工作既是领导工作，也是秘书工作。毛泽东对调研会、座谈会、工作会议、代表大会等各种会议的召开与服务都提出了思路与要求。

10. 关于保密工作

1941 年，毛泽东在一次题词中强调"保守机密、慎之又慎"。1951 年 2 月，毛泽东在中央一次重要会议上又指出"必须十分注意保守秘密，九分半不行，九分九也不行，非十分不可。"并在长期的革命与建设领导实践中对文件、档案、通信、重大活动等保密工作做出许多重要指示。

11. 关于档案工作

毛泽东对档案与保密工作非常重视，提出了许多宝贵意见，签发了相当多的有关文件，这充分体现了档案是党的宝贵财富，党要重视档案工作，注意搜集、整理、保存、利用档案等重要思想。

12. 关于信访工作

1951 年 5 月，毛泽东指出并明文印发"必须重视人民的通信，要给人民来信以恰当的处理，满足群众的正当要求，要把这件事看成是共产党和人民政府加强和人民联系的一种方法，不要采取掉以轻心、置之不理的官僚主义态度。"

13. 关于秘书作风建设

从我党秘书工作创建初期，毛泽东就提倡"布尔什维克"作风。毛泽东在日常工作中，对秘书的政治思想与工作作风有许多针对性很强的教导，对于整个秘书队伍建设都具有普遍指导意义。

二、毛泽东秘书思想的继承与发展

（一）邓小平的秘书工作理论是对毛泽东秘书思想的继承和发展

没有继承就没有发展，没有发展就没有创新，继承和发展就是创新。邓小平同志的秘书工作理论就是对毛泽东秘书思想的继承、发展和创新。

邓小平在七十多年的革命生涯中，在以毛泽东同志为代表的第一代中央领导集体的领导下，从事过多年的秘书工作并担任过秘书职务，积累了丰富的秘书工作经验。他早期在法国勤工俭学时，负责旅欧中国共产主义青年团机关刊物《赤光》的文印工作，被称为"文印博士"。1926 年，他回国以后，在武汉担任党中央秘书工作。八七会议时，他负责会务和记录，参与起草会议的重要文件。1927 年年底至 1929 年夏，邓小平第一次担任党中央秘书长职务，上任时年仅 23 岁。1931 年，他在中央革命根据地担任军委总政治部秘书长。1934 年 10 月，在长征途中他被任命为党中央秘书长。1954 年 4 月，邓小平第四次出任秘书长之职，担任中共中央秘书长。邓小平从事秘书工作前后长达四十多年，既有基层工作的经历，又有管理全局工作的经验。

邓小平的秘书工作理论，建立在他参加和领导中国革命建设的实践的基础之上，建立在他自己做秘书工作丰富经验的基础之上，更主要的还应该说是建立在毛泽东秘书思想的基础之上，是对毛泽东秘书思想的继承、发展和创新。邓小平秘书工作理论的一个主要特点，就是把秘书理论与领导思想、领导作风、领导方法融为一体。他的秘书工作理论的主要观点：第一，忠诚服务，把握大局；第二，少配秘书，自己动手；第三，文件要短；第四，会议要简；第五，办事要快；第六，文件简明扼要；第七，改革管理体制，减少公文旅行；第八，加强公文管理，严格守纪保密。他的"忠诚服务，顾全大局，求真务实，客观公正"的秘书工作原则与思想，充实了毛泽东秘书思想的宝库，对当今改革开放和现代化建设仍具有重要的指导作用。

邓小平既是毛泽东的同代人，又是毛泽东思想和事业的继承人。邓小平的秘书工作理论与毛泽东的秘书思想一脉相承。例如，公文写作要规范化的原则是毛泽东秘书思想的重要内涵。关于公文写作，毛泽东有不少精辟论述，他亲自起草或修改的大量公文，其准确、鲜明、生动，堪称模范，这是我们的一大宝贵财富。毛泽东还亲自主持制定文字工作的纲领性文献，以推动和统一全国各级机关公文写作的规范化。邓小平在 1992 年视察南方的讲话中讲："现在有个问题，就是形式主义多。电视一打开，尽是会议。会议多，文章太长，讲话也太长，而且内容重复，新的语言不多。重复的话要讲，但要精简。形式主义也是官僚主义。要腾出时间来多办实事，多做少说。毛主席不开长会，文章短而精，讲话也很精练。周总理四届人大的报告，毛主席指定我负责起草，要求不得超过五千字，我完成了任务。五千字不是也很管用吗？我建议抓一下这个问题。"由此可见，邓小平对毛泽东秘书思想的重视程度；同时证明，邓小平的秘书工作理论是对毛泽东秘书思想的继承和发展。[①]

（二）习近平有关秘书工作的重要讲话精神是对毛泽东秘书思想的传承与发展

目前新的历史时期和条件下，我们面临着新的形势和任务，面临着新的机遇和挑战，我们应深刻理解习近平提出的要适应新常态的要求，把作风建设、从严治党、依法治国、深化改革内化为秘书工作中的思想自觉和行动自觉。

习近平先后三次集中与秘书和办公室人员谈心、讲话和批示。第一次是 1990 年 3 月在省里担任领导时与地县办公室干部的谈心；第二次是 2014 年 1 月至 5 月三次视察中央办公厅时的讲话；第三次是 2014 年 10 月对全国党委秘书长会议做出的重要批示。在这三次谈心、讲话、批示中，习近平对秘书和办公室工作做了系统的论述；对办公室人员提出了殷切的希望；强调了办公室工作要狠抓落实。这些关于秘书和办公室工作的系统论述是新时期秘书和办公室工作的指南，也是秘书教育和培训的纲领。

1. 办公室的地位

习近平对办公室的地位给予了高度的评价：办公室是一个单位、一个系统、一个机构的关键部门。办公室的工作如何，对一个地方党委全面的工作影响很大。"运筹于帷幄之中，决胜于千里之外。"办公室工作做好了，各项工作的顺利开展也就有了可靠保证。

2. 办公室的工作任务

习近平将办公室的工作任务概括为：第一，决策参谋，智囊作用；第二，对上对下的服务；第三，机要保密工作。也就是我们平常所说的辅助决策、管理事务、搞好服务三大任务。具体工作有调研、查办、信访、接待、文印、收发等。

3. 办公室的工作特点

对于办公室的工作特点，习近平概括为以下四点。

第一，"重"——地位重要。办公室是领导决策的参谋部，参谋工作水平高，能推进党的方针、政策和贯彻实施，水平低就会影响全局工作，甚至造成严重后果。办公

---

①　路振文：《在新的历史条件下坚持和发展毛泽东秘书思想》，载《办公室业务》，2013(12)。

室掌握着首脑机关的核心机密，泄露了重大机密，就会给党和国家造成损失。办公室对外还起一个"窗口"作用。基层的同志、外来的同志对一个单位的印象如何，对班子印象如何，很大程度上同办公室的工作相联系。所以办公室工作与全局工作密切相关。

第二，"苦"——非常辛苦。整天有干不完的事，经常加班加点，甚至通宵工作。连周末也很难休息。赶写材料的秘书更辛苦，工作强度很大，超过了一般部门的工作量。习近平还引用了东汉刘桢的两句诗，"驰翰未暇食，日昃不知晏；沉迷簿领书，回回目纷乱"。

第三，"杂"——事务繁杂。习近平说，办公室工作，"巨"至国家大事、重要决策，"细"到室内卫生、干部生活；"上"至接待首长、领导，"下"到联系平民百姓；"内"有核心机密，"外"有世俗民情，什么都要参与了解。办公室干部每天都要处理好几件、几十件甚至上百件事情，弦绷得紧紧的，犹如"山阴道上，应接不暇"。

第四，"难"——难度很大。习近平说，办公室工作是全方位、开放型的。既要处理好上下左右、方方面面的关系，又要适应领导的工作风格和方法，搞好领导班子的服务工作。领导交办的事情千头万绪，有的是刻不容缓，马上就要落实的，有的则是常抓不懈，时时要催办、督促的。要把握好轻重缓急，做到不遗漏、不误事，确实很费脑筋，神经始终处于高度紧张状态。可以说每一项工作都凝结着办公室同志的心血。

4. 办公室工作的标准

对于办公室工作标准，习近平提出了以下三条希望。

第一条希望：要有高度的责任感。办公室工作牵动全局，这就要求办公室干部要具备强烈的事业心、严肃认真的工作态度和一丝不苟的工作作风。办公室工作一定要细致，古人云"一字之失，一句为之蹉跎；一句之误，通篇为之梗塞"。

第二条希望：要高效率开展工作。要学会运用辩证法，分清层次，认真思考。"审大小而图之，酌缓急而布之，连上下而通之，衡内外而施之"，使各项工作有条不紊地进行。

第三条希望：实行高水平服务。首先，工作人员要增强超前服务和事后服务意识。其次，服务要及时周到。做到能够为领导释流减荷，分忧解围。再次，服务还要高度负责，一丝不苟。最后，服务不仅要勤、要诚，而且要灵活。努力做到设身处地，急人所急，解人所难。

5. 秘书人员的素质

习近平提出秘书要做到"三要、五不"。

三要：一要"清"，公正廉洁，两袖清风；二要"慎"，周密考虑，谨言慎行；三要"勤"，勤奋好学，刻苦上进。

五不：一不自恃，不能认为"机关牌子大，领导靠山硬"而有所依仗，有恃无恐，更不许滥用领导和办公室的名义谋取个人私利；二不自负，要克服优越感，坚决防止对基层干部群众盛气凌人、态度傲慢、颐指气使、发号施令的现象；三不自诩，防止自我表露、吹嘘炫耀的现象，特别是涉及领导个人的工作和生活时，不能随意张扬，妄加评论；四不自卑，克服自轻自贱、自惭形秽的心理，防止唯唯诺诺，没有个人主见的现象；五不自以为是，不能想当然，随意删节、更改或补充领导的指示，防止粗心大意、敷衍塞责、玩忽职守的现象。

总之，秘书工作要"到位"，不能"离位"，更不能"越位"，并要力求做到"参与而不干预、协助而不越权、服从而不盲从"。只有把握好这个"度"，才能成为一个合格称职的秘书。

三、坚持和发展毛泽东秘书思想的意义

在新的历史条件下，毛泽东秘书思想的基本理论对中国秘书事业的改革、发展和创新，仍然具有重要的指导意义，特别是对我们今天从事秘书科学理论研究、秘书学专业教学以及秘书工作实践具有重要的指导意义。

第一，毛泽东秘书思想具有普遍真理性。

任何从实践中产生又经过实践检验形成的对客观事物的规律性认识，都反映了客观真理；古今中外，能够流传久远而不衰微的思想理论，都具有真理性。毛泽东秘书思想即如此，它是马列主义秘书思想与中国秘书工作实践相结合的产物。

毛泽东秘书思想，不仅在过去指导我国秘书工作实践时取得了巨大成绩，在今天仍然是我国秘书事业的重要指导思想，而且今后依然是我国秘书事业发展、创新的重要思想理论基础。

第二，毛泽东秘书思想植根于中华优秀文化传统，是在中国秘书事业发展的实践中产生的适合中国国情的先进思想理论。

中国秘书工作源远流长。据考证，人类自从产生了第一个较为完整的社会组织以后，中国就出现了事实上的秘书工作。原始社会末期的氏族公社，是人类社会历史上最早的、较为完整的社会组织，因此我们说，原始社会末期是中国秘书工作的发轫期。

中国秘书历史悠久，中国秘书文化遗产不能随意丢弃，而且必须让其传承和发展。我们所需要的秘书工作与国际接轨，就是要汲取国际上科学的而且适合中国国情的先进经验，但同时也必须要保持中国的秘书工作特色。

毛泽东十分重视学习吸收世界各国的优秀文化成果。学习外国、继承历史遗产的时候，毛泽东同志特别强调要取其精华、去其糟粕，古为今用、洋为中用。他一贯反对本本主义、主观主义和教条主义，提倡实事求是、一切从实际出发、实践是检验真理的唯一标准这一马克思主义的思想路线。在改革开放深入发展的今天，在经济全球化带来的秘书教育国际合作与交流进一步加强的条件下，毛泽东关于重视学习外国先

进文化要结合中国实际，重视批判地继承祖国历史文化遗产的秘书思想有着特别重要的现实指导意义。

中国和西方国家的政治体制、历史渊源、发展道路不同，中国政治体制改革所涉及的政治体制模式与西方国家政治体制模式也不一样。中国在进行政治体制改革的时候，不能离开中国的历史文化背景。为了推进适合中国的政治改革，我们必须对中国的历史传统和文化特色进行全盘考量。

第三，毛泽东秘书思想是一种与时俱进的、不断创新的思想体系。

没有继承就没有发展，没有发展就没有创新，继承和发展就是创新。邓小平的秘书工作理论就是对毛泽东秘书思想的继承、发展和创新。邓小平从事秘书工作前后长达四十多年，既有基层工作的经历，又有管理全局工作的经验。他的秘书工作理论，建立在他参加和领导中国革命建设的实践的基础之上，建立在他自己做秘书工作和领导下属做秘书工作的丰富经验的基础之上，更是建立在毛泽东秘书思想的基础之上，是对毛泽东秘书思想的继承、发展和创新。他的"忠诚服务，顾全大局，求真务实，客观公正"的秘书工作原则与思想充实了毛泽东秘书思想的宝库，对当今改革开放和现代化建设仍具有重要的指导作用。

总之，毛泽东秘书思想具有重大的现实指导意义，学习、研究和发展毛泽东秘书思想对推动我国秘书事业改革发展是必不可少的。我们应以发展、创新的态度继续学习、研究毛泽东秘书思想，把握其精神实质和科学的思想方法，以指导我们今天的实践，建设符合我国国情的中国特色社会主义秘书科学。

这些熠熠生辉的秘书思想折射着我国传统文化的光辉，而五千多年文明发展中的中华优秀传统文化，积淀着中华民族最深层的精神追求，代表着中华民族独特的精神标识。我们应力求将中华民族最基本的文化基因同当代中国文化相适应、同现代社会相协调，把跨越时空、超越国界、富有永恒魅力、具有当代价值的文化精神弘扬起来，激活其内在的强大生命力，让中华文化同各国人民创造的多彩文化一起为人类提供正确的精神指引。

本章小结

秘书思想是秘书文化的重要组成部分，是历代从事秘书工作的人，结合自己的工作实践，沉淀、提炼形成的工作活动总结，是用以指导具体工作和行为的理性认识。自秘书工作产生以来，我国历史中产生了众多纷呈、极具特质的秘书思想，我们应注意总结、吸收那些正向有益、深刻厚重的秘书思想，用以指导秘书工作的实际，让传统融于现代、益于现代，让我们的传统秘书文化得到传承、发展和创新。

总结>

Aa 关键术语 ....

秘书思想　　　佐治思想　　　为官思想　　　毛泽东秘书思想

🔗 章节链接 ....

本章与第二章、第三章和第九章衔接。

应用>

⚡ 批判性思考 ....

忠诚，在我国历史文化传统中具有很高的地位，古代文人一向视"忠"为最重要的道德规范。

曾子曰："吾日三省吾身：为人谋而不忠乎？与朋友交而不信乎？传不习乎？"

定公问："君使臣，臣事君，如之何？"孔子对曰："君使臣以礼，臣事君以忠。"

你如何理解古代秘书的"忠君"思想？你如何看待"君叫臣死臣得死，臣要不死算不忠"这句话？

✏️ 体验练习 ....

本章哪个案例或人物最打动你？请试阐述他的工作风格及人格特点，并说明相应秘书思想对你的启示。

拓展>

☕ 补充读物 ....

1. 何坦野．秘书文化论［M］．北京：中国广播电视出版社，2002．
2. 杨剑宇．中国秘书史［M］．上海：上海人民出版社，2007．

💻 在线学习资源 ....

1. 习近平：《秘书工作的风范——与地县办公室干部谈心》，http：//

theory. people. com. cn/n/2014/1016/c389908-25846569. html，2017-05-11。

2. 中国领导网-以史为鉴，http：//www. cnleaders. net/news-more. asp? big＝3，2017-07-12。

3. 个人图书馆，http：//www. 360doc. com/index. html，2017-06-11。

第十一章
秘书文化与秘书事业

本章概述

　　本章首先从毛泽东、邓小平和习近平的秘书工作实践分析了秘书文化是秘书工作实践的总结和提升；其次探讨了秘书文化对秘书事业发展的作用，其作用主要体现在四方面：秘书文化促进秘书价值观的形成、秘书文化完善秘书制度的建设、秘书文化引领秘书职业的发展、秘书文化消除庸俗秘书观的负能量；最后，提出了建设中国特色社会主义秘书事业的措施。秘书文化是秘书从业者的精神基因，是秘书职业的根和魂。传承、弘扬和发展秘书文化，对提高秘书个人素质、增强秘书工作中的战斗力、推动秘书事业健康发展具有重要意义。

结构图

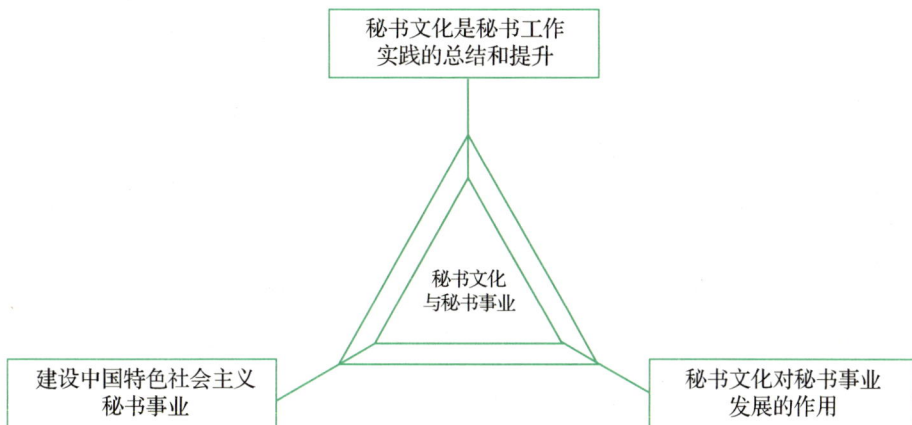

本章重点:

1. 秘书文化对秘书事业发展的作用。

2. 社会发展对秘书工作提出的新要求。

本章难点:

1. 秘书文化塑造秘书的价值观。

2. 传承、弘扬和发展秘书文化以促进秘书事业发展。

学完本章,你应该能够做到:

1. 掌握秘书文化对秘书事业发展的作用。

2. 了解秘书文化是秘书工作实践的总结和提升。

3. 掌握秘书工作面临的挑战。

4. 理解传承、弘扬和发展秘书文化是秘书事业的基本内容。

　　毛泽东身边的工作人员,大都老老实实、勤勤恳恳。毛泽东不喜欢的是自作主张、做事事先不报告、爱出风头和喜欢投机钻营的人。胡乔木第一次被毛泽东批评,是因他起草的 1958 年中共中央政治局扩大会议公报。陈云当时建议胡乔木不要把"跃进指标"这些具体数字写入公报,并请转告毛泽东。胡乔木没有听从陈云的建议,又不敢向毛泽东报告陈云的意见。事后,毛泽东知道了这件事,十分生气,第一次用颇为严厉的言辞批评了胡乔木。

　　你如何看待毛泽东对秘书胡乔木的批评?

第一节
秘书文化是秘书工作实践的总结和提升

🎯 学习目标

1. 理解毛泽东的秘书工作实践对秘书文化的积淀。
2. 理解邓小平的秘书工作实践对秘书文化的发展。
3. 掌握习近平的秘书工作实践对秘书文化的升华。

🔊 名人名言

马克思主义者是善于学习历史的。

——毛泽东

秘书文化源于秘书工作的实践活动，秘书文化反映出来的秘书哲学、价值标准、行为准则、伦理道德、人际关系等要素，都是在秘书工作实践过程中形成的，在稳定性和延续性的作用下，深入秘书文化的要素体系中。秘书文化影响着秘书的道德修养与政治素质，引领着秘书的人生观、价值观。秘书文化决定着秘书工作行为的内在动机和价值取向。秘书文化的思想观念、思维方式、价值体系、符号系统、职业道德、风俗礼仪等要素，都会有形无形地影响到秘书工作的效果，长期的秘书实践活动所创造的秘书文化是秘书事业发展的软实力。良好的秘书文化环境可以吸引更多优秀的秘书人才投身于秘书事业，可以让秘书职业在社会分工体系中拥有它应有的地位、尊严和风采。

一、毛泽东的秘书工作实践对秘书文化的积淀

毛泽东是中国共产党秘书工作的创始人和实践者，通过自身的秘书工作实践将自己的文化价值取向转化为秘书的文化价值观念，形成了独具特色的秘书思想，规范着秘书行为。毛泽东的秘书实践活动所形成的职业习惯，对他后来成为伟大的领袖人物具有重要的影响。秘书文化的形成和发展同毛泽东的秘书工作实践是分不开的。

从 1921 年 7 月至 1924 年 9 月，毛泽东曾三次担任秘书职务。1921 年中国共产党第一次代表大会开幕式上，毛泽东当选为大会秘书，他的主要工作包括选择会议地址、安排大会议程、起草大会文件、负责安全保卫。由于毛泽东的会务工作周到细致，确

保了党的"一大"顺利召开。1923 年中国共产党第三次全国代表大会上，毛泽东被选举为中央执行委员会秘书，他的主要工作包括负责起草文件、文书处理工作、会议记录、文件保管工作。由于之前党的文件无人管理，几乎丢失殆尽，毛泽东担任秘书后，把中央执委会文件集中起来秘密保存。1924 年国共合作，毛泽东参加了国民党第一次全国代表大会，会后毛泽东被国民党中央派到上海执行部工作，任组织部秘书，代理秘书处文书科主任。毛泽东具有丰富的秘书实践活动经验，十分重视秘书文化的建设和发展。他的秘书工作实践奠定了优秀的秘书文化。

在党的秘书工作初创时期，毛泽东主持建立了规范的行文制度，制度中对发文、文件书写、发文署名等提出了要求。毛泽东强调秘书部门应树立好的作风，要求秘书人员讲纪律，讲正气，不骄、不躁、谦逊、谨慎等。"为人民服务"是毛泽东对秘书人员的一贯要求，全心全意为人民服务、不计名、不为利、无私奉献、甘当无名英雄成了中国共产党秘书工作者的优良作风。中共中央办公厅原主任杨尚昆曾说："中央办公厅的工作人员不要张扬，不要认为自己了不起。咱们都是为党中央服务的，我就是个大秘书。"毛泽东还将对秘书人员的保密教育作为作风建设的一项重要内容，曾于 1941 年为中央军委机要处写了"保守党的机密，慎之又慎"的题词，成为闻名全党的"十字保密方针"。

毛泽东号召秘书人员将工作与学习相结合、政治与业务相结合。1952 年，他为中央办公厅工作人员题词："一面工作，一面学习，注意业务，又注意政治。"毛泽东的谆谆教导，有力地促成了全党秘书人员勤勤恳恳、兢兢业业的政治本色。毛泽东严格要求秘书，并要求秘书要严格自律，决不允许他们搞任何特殊。这些要求促进了秘书的健康成长。在担任过毛泽东秘书的人当中，几乎没有听到过有哪个秘书在生活上传出什么绯闻，在经济方面出现什么问题，也没有哪个秘书打着毛泽东的旗号在外面招摇撞骗，发号施令。

中华人民共和国成立后，毛泽东非常重视秘书制度建设和机构设置。1949 年 9 月，中国人民政治协商会议第一届全体会议通过的《中华人民共和国中央人民政府组织法》第二十条规定：政务院设秘书厅，办理日常事务，并管理文书、档案和印铸等事宜。1949 年 12 月，中央人民政府委员会第四次会议批准的《政务院及其所属各机关组织通则》第六条明确规定：各委得设秘书长、副秘书长，一般机关均得设秘书。1951 年，政务院做出了《关于各级政府机关秘书长和不设秘书长的办公厅主任的工作任务和秘书工作机构的决定》，其中就秘书工作机构设置等问题指出：秘书工作机构，应根据精简原则，尽力减少层次。1952 年，秘书厅经过几次精简调整，撤销了下设的办公室、机要室、公报编辑室，将公文运转（拆封、登记、分办、催办）、打字、内外收发、通信等合并为一个文书收发科，只保留了秘书处和资料室以及与秘书厅平行存在的机要处。1954 年 9 月，中华人民共和国国务院成立，原政务院秘书厅改为国务院秘书厅。这时，基本形成了层次不多、布局合理、相对稳定、工作效率较高的秘书组织机构体系，为我国秘书工作朝着制度化、规范化、科学化方向发展奠定了良好基础。

二、邓小平的秘书工作实践对秘书文化的发展

1927年，邓小平从欧洲回到武汉党中央所在地，担任了党中央秘书职务。主要的任务是管理中央文件、交通、机要等事务以及在中央的重要会议上做记录和起草一些文件，邓小平以秘书的身份参加了当时中央的各种会议。1927年12月，邓小平被任命为党中央秘书长，主要的职责是协助中央政治局常委周恩来等中央领导处理中央日常工作。之后，又分别于1935年1月、1954年4月被任命为中共中央秘书长。邓小平多年的秘书工作实践，使得他具有秘书工作方面的丰富经验，形成了独具特色的秘书文化。

邓小平在长期的秘书工作实践中形成了求实、高效的工作作风，影响和教育着身边工作人员、规范着人们的行为。他从改善和加强党的领导，克服官僚主义、形式主义和文牍主义，提高领导工作水平和效率的高度来认识和评价秘书工作的职能、地位和作用，提出具有普遍指导意义的秘书工作理论。1929年，邓小平主持起草的《中共中央秘书处工作报告大纲》对秘书人员提出了"忠诚服务"的要求，即要忠诚地为党的中心工作服务，为领导服务。针对秘书工作的忠诚服务，提出了具体要求："反对腐化——要有艰苦的精神；反对官僚化——要有认真办事的精神；反对机械化——要有政治生活的修养；反对简单化——要有虚心学习的精神；反对浪漫化——要有日常生活的纪律。"邓小平要求秘书工作要踏实认真，要少说空话、大话。他要求秘书起草文件时，内容要符合客观实际，掌握分寸，恰如其分，办得到的就写，办不到的就不要写。邓小平做领导工作，几十年如一日，一直坚持只配一个秘书，自己亲自起草文件和报告，从不让别人给他写讲话稿。他严厉批评一些领导干部的官僚主义、惰性，不亲自动手，不动脑筋，靠秘书办事，让秘书代劳。早在1950年，邓小平在《在西南区新闻工作会议上的报告》中就提出领导干部要亲自动手撰写文稿，不要依赖秘书。邓小平极为重视秘书人员的守纪保密，谆谆告诫：办事要讲章法，遵守制度，不感情用事，不以权谋私；要在遵守政治纪律、组织纪律、保密纪律、生活纪律方面起模范作用；要增强保密意识，像保护生命那样保护机密，强化保密措施，做到万无一失。他还针对文件管理不严以致造成失密、泄密甚至有人出卖机密等严重情况，要求把文件管理纳入法制轨道。

忠诚服务、踏实认真、守纪保密，是秘书工作的基本原则和要求，也是秘书人员职业道德的行为准则。邓小平丰富的秘书工作和领导工作经验，使得他既能够站在秘书工作的角度来评价和认识领导工作，也能站在领导的角度评价和认识秘书工作。邓

小平七十多年的革命生涯形成的"理论与实践统一、言论与行动一致"的优良作风，对秘书文化的发展起到了积极的作用。

三、习近平的秘书工作实践对秘书文化的升华

习近平大学毕业后，被分配到中央军委办公厅做了三年的秘书工作。秘书的工作性质决定了他要正确对待名利荣辱，树立无私奉献的精神，不断加强和深化自身的修养。这三年是他开眼界、长本领的关键三年，培养了他好学、务实、好琢磨、做事高效的工作作风，所积累的经验和知识对其个人发展非常重要，也使他形成了特有的秘书观。习近平以实践经验为根据，以领导要求为视角，对秘书工作有着精辟的论述，升华了秘书文化。

1992年出版的《摆脱贫困》一书收录了习近平在任中共宁德地委书记时的重要讲话《秘书工作的风范——与地县办公室干部谈心》中谈到秘书要提高自己的理论素养和政治水平，不断加强自身修养，尤其作为领导秘书要做到三个基本要求：一要"清"，公正廉洁，两袖清风；二要"慎"，周密考虑，谨言慎行；三要"勤"，勤奋好学，刻苦上进。秘书注意培养良好的工作作风，注意生活小节，要努力做到"五不"。秘书要经常检查自己的思想、工作"到位"情况，不能"离位"，更不能"越位"。在处理同领导的关系中，力求做到"参与而不干预、协助而不越权、服从而不盲从"。

2014年5月8日，习近平视察中办并同中办各单位班子成员和干部职工代表座谈，座谈会上，他对中办工作提出了"五个坚持"的要求。一要坚持绝对忠诚的政治品格。要始终同党中央保持高度一致，增强党性立场和政治意识，提高政治敏锐性和政治鉴别力，在大是大非面前头脑清醒、旗帜鲜明，经得起大风大浪的考验。二要坚持高度自觉的大局意识。紧紧围绕大局、时时聚焦大局、处处服务大局，找准位置，发挥作用；围绕大局反映情况、报送信息，做"千里眼、顺风耳"；围绕大局出谋划策、贡献智慧，"身在兵位，胸为帅谋"。三要坚持极端负责的工作作风。要牢记"天下大事必作于细""慎易以避难，敬细以远大"的道理，无论办文、办会、办事，都要一丝不苟、严谨细致、精益求精，于细微之处见精神，在细节之间显水平。四要坚持无怨无悔的奉献精神。正确认识苦和乐、得和失的关系，牢固树立奉献精神，养成"计利当计天下利"的胸襟，做到虔诚而执着、至信而深厚。五要坚持廉洁自律的道德操守。要耐得住寂寞、守得住清贫；要注重防微杜渐，以"祸患常积于忽微"之心对待小事、小节、小利，时刻以肩负的责任警醒和鞭策自己。

习近平从理论和实践相结合的高度阐述了秘书工作的重要性、基本修养与能力要求，对提高秘书的素质和工作水平具有重要的指导性，对秘书文化的发展具有重要意义。

第二节
秘书文化对秘书事业发展的作用

◎ 学习目标

1. 掌握秘书文化促进秘书价值观的形成。
2. 理解秘书文化完善秘书制度的建设。
3. 了解秘书文化引领秘书职业的发展。
4. 理解秘书文化消除庸俗秘书观的负能量。

◄€ 名人名言

一面工作，一面学习，注意业务，又注意政治。

——毛泽东

社会文化是人类创造的一切物质文明和精神文明的总和。当社会文化渗透到秘书工作领域，经秘书人员的消化吸收后，形成了秘书职业的独特文化，其外在表现为秘书的价值观念和秘书的行为方式。文化的本质是观念形态，属于精神领域，它具有塑造个人、引导社会的功能。秘书文化是从秘书实践中提炼出来的一种自觉的社会意识形态，是一种非法律的社会规范，它依靠社会舆论、传统习惯和个人的内心信念来维持。秘书文化体现着一种价值导向，引导着人们选择正确的价值方向和目标，对秘书事业发展起到了关键性的作用。

一、秘书文化促进秘书价值观的形成

秘书要做好自己的本职工作，在服务领导、协调各种关系、为领导参谋助力、督办事项落实等工作中展示自己的才能，就要求秘书具备良好的个人素养和正确的认知。秘书文化通过认知、情感对秘书的态度和行为产生影响，在不同的文化环境中，秘书的认知方式、认知范围、认知内容、认知深度都会存在差异。秘书文化影响秘书个人的价值观，使秘书树立正确的价值观，即以辅助为荣耀，以服务为宗旨。甘当配角、敬业爱岗，不折不扣地执行领导的决定，为领导做好服务工作。秘书文化使秘书从思想上认同这个职业，会为自己成为其中一员而感到骄傲和自豪，从而增强秘书对职业的忠诚度。曾经担任全国政协副主席苏步青秘书的王增藩研究员，一度对秘书工作产生过动摇、彷徨。在和苏老的接触中，苏老的廉洁奉公、一身正气深深地感动了他，让他在公与私、索取与奉献之间，做出了正确的选择，展现了自我价值。

相当多的领导在走上领导岗位之前都从事过秘书工作，即使有的领导没有从事过具体的秘书岗位工作，他们也从事过辅助自己领导的工作，这也属于广义的秘书工作。他们在从事秘书工作中，已经受到了秘书文化的熏陶，甚至通过秘书实践形成了秘书文化的积淀。秘书文化所包含的价值观念、信仰、理想以及思维方式和行为方式，会通过一定的文化作用机制输送给秘书工作者，从而影响和塑造秘书的个性及其行为。秘书作为领导的助手，开阔了视野，锻炼了能力，也与领导结下了深厚的友谊。领导出于对党和人民事业的高度责任心和全心全意为人民服务的精神，会用自己的文化价值取向影响秘书的文化价值观念，引导秘书树立正确的世界观、人生观、价值观。

二、秘书文化完善秘书制度的建设

秘书工作的质量受秘书队伍状况的影响，除去秘书有意识地提高自身素质之外，还需要组织改善和加强对秘书队伍的管理，使秘书工作实现规范化、制度化、科学化的目标。秘书作为直接为领导服务的参谋和助手，是承上启下、沟通内外、联系左右、协调四方的枢纽所在；而领导也正是通过秘书，实现着对外界的联系、对组织内部的管理。领导除指挥、决策之外的各种事务大多都会交给秘书去办理、联系，因此秘书是领导权力的延伸和执行者。这就需要完善组织的监督机制和用人机制，对秘书的行为进行规范、教育和管理，避免秘书的权力寻租。被称为"河北第一秘"的河北省国税局原局长李真，在监狱中讲："表面看秘书无权，但看你怎么干了。会干的人，权也不小。比如，协调一件事，你只要说话，反正下面的人弄不清，这到底是领导的意图，还是秘书的意图，他们也不好意思细问。再说，下面的人也不愿意为一件事得罪秘书，特别是像我这样的秘书，所以就这样稀里糊涂地办了许多事。我觉得这么多秘书出问题，很可能都出在这上面了。"

秘书的工作性质决定了秘书要不断提升自己、完善自己，同时也要坚持自身的道德底线、法律底线。党的十一届三中全会以后，党对秘书工作队伍进行了整顿，党和政府十分强调办公厅（室）的所有工作人员，必须在政治上、思想上和行动上坚决同党中央保持一致，坚持党的基本路线，坚持学习马克思主义理论，掌握科学的世界观，努力钻研党和国家的路线、方针、政策，不断提高政策水平，紧紧围绕党和国家路线、方针和政策进行工作。对于专职秘书的配备，1980 年 5 月发布的《中共中央办公厅关于中央领导同志机要秘书工作的暂行规定》明确提出，正省部级以上领导可以配专职秘书。为了加强秘书队伍建设并有效地加强管理。1986 年 7 月发布的《中共中央办公厅、国务院办公厅关于加强县以上领导机关秘书工作人员管理的规定》提出，各级秘书工作都应逐步建立、健全岗位责任制和实行科学管理，严格按照规章制度办事。但是，这些规定在实践中并没有完全落实到位，违规配备专职秘书、秘书"带病"提拔的情况屡有出现。针对存在的问题，中央多次对秘书的管理提出要求。2013 年 6 月，中央政治局会议提出，统筹制定领导干部秘书配备标准；《全面深化改革若干重大问题的决定》也明确要求，规范并严格执行领导干部工作生活保障制度，不准违规配备秘书。此后，全国多地发通知要求取消专职秘书。2014 年，中央下发了《省部级领导干部秘书管理规定》，对省部级领导的提拔任用做出了规定。

三、秘书文化引领秘书职业的发展

在我国，秘书职业是仅次于农民、产业工人和商业销售人员的第四大职业，社会对秘书人才的需求显现出高层次化、高技能化的特点，秘书文化对秘书职业的发展起到了推波助澜的作用。

总体来说，我国秘书职业还处于发展的初级阶段，美国、英国以及日本等发达国家的秘书文化的输入，对我国秘书职业的发展起到了推动作用。随着我国改革开放的深入，西方的秘书文化对我国的秘书文化环境产生了较大的影响，改变了我国原有的单一的秘书门类和秘书工作模式，出现了涉外秘书、商务秘书、职业秘书等秘书门类，出现了董事会秘书、公司秘书、执行秘书、总裁助理、行政助理、经理助理等秘书层次，出现了接待员、公关员、信息员等分工更细的秘书类别，这些领域和层次的秘书具有国际化和高技能的特点。建立规范的职业资格证书制度已成为各国共同的发展趋势，我国也于 1998 年开始实施秘书职业资格鉴定，改变了用人单位只看学历不重能力的观念，促进了秘书队伍整体素质和工作技能的提高。

随着秘书职业大发展，社会需要更多的高层次、高素质的秘书专业人才。20 世纪 80 年代，当时秘书学专业还没有被纳入普通高校本科目录中，一些高校为了满足社会对秘书人才的需求，在相关的专业开设了秘书学专业方向。囿于对秘书的传统认识：秘书就是领导的"笔杆子"，多数高校都是在中文的相关专业中设置秘书学专业方向。这样的认识也就影响到了秘书学本科专业的定位，2012 年 10 月，教育部发布的《普通高等学校本科专业目录》将秘书学专业作为特设本科专业放在文学大类中国语言文学专业类里面。开设秘书学专业的高校数量在逐年增加。据中国科学评价研究中心（RCCSE）、武汉大学中国教育质量评价中心联合中国科教评价网发布的"中国大学本科教育秘书学专业排名"显示，2016 年开设秘书学专业的普通高校数从 2012 年的 34 所达到 101 所。当前社会对秘书人才的要求是既能做事又懂管理，既具综合性又具专业性，既具事务性又具思想性，既具常规性又具创新性。为了满足社会对秘书人才的需求，开设秘书学专业的高校在人才培养方案中也都设置了相关的管理课程，注重复合型、交叉型秘书人才的培养。除此之外，还有些高校在相关专业，开设了管理秘书、商务秘书等秘书学专业方向。秘书学本科专业的建设为秘书职业的发展提供了人力资源保障。

四、秘书文化消除庸俗秘书观的负能量

个别秘书从业者由于受到错误观念的影响，在工作及日常生活中做出了失守道德底线的行为，从而诱发庸俗秘书观。庸俗秘书观掩盖了秘书工作的本质，扭曲了秘书职业的价值，影响着秘书核心价值观的形成与发展。弘扬和建设秘书文化，提升秘书工作的文化品位，塑造秘书的良好职业形象，发挥文化的价值引领与教育引导功能，从而消除庸俗秘书观产生的负能量。

我国自改革开放后，由于拜金思想的侵袭以及"潜规则"文化的盛行，再加上一些文学作品的渲染，社会上形成了"女秘书观"，认为女秘书就是"吃青春饭"的花瓶，这种"女秘书观"是一种偏见。在美国，秘书已经实现了知识化、专门化和高度职业化，它是受人尊重的职业，从事秘书工作的 99％为女性。领导一般都会与秘书之间保持单纯的工作关系。而且，从事秘书工作的女性年龄越大越受欢迎，通常一个成功的秘书是没有年龄上限的。为了肯定秘书的贡献，1952 年，经两位美国资深秘书提议，美国宣布设立秘书周和秘书日。1955 年，正式将秘书周定在每年 4 月份的最后一个星期，而这周的星期三为秘书日。每年的秘书节，美国总统都会致信祝贺。在英国，"女秘书"几乎成了特指出色职业女性的专用名词，她们忠于职守、默默耕耘、礼貌文雅、生活简朴，从不打探别人的隐私，对公司里的事守口如瓶，也不热衷于对别人说三道四。事实上，在现代化的办公环境和复杂的人际关系环境下，领导需要的秘书必须是自己的得力助手，秘书要能够积极应变、创新思维、善理事务、创造经验、敬业乐群、崇尚道德、追求卓越。

秘书是领导的参谋和助手，为领导服务是秘书工作服务性特征的主要表现形式，这也从根本上决定了秘书要频繁地接触领导。秘书在为领导服务的过程中固持个人主义，为一己私利，见风使舵，投机钻营，背离人民利益而替腐败的领导鞍前马后，使得秘书和领导超越了工作关系，形成了一种利益联盟，这就构成了"秘书政治文化"。秘书与领导的关系本质上是工作关系，但是由于秘书对领导的风格、工作方式的适应以及秘书对领导的感情投入，秘书与领导的关系很容易超越一般的工作关系，体制会潜移默化地影响秘书与领导的关系。监督机制完善，领导就会严格自律，正确处理与秘书的关系；秘书在为领导服务的过程中，向领导学习，提升自己的工作能力和水平。如果缺少严格的规范管理，秘书与领导之间就可能形成庸俗的人身依附关系。这种关系背离秘书的工作职责，违背秘书协助领导处理相关事务的目的，而成为贪腐堕落的

"润滑剂"。遵循"秘书政治文化"的秘书采取的是"投其所好"的辅助，当合领导的意时，就会巩固领导与秘书本来就"很深的关系"。"秘书政治文化"产生了"干得好不如跟得好"的效应，引发了"效力不如投靠"的信条。在这样的信条引导下，秘书把主要精力放在处理与领导的私人关系上，甚至不择手段。随着党中央惩治腐败力度的加大，以及监督体制、用人机制等的完善，有的秘书因为自身把握不好、处理不当，受到了惩治，最终误人误己，这就给遵循"秘书政治文化"的人敲响了警钟。

应当指出的是，秘书是一个非常重要的岗位。秘书的工作职责是辅助领导做好管理工作，要让领导从日常事务中解脱出来，集中精力想全局、抓大事、做决策，提高领导效率。秘书文化源于秘书工作的历史，源于秘书实践。古往今来，经由秘书岗位的历练而后来成大事、立大业者，层出不穷。他们通过秘书工作的实践，树立了正确的世界观、人生观和价值观，秘书工作实践不断积累形成优秀的秘书文化。秘书文化具有历史性、传承性、发展性，弘扬秘书文化，帮助秘书从业者修身养性、健康成长，增强他们的职业荣誉感。

第三节
建设中国特色社会主义秘书事业

🎯 学习目标

1. 掌握秘书工作面临的挑战。
2. 理解传承、弘扬和发展秘书文化是秘书事业的基本内容。

🔊 名人名言

抛弃传统，丢掉根本，就等于割断了自己的精神命脉。

——习近平

我国正在推进现代化建设，转变政府职能，简政放权，全面推进依法治国；互联网技术在深刻地影响我国经济社会发展和人们的生活。秘书工作是随着社会的发展而变化的，秘书工作者必须与时俱进，做好新常态下的秘书工作，才能促进秘书事业的发展。

一、社会发展对秘书工作提出的新要求

秘书作为领导决策的参谋助手，也是领导联系基层、联系群众的桥梁和纽带。伴随网络时代的到来、全面深化改革的新形势和经济社会发展的新常态，秘书事业的发展必须适应新时期新形势的特点。

(一)社会新常态对秘书工作的挑战

2014年5月，习近平总书记于考察河南的行程中第一次提及"新常态"。他说，中国发展仍处于重要战略机遇期，我们要增强信心，从当前我国经济发展的阶段性特征出发，适应新常态，保持战略上的平常心态。新常态对秘书工作提出挑战，秘书工作要有"新常态"的思维、"新常态"的方法手段，也要有"新常态"的心理准备。

1. 反腐新常态要求优化秘书工作关系

党的十八大以来，以习近平同志为核心的党中央高度重视全面推进党风、政风建设。习近平在党的十八届中央纪委二次全会上发表的重要讲话中指出，要加强对权力运行的制约与监督，把权力关进制度的笼子，形成不敢腐的惩戒机制、不能腐的防范机制、不易腐的保障机制。十八届中央纪委三次全会提出，要强化制约，科学配置权力，形成科学的权力结构和运行机制；要强化监督，着力改进对领导干部特别是一把手行使权力的监督，加强领导班子内部的监督。中央纪委五次全会提出，要着力深化体制机制改革，最大限度减少对微观事务的管理，推行权力清单制度，公开审批流程，强化内部流程控制，防止权力滥用。十八届三中全会强调，要坚持用制度管权、管事、管人，让人民监督权力，让权力在阳光下运行。这说明我国已经进入反腐新常态。反腐新常态是权力结构不断合理化的过程、利益格局调整的过程和政治生态优化的过程。反腐新常态，要改变秘书工作中领导与秘书的人身依附关系。例如，周永康案件揭示的关系网，就是领导与秘书的人身依附关系，它是政治生态恶化的极端化。

2. 法治建设新常态要求加强秘书法治素养建设

中国共产党十一届三中全会以来，党深刻总结我国社会主义法治建设的成功经验和深刻教训，提出为了保障人民民主，必须加强法治，必须使民主制度化、法律化，把依法治国确定为党领导人民、治理国家的基本方略，把依法执政确定为党治国理政的基本方式，积极建设社会主义法治，取得历史性成就。为全面推进依法治国，使之与全面建成小康社会、全面深化改革以及全面从严治党协同共进，在党的十八届四中全会上通过的《中共中央关于全面推进依法治国若干重大问题的决定》指出，全面推进依法治国，总目标是建设中国特色社会主义法治体系，建设社会主义法治国家。还提出，加强公民道德建设，弘扬中华优秀传统文化，增强法治的道德底蕴，强化规则意识；并针对领导干部提出，坚持把领导干部带头学法、模范守法作为树立法治意识的关键。秘书工作是辅助领导工作的，为了保障领导有效地开展工作的。因此，加强和改进新形势下的秘书工作，必须深入学习贯彻党的十八届四中全会精神，把秘书法治素养建设摆在突出位置。

（二）移动互联网时代对秘书工作的挑战

2014 年 11 月 20 日，李克强总理在杭州会见出席首届世界互联网大会的中外代表并同他们座谈时谈到，目前中国有 7 亿网民，6 亿人通过手机等移动终端上网，还有越来越多人投身到互联网建设当中。当今，互联网已经成了人们工作、学习的工具，互联网改变了人们的生活方式和思维习惯。在移动互联网时代，过去以打字、记录和简单的办文、办会、办事为主的秘书工作，日益向协助领导进行信息化管理、综合协调各方面工作、努力发挥参谋助手作用的职能演进。

1. 办公自动化对秘书工作方式提出新的要求

办公自动化是运用互联网技术，采用多媒体形式，管理和传输、接收信息，从而实现无纸化网络办公。办公自动化不仅可以处理办公事务、分类管理各种资源信息，还能够快速、准确地整理各类信息资源，实现信息共享，辅助领导决策，有效地提高工作效率。网络时代的到来，为办公自动化的实现提供了技术保障，为秘书的工作方式带来变革。在办公自动化条件下，秘书可以利用计算机和其他电子办公设备辅助开展工作，这就使得传统秘书工作中的机械劳动减少，秘书的工作任务从传统的"上传下达"转向对领导的辅助决策和领导决策后的有效执行。

2. 网络信息的传播对秘书的信息工作提出挑战

在互联网时代，信息资源、信息形态、信息载体发生了变化，信息具有数量巨大、类型繁多、价值密度低、速度快、时效高等特征。由于网络信息来源广、流量大，以及片面化、粗略化、情绪化以及可操控性，就使得各类信息充斥，信息良莠交织、真假难辨。一些网络推手为了追求轰动效应，在一些媒介事件中，裹挟网络民意。微博、微信等自媒体中的信息传播更容易扩散，一些主观制造的谣言更容易被公众相信。在秘书的工作中，收集信息不再是难事，难的是对信息的筛选与挖掘。秘书要当好领导的参谋助手，就要为领导的决策提供信息支持，秘书提供的信息的充分性、准确性、有效性影响着领导决策的科学性。在纷繁复杂的信息源中去粗取精、去伪存真，成为秘书工作的重要任务。在海量的信息中能够提取和选择对领导决策有益的信息，这对秘书的综合素质提出了更高的要求。

二、构建学习型秘书工作模式

秘书工作对领导工作的辅助作用是其他任何工作不能替代的，社会形势对秘书工作提出了新的要求，秘书工作的重点也要随之转移。构建学习型秘书工作模式，提高秘书的学习能力和适应能力，才能满足社会的新要求。

(一)秘书工作观念的转变

长期以来，"写奉命文、办奉命事"的传统观念影响着秘书工作，他们在这种工作观念支配下，养成了对领导唯唯诺诺的职业习惯。改革开放后，我国建立了有利于优秀人才脱颖而出的选人用人机制，现代的领导大多数知识结构合理、年龄较小，具备较强的开拓创新精神、较高的综合素质，他们很少为传统的观念所束缚，工作上能够大刀阔斧地改革创新。这就要求为领导服务的秘书必须跟上领导的步伐，准确定位秘书工作，树立起参谋助手意识，主动地为领导决策提供全面、准确、有效的信息服务，主动地协助领导做好沟通、协调工作。

秘书工作者要树立主动服务的意识，充分发挥自己的积极性，不断提高工作的预见性和科学性，探索秘书工作的规律性，提高工作质量和效率，从"领导咋说，我就咋办"的被动服务地位转变为担负着辅助决策、信息处理、协调服务、督促落实、综合情况等职能的主动服务。

在互联网时代，信息是庞杂的。秘书工作要主动迎接当前面临的新形势，跟上时代的要求，驾驭网络信息，及时、快速、准确地处理大量而繁杂的信息，当好领导的参谋辅助型秘书。围绕领导决策的需要，收集信息、反映情况，出谋献策，为领导提供切实有用、准确可靠的信息，让领导正确感知组织发展面对的内外环境，便于科学决策。

秘书要积极主动地深入基层群众中，获取第一手材料，把握基层的呼声，及时地向领导反映群众的真实诉求，力求在最短的时间内把信息提供给领导，让领导掌握社情民意。秘书工作要树立正确的问题意识，针对政策的执行情况、遇到的困难、出现的问题开展深入研究，为领导完善政策、修订制度、推进落实提供依据，并能结合实际情况，提出有指导性、针对性和操作性的建议。现代秘书工作要求秘书要为领导的管理、决策、公务往来等提供法律服务，要使它们符合相关政策以及法律法规的规定。

(二)秘书工作方式的改变

计算机技术和互联网的发展深刻地改变了秘书的工作方式。在网络时代，电话、计算机、传真机、复印机、投影机、打印机、数码摄影机等办公自动化设备得到了广泛的运用，纸张文件向电子文件转化，过去的笔纸封闭式的秘书工作方式转变为信息开放式的工作方式。

随着现代通信技术和网络技术的日益完善，秘书工作已经形成了多元化的工作方式。无线网络技术使秘书的工作方式逐渐向网络通信方向发展，改变了以往在封闭的办公环境下工作的模式，秘书可以通过计算机和无线网络足不出户地完成以往在工作单位才能处理的事务。网络安全技术的进步，有效地保障了秘书工作信息的安全，使得秘书利用计算机网络进行办公更为安全和高效。随着网络视频技术的发展及应用，秘书可以通过视频的形式进行工作的准备和执行、与领导及同事的沟通和交流。秘书可以为身处异地的领导提供相关的文书服务和信息传递，也可进行相关的决策辅助。计算机互联网技术打破了人与人之间交流在地域等因素上的限制，它使秘书工作者能够跨越时间、空间进行实时或非实时的交流，畅通信息沟通交流的渠道，增强工作的协同性。

利用发达的网络技术，秘书可以很方便地实现资源的共享，可以高质量地完成工作任务。秘书要充分利用互联网技术，摆脱传统工作方式带来的束缚，利用办公自动化手段，实现无纸化快捷办公，提高工作效率。

(三)秘书与领导工作关系的调整

在传统的"官本位"思想的影响下，秘书与领导的关系形成了"主贵仆荣""一人之下，众人之上"等封建的"仆从关系"。在以"以人为本"为核心的科学发展观的统领下，秘书与领导是工作上的服务关系、地位上的主从关系。秘书与领导因共同为组织利益而结成伙伴关系，他们在人格上是平等的。这就要求秘书在工作中应该尊敬领导、服从领导、服务领导，不应夹杂过多的私人情感，或抱有不切实际的期待，而应该把关注点放在工作上，按照岗位要求做好工作。秘书要恪守职业道德，顾全大局，与领导做到亲密有度，工作上要按程序办事，严格按照有关政策规定执行，为领导的管理、决策、公务往来等提供有效服务。

(四)秘书工作机制的改进

秘书作为领导助手，为领导提供综合性辅助服务，这也就决定了秘书具有领导让渡的权力。秘书的地位优势，使得秘书能够较早地掌握"含金量"高的信息，能够拥有得天独厚的信息资源。这些优势信息为秘书带来了隐性权力，秘书可以凭借拥有的信息进行寻租，攫取个人私利。健全秘书工作的法律制度，明确秘书责任与权力的关系，把秘书的权力限定在法律允许的执行范围以及按照特定的程序行使权力，才能确保秘书权力的合理运行。完善秘书工作监督制度，规范领导授权。明确权责，充分发挥领导的决策职能和秘书的服务功能，使得秘书与领导之间构成和谐的主辅配合关系。秘书的权力本质上是领导具有的法定权力，是秘书在辅助领导工作时领导授权给秘书的。领导必须坚持权责一致的原则，明确对秘书的授权范围、大小，对秘书权力的使用进行监督、控制，以及秘书工作任务完成后要及时收回所授权力。

当前，我国已进入全面建成小康社会决胜阶段，中华民族正处于走向伟大复兴的关键时期，社会环境对新时期的秘书工作提出了更高的要求。秘书事业随着社会的发展进入了一个崭新的历史阶段，秘书从业者要及时改变思想观念、更新工作理念，熟练使用现代化工作手段，适应社会发展的要求。

三、完善秘书工作评价体系

秘书是服务于领导、从属于领导的，秘书的工作行为、处事方式、与领导关系的界定等除了受到自身素质的影响之外，还会受到评价体系的影响。完善秘书工作评价体系，提高秘书工作的质量，使秘书工作实现规范化、制度化、科学化的目标。

由于秘书工作在领导身边，具有操作权力的方便地位，极易产生不健康的心理问题。秘书在服务领导过程中，有的利用自己与外界相关人员的信息不对称性进行寻租，为个人谋取利益。因此，完善秘书工作评价体系，使秘书不能借助信息优势进行权力寻租，从而阻止秘书的违规操作。

秘书作为直接为领导服务的参谋和助手，是承上启下、沟通内外、联系左右、协调四方的枢纽所在；而领导也正是通过秘书实现对外界的联系、对组织内部的管理。领导除决策等外，各种事务大都会交给秘书去联系、办理。因此，秘书是领导权力的延伸和执行者，这就需要完善秘书工作评价体系，对秘书的行为进行规范和管理。

四、传承、弘扬和发展秘书文化

2017年1月，中共中央办公厅、国务院办公厅印发的《关于实施中华优秀传统文化传承发展工程的意见》明确指出："文化是民族的血脉，是人民的精神家园。"秘书文化是秘书在长期工作实践中积累的物质形式、价值观念、职业道德、管理体制、行为规范等成果的总和，是社会主义先进文化的重要组成部分。在做秘书工作数千年的演进过程中，从事秘书工作的人员通过秘书工作实践，创造和积累了丰富的优秀秘书文化，这在秘书事业的发展中发挥着重要的价值力量。优秀的秘书文化以鲜明、正确的导向引导、鼓舞秘书从业者，以内在的力量凝聚、激励秘书从业者，以独特的氛围影响、规范秘书从业者。坚持以社会主义核心价值观为引领，坚持创造性转化、创新性发展，汲取秘书智慧、弘扬秘书精神、传播秘书价值，不断增强优秀传统秘书文化的生命力和影响力。综合运用报纸、书刊、电台、电视台、互联网等各类载体，融通多媒体资源，统筹宣传优秀的秘书文化，展现秘书的优秀品质和职业魅力，从而使秘书从业者树立正确的世界观、人生观、价值观，使其坚定信念，不为名利所困扰，埋头苦干，认真扎实地做好秘书工作。

秘书文化是秘书事业的重要组成部分，传承、弘扬和发展秘书文化是秘书事业的基本内容。在秘书工作中，秘书人员涉及秘书与组织、秘书与领导、秘书与同事等之间的关系，只有处理好自己所处的各种关系，才能够更好地完成自己的工作任务。

传承、弘扬和发展秘书文化，就要认真研究秘书的物质文化、精神文化、制度文化、行为文化。

秘书物质文化反映了秘书实践活动的物质形式，也折射出丰富的秘书思想、管理理念、审美意识和价值观念。传承和弘扬秘书物质文化，使秘书工作环境体现文化内涵，从而提高秘书工作的质量和效率，促进秘书队伍建设。

传承、弘扬和发展秘书精神文化，使秘书从业者明确价值取向，提高精神境界，增强综合素质，把个人的价值实现与秘书事业发展紧密结合在一起。

秘书制度文化的作用在于通过制定和完善各项制度，使之成为秘书自觉遵守的行为规范，并使秘书坚持按制度办事、靠制度管人，为秘书营造工作的良好氛围，从而促进秘书工作的科学化、精细化。

秘书行为是秘书文化的外在表现形式，秘书人员的言行体现着一定的文化理念和文化精神，反映着一定的文化意识形态。传承和弘扬秘书行为文化，可以使秘书从业者以自己的工作行为展示秘书的精神风貌，树立良好的秘书职业形象。

秘书文化是秘书从业者的精神基因，是秘书职业的根和魂。秘书文化建设既是秘书事业发展的内在动力，也是秘书事业发展的重要组成部分。秘书是组织为领导干部提高工作效能而设立的工作人员，秘书人员就是要为领导服务，当好领导的参谋助手，这也是秘书人员最基本的职责。

传承、弘扬和发展秘书文化，对在新形势下进行秘书工作改革，进一步提高秘书工作效率，促进秘书事业健康发展具有重要意义。

本章小结

古往今来，经由秘书岗位的历练而后来成大事、立大业者，层出不穷。他们通过秘书工作实践，树立了正确的世界观、人生观和价值观，创立了自己的事业，秘书工作实践不断积累形成优秀的秘书文化。

秘书文化体现着一种价值导向，引导着人们选择正确的价值方向和目标，秘书文化环境对秘书事业发展起到关键性的作用。

秘书文化对秘书事业发展的作用主要有秘书文化促进秘书价值观的形成，秘书文化完善秘书制度的建设，秘书文化引领秘书职业的发展，秘书文化消除庸俗秘书观的负能量。

社会新常态和移动互联网时代对秘书工作提出挑战，为适应时代发展需要，必须传承、弘扬和发展中华优秀传统文化，促进中国秘书事业的发展。

总结〉

Aa 关键术语

价值观念　　行为方式　　社会规范　　社会舆论

传统习惯　　秘书事业

章节链接

本章是基于上述各章学习的基础上，对秘书文化与秘书事业发展关系的总结。古往今来，秘书工作实践不断积累形成优秀的秘书文化。秘书文化推动了秘书事业的发展，秘书事业的发展又促进了秘书文化的提升。

应用〉

批判性思考

2013 年 11 月底，有关部门在工作中发现，多家网站刊登一份机密级国家秘密文件。经查，2013 年 11 月中旬，某政府机关有关领导干部秘书牛某，在参加某涉密会议时，向文件保管人员邱某索要一份机密级会议材料。邱某明知牛某不在知悉范围内，但考虑其为秘书，不好得罪他，违规将会议材料交给对方。当晚，同事赵某给牛某发微信，打听会议信息。牛某未经考虑，直接将会议材料拍照发送过去，被赵某转发微信群，造成泄密。事件发生后，有关部门给予牛某开除党籍、开除公职处分，给予赵某开除公职处分，给予邱某行政记大过处分。

你如何看待该泄密事件？

体验练习

【练习 1】

这次党委会由于议题敏感，讨论热烈，开了整整一天。刘秘书作为会议记录者，几乎一字不落地记录着每位党委成员的发言内容，累得他手指发麻、腰酸背痛。

下午，墙上挂钟已指向 6 点整，最后一个发言才结束。党委李书记集中大多数人的意见，对会议决定事项做了归纳后宣布："今天的会议到此结束！我还要强调一点，大家对会议的内容要严格保密，防止出现跑风漏气的问题。"

刘秘书出了办公楼，走在回家的路上，迎面碰到了蒙副秘书长，他心里不禁咯噔一下。因为这次会议的重点议题就是研究对蒙副秘书长有关问题的定性和处理，如果蒙副秘书长向他打探消息，应该如何应对？

刘秘书的大脑高速运转着……对于蒙副秘书长，刘秘书一直怀有感激之情。几年前，蒙副秘书长以伯乐的慧眼把他从下级机关选调到办公室来，一直手把手地传帮带，对自己既有知遇之恩，又有培育之情。刘秘书怎么也不相信，他一直敬重的蒙副秘书长竟然卷入一桩乱写匿名诬告信的事件之中，高层批示要彻查严处。党委经认真研究讨论通过决议，同意纪委对其立案调查，并采取相应的技术手段……

"刘秘书，散会了？"蒙副秘书长主动跟他打招呼，"辛苦啊！""不，不辛苦。"蒙副秘书长说道："不知今天的会议……"

如果你是刘秘书，你将如何接蒙副秘书长的话？

【练习 2】

秘书作风关乎领导机关的形象。毛泽东就加强秘书工作者的作风培养做过许多专门指示。

毛泽东强调，秘书部门应树立好的作风。1944 年初春，中央办公厅机要科将工作总结和工作计划呈送毛泽东审阅。对这份约 4000 字的报告，毛泽东逐字逐句圈点，并做了 11 处批示。例如，对工作人员责任心强、速度快、质量高、办事准确者"应予奖励"；对通过刻苦自学提高了业务水平者"应予特别奖励"；对工作效率成倍增长者要"很好总结经验"；对艰苦奋斗的同志，如节约一张纸、节约一个笔尖、节约一个机件、节约其他办公用品者应"到处提倡"；对机关开展政治学习和业务教育者应坚持下去，一个机关就是一所"党校"；秘书部门加强保密观念教育"很有必要"；秘书人员要讲纪律，讲正气，不骄、不躁、谦逊、谨慎等。中央办公厅将毛泽东的这些批示印发给所属单位，进行深入学习并贯彻执行，促进了秘书工作好作风的培养。

"为人民服务"是毛泽东对秘书人员的一贯要求。1944 年 9 月，中央警备团战士张思德因公牺牲，中央警备团、中央社会部和中央办公厅的一千多人在延安枣园操场举行隆重的追悼会，毛泽东参加追悼会并发表了《为人民服务》的著名演讲。从此，全心全意为人民服务、不计名、不为利、无私奉献、甘当无名英雄的优良作风成了我党秘书人员共同遵循的宗旨。

毛泽东把对秘书人员的保密教育作为作风建设的一项重要内容。他曾为中共湘区执委会制定过联络代号，给各兵团电报中规定过联络暗语。他曾为中央军委机要处写了"保守党的机密，慎之又慎"的题词，成为闻名全党的"十字保密方针"，一直沿用至今。

毛泽东还要求秘书人员讲政治、讲正气。1952 年，他为中央办公厅工作人员题词："一面工作，一面学习，注意业务，又注意政治。"在这里，毛泽东号召秘书人员工作与学习相结合、政治与业务相结合。毛泽东的谆谆教导，有力地促成了全党秘书人员勤勤恳恳、兢兢业业的政治本色。

你如何理解毛泽东对秘书工作的要求？

拓展＞

补充读物

1. 叶永烈. 毛泽东的秘书们[M]. 上海：上海人民出版社，2005.

2. 纪东. 难忘的八年——周恩来秘书回忆录[M]. 北京：中央文献出版社，2007.

3. 张文远. 只有先当好秘书，才能后做好领导[M]. 北京：中国财富出版社，2014.

4. 赵宽一. 一等的秘书，未来的领袖[M]. 千太阳，译. 北京：新世界出版社，2016.

在线学习资源

1.《习近平谈如何当秘书》，http：//politics. people. com. cn/n/2014/0428/c1024-24950988. html，2017-04-28。

2. 礼拜五秘书网，http：//www. libaiwu. com/mishu，2017-06-11。

3.《邓小平与秘书工作的不解之缘》，http：//dangshi. people. com. cn/GB/85038/8751999. html，2017-05-17。

4.《秘闻：邓小平曾作为中央秘书负责记录"八七会议"》，http：//history. people. com. cn/n/2014/0815/c372327-25470666. html，2017-08-15。